中等职业教育国家规划教材
全国中等职业教育教材审定委员会审定

基 础 会 计

JICHU　KUAIJI

（第6版）

主编　李海波　蒋　瑛　陈淑女

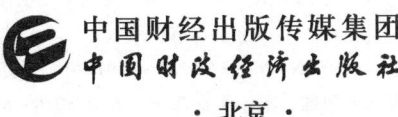

中国财经出版传媒集团
中国财政经济出版社
·北京·

图书在版编目(CIP)数据

基础会计 / 李海波, 蒋瑛, 陈淑女主编. -- 6版.
北京：中国财政经济出版社, 2025.7. (2025.8重印) -- (中等职业教育国家规划教材). -- ISBN 978-7-5223-4091-3
I. F230
中国国家版本馆CIP数据核字第20257NP581号

责任编辑：李　媛	责任校对：张　凡
封面设计：陈宇琰	责任印制：史大鹏

基础会计（第6版）
JICHU KUAIJI（DI 6 BAN）

中国财政经济出版社 出版

URL：http://www.cfeph.cn
E-mail：cfeph@cfeph.cn

（版权所有　翻印必究）

社址：北京市海淀区阜成路甲28号　邮政编码：100142
营销中心电话：010-88191522
天猫网店：中国财政经济出版社旗舰店
网址：https://zgczjjcbs.tmall.com
北京密兴印刷有限公司印刷　各地新华书店经销
成品尺寸：185mm×260mm　16开　12.75印张　309 000字
2025年7月第6版　2025年8月北京第2次印刷
定价：32.00元
ISBN 978-7-5223-4091-3
（图书出现印装问题，本社负责调换，电话：010-88190548）
本社质量投诉电话：010-88190744
打击盗版举报热线：010-88191661　QQ：2242791300

第 6 版前言

为全面贯彻落实国务院关于印发《职业教育改革实施方案》的通知（国发〔2019〕4号）和教育部等九部门关于印发《职业教育提质培优行动计划（2020—2023年）》的通知（教职成〔2020〕7号），我们依据教育部最新颁布的《中等职业学校会计专业教学标准（试行）》对中等职业教育国家规划教材进行了修订，以满足中等职业学校专业教学的新需要。

《基础会计》一书是由教育部根据中等职业学校课程体系改革而统一组织编写的中等职业教育国家规划教材。本教材第1版于2002年7月出版，2025年4月进行了第6次修订，本次修订主要是依据近三年来国家对会计制度的调整和新颁布的税法以及中等职业学校教学的新需要而进行。

本书内容主要包括会计核算的基本理论、基本方法、基本程序和基本技能，并根据培养应用型会计人才的实际需要，以会计基础知识和记账技术为基本内容，着重对会计要素的计量、记录和报告的原理、方法以及账务处理的实务操作较为具体、详细的阐述。本书按照新会计准则的要求，根据素质教育和课程改革的精神，采用案例、实例、简介、练习等形式，加强了学员的理解和操作能力，内容新颖，实用性强，接近实际，以适应学生的学习和就业实际操作应用能力的需要。本书文简意明，通俗易懂，使学生能掌握会计核算基础知识，学会记账、算账和报账的技术和技能，为进一步学习各门会计专业课程打下基础。

本书配有的教学资源包括：PPT、习题答案。使用者可扫描封底二维码激活增值资源后查看。也可登录 https：//read.book.zcmedia.cn 下载相关资源。

本书由我国会计学专家、中国注册会计师、享受国务院政府特殊津贴的李海波教授、会计学专家蒋瑛教授、杭州科技职业技术学院副研究员陈淑女担任主编。杭州科技职业技术学院中级讲师叶小丹参与了本次修订工作。

由于时间紧迫，加之我国的财税法规也在不断调整，本书难免存在不足之处，敬请读者批评指正。

编者

2025年4月

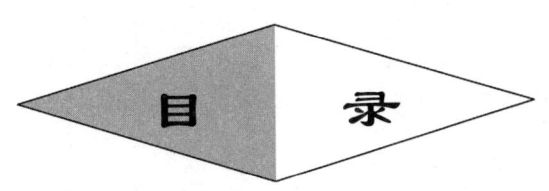

第一章　会计基本理论 … （1）
第一节　会计概述 … （1）
第二节　会计对象 … （5）
第三节　会计法规 … （8）
第四节　会计核算方法 … （15）
第五节　会计工作组织 … （17）

第二章　会计要素 … （22）
第一节　会计要素的内容 … （22）
第二节　会计等式 … （27）

第三章　账户和复式记账 … （32）
第一节　会计科目 … （32）
第二节　会计账户 … （35）
第三节　复式记账 … （38）

第四章　借贷记账法的运用 … （48）
第一节　企业主要经济业务的核算 … （48）
第二节　资金筹集的核算 … （49）
第三节　采购过程的核算 … （53）
第四节　生产过程的核算 … （58）
第五节　销售过程的核算 … （65）
第六节　财务成果的核算 … （70）
第七节　资金调整和退出的核算 … （78）

第五章　成本计算 … （90）
第一节　成本计算的意义和要求 … （90）
第二节　成本的构成和计算 … （92）

第六章　会计凭证 …………………………………………………………（ 99 ）
- 第一节　会计凭证的意义和种类 …………………………………………（ 99 ）
- 第二节　原始凭证 …………………………………………………………（100）
- 第三节　记账凭证 …………………………………………………………（108）
- 第四节　会计凭证的传递和保管 …………………………………………（117）

第七章　会计账簿 …………………………………………………………（120）
- 第一节　会计账簿的意义和种类 …………………………………………（120）
- 第二节　会计账簿的设置和登记 …………………………………………（122）

第八章　财产清查 …………………………………………………………（132）
- 第一节　财产清查的意义和种类 …………………………………………（132）
- 第二节　财产清查的方法 …………………………………………………（135）
- 第三节　财产清查结果的处理 ……………………………………………（142）

第九章　财务报告 …………………………………………………………（147）
- 第一节　财务报告的含义和作用 …………………………………………（147）
- 第二节　财务报表的分类及编制要求 ……………………………………（148）
- 第三节　资产负债表的编制 ………………………………………………（155）
- 第四节　利润表及所有者权益变动表的编制 ……………………………（160）
- 第五节　现金流量表的编制 ………………………………………………（162）
- 第六节　会计报表附注的内容和格式 ……………………………………（168）
- 第七节　会计资料的分析利用 ……………………………………………（175）
- 第八节　财务报告的报送和汇总 …………………………………………（181）

第十章　会计核算程序 ……………………………………………………（184）
- 第一节　会计核算的基本程序 ……………………………………………（184）
- 第二节　记账凭证核算程序 ………………………………………………（185）
- 第三节　汇总记账凭证核算程序 …………………………………………（191）
- 第四节　科目汇总表核算程序 ……………………………………………（193）
- 第五节　多栏式日记账核算程序 …………………………………………（194）
- 第六节　日记总账核算程序 ………………………………………………（195）

第一章 会计基本理论

 学习目标

本章是会计的导言，概述了会计的一些基本问题。通过本章学习，要求了解会计的概念、会计的职能、会计的特点和任务，明确会计的对象、会计的基本前提和一般原则以及会计的方法，为学习以后各章打下基础。

本章重点是会计的含义、职能、特点和对象，会计法规，会计核算的方法、会计工作组织等。

第一节 会计概述

一、会计的概念

什么是会计，这是初学会计课程的人员首先要明确的问题。对于会计的概念可以从会计的产生与发展过程进行了解，现在简要地从以下三个方面来说明。

第一，会计在社会生产实践中产生和发展。人类的会计行为是社会生产和发展的产物。在原始社会一定阶段，会计本是生产职能的附属物，即在生产中同时做些记数、划号、简单记事。后来出现了私有制，人们为了记录和计算生产过程中的劳动耗费和劳动成果，便逐步过渡到用货币进行记载，使会计从生产职能中分离出来，具有独立的管理职能。

第二，会计随着经济的发展而发展，逐步发挥其在经济管理方面的作用。我国早在西周时期就有了会计的命名，它既对某些经济活动进行记账、算账和报账（即现在所称的"会计核算"），同时又对账务进行审核和检查（即现在所称的"会计监督"），会计便逐步起到反映经济情况、比较经营成果的作用。

第三，经济体制改革深化和现代科学技术的发展，特别是信息电子化技术在会计中的广泛应用，会计的作用日益显著，会计职能逐步扩展，除了上述核算和监督以外，还扩展到预测经济前景、参与经济决策、考核和分析预算、计划的执行情况等领域。这对加强经济管理，提高经济效益有着重要意义。

综上所述，会计的概念可以概括为：会计是以货币作为主要计量单位，采取一定的程序和专门方法，对企业、行政事业单位的经济活动进行连续、系统、综合地核算和监督，并在此基础上对经济活动进行分析预测和控制，借以提高经济效益的管理活动。

会计核算是会计工作的基本环节，其主要内容包括记账、算账和编制财务会计报告，起到了及时、正确地反映经济活动全过程和经营成果的作用。习惯上，人们往往把会计核算作为会计的同义词来看待，而实际上却忽视了预测、决策、控制、分析的职能。本教材作为会计的初级课程，其教学内容主要以会计核算为主。

二、会计的产生和发展

会计在我国有着悠久的历史，从原始社会"结绳记事"的会计萌芽阶段发展到现代的复式记账，从生产的附带部分发展为独立的职能，从"会计"命名和会计机构出现，发展到完整的科学体系，其间经历了一个漫长的历史过程。

人类社会的生产活动决定着人类其他一切活动，会计是社会生产发展到一定阶段的产物。我国在原始社会末期即有"结绳记事""刻契记数"等计算记录的方法，这是会计的萌芽阶段，也是生产职能的附带部分。后来社会上出现了私人占有财产，人们为了保护和发展其私有财产，并对劳动耗费和劳动成果进行比较，便逐步用货币对其进行计量和记录，使会计逐渐从生产职能中分离出来，成为独立的职能。

我国商代为官厅会计的创始时期。到了西周，会计有了很大的发展，"会计"两字的意义也随之明确，其基本含义是"既有日常的零星核算，又有岁终的综合核算"。当时朝廷设立"司会"的职务，执掌官府的财产和赋税等会计事务，通过日积月累和总合核算，达到正确考核王朝财政经济收支的目的，并建立了"日成""月要"和"岁会"等报告文书，初步具备了旬报、月报、年报等会计报表的作用。

会计核算的记账方法也是逐步发展的。我国的账簿一开始是使用单一的流水账，即按经济业务发生先后顺序登记的一种单一的序时账簿，到了西周时期就从单一的流水账发展成为"草流（也称底账）""细流"和"总清"三账，这种账簿一直使用到清朝时期。西周时期，会计结算方法也开始从"盘点结算法"发展成为"三柱结算法"，即根据本期收入、支出和结余三者之间的关系，通过"入－去＝余"的公式，结算本期财产物资增减变化及其结果。到了唐宋两代，我国创建了"四柱结算法"，通过"旧管（即期初结存）＋新收（即本期收入）－开除（即本期支出）＝实在（即期末结存）"的基本公式进行结账，为我国通用的收付记账法奠定了基础。一直到清代，"四柱结算法"已成为系统反映王朝经济活动或私家经济活动全过程的一种方法。但是这些方法都是单式的记账方法，每项经济业务只在一个账户中单独登记，是一种不完整的记账方法。到了明末清初，随着工商企业的发展和资本主义经济萌芽的产生，我国商人进一步设计了一种"龙门账"，把会计科目划分为"进""缴""存""该"（即收、付、资产、负债），设总账进行"分类记录"，并编制"进缴表"和"存该表"（类似现在的损益表和资产负债表），实行双轨计算盈亏。后来在资本主义萌芽阶段又出现了"四脚账"，对每一笔经济账户，既要登记"来账"，又要登记"去账"，反映同一账项的来龙去脉。这两种方法都是我国固有的一种复式记账方法，记录比较全面，为以后发展严密的复式记账法做出了贡献。

由此可见，我国会计核算制度创立很早，在历史上也曾居于领先地位，但受封建制度的制约，一直到清朝后期才引进了西方借贷记账法，即以"借""贷"作为记账符号，用复式记账方法登记账簿，管理上比较科学、严密，但仍然存在着"单式簿记"和"复式记账"与"中式簿记"和"西式簿记"并存的局面，进展缓慢。

三、会计的目标

会计的目标是向会计信息使用者及时准确地提供真实、有用的会计信息，有助于信息使用者做出经济决策。

企业会计信息的使用者主要包括投资者、债权人、政府机关、企业内部人员和供应商等。

1. 投资者

开办企业必须拥有一定的资金，对企业投入资金的单位、个人都是企业的投资者。企业的现有投资者（即企业的股东）和潜在投资者需要通过会计信息了解评价企业经济效益和发展趋势，以便做出保留投资、追加投资、撤出投资等决策。

2. 债权人

企业的债权人（一般是银行）通过财务会计信息了解企业的生产经营状况、获利能力和偿债能力，以此判断是否继续向企业提供贷款。

3. 政府机关

政府机关包括财政、税务、审计、证券监督、统计、社会保障机构等部门，这些部门需要了解企业财务状况，以便进行宏观调控和决策。

4. 企业内部人员

企业管理者通过会计资料分析考核生产经营过程，预测经济前景，控制生产经营活动，并据此改善经营管理，通过科学决策提高经济效益；企业的职工可以通过会计信息了解薪酬、福利等情况。

5. 供应商

供应商为企业提供材料等物资供应，需要了解企业的生产经营状况、信用状况、现金流量情况以及偿债能力等，以便商洽确定赊销政策。

四、会计的职能

会计的职能是指会计在经济管理中具有的功能。会计的基本职能是核算和监督，随着经济的不断发展，它还不断开拓出新的职能——预测、决策、控制和分析等。

（一）会计的基本职能是核算和监督

会计核算职能是会计最基本的职能，通过对经济活动进行记录、计算、分类和汇总，形成一套系统、完整的会计信息，用以及时正确地反映经济活动的过程和成果。会计监督职能是对经济活动进行事前、事中及事后的检查和控制，以维护财经纪律，保护财产安全，防止和减少浪费和损失。马克思把会计的职能概括为"过程的控制和观念总结"（《马克思恩格斯全集》第24卷，第152页）。所谓"过程的控制"，主要是指对生产过程和经济活动的监督；所谓"观念总结"，主要是指对生产过程的核算，即通过核算反映生产过程和经济活动的情况，为经济管理提供数据资料。所以核算和监督是对会计的客观要求，是会计的两大基本职能。

(二) 会计的拓展职能

1. 评估经营业绩

会计信息可以揭示一个企业的经营状况及其变动趋势、财务成果和经营业绩，并通过对财务数据的专业分析，肯定成绩、找出差距、提出建议、采取措施。

2. 预测经营前景

企业为了确定恰当的经营管理目标，根据财务会计报告等信息，对未来的经济活动做出科学预测。为此，会计必须收集大量历史信息和当前信息，进行整理、加工、分析，以预测企业的经营前景。

3. 参与经济决策

根据财务会计等信息，运用定量分析和定性分析方法，对备选方案进行经济可行性分析，为企业生产经营管理提供与决策相关的信息。

五、会计的特点和任务

(一) 会计的特点

根据会计产生和发展的过程，可以看出会计具有以下几个特点：

1. 会计以货币为主要计量单位

会计核算和监督主要是运用价值形式取得经营管理指标，并据以考核经济效益的。如果没有货币计量，就无法进行记录、计算、总括和比较，会计核算也不可能存在，考核经济效益更成为一句空话。

2. 会计所提供的数据资料具有完全性、连续性、系统性和综合性

这些资料数据要全面反映企业的各项经济活动，了解和考核各项经济活动过程及其成果，必须对经济业务进行顺序地、不间断地记录和计算，通过分类、汇总和加工整理，取得综合性和全面性的指标。为了达到上述目的，会计核算必须取得经过审核无误的凭证作为记账的依据，然后运用一套完整的方法进行核算，为经济管理提供可靠的信息。

3. 会计的核算职能与监督职能相结合

会计监督是对会计核算资料的合法性、真实性和正确性所进行的检查和控制，而且大量的监督活动寓于核算过程之中，是会计核算的继续和补充，两者不能分离。没有会计监督就不能发挥会计的作用。

4. 会计为提高经济效益服务

为提高经济效益服务是会计的主要任务，充分利用会计信息反馈，参与经营决策，也是现代会计的特点。它会给企业带来经济利益，包括各种财产、债权和其他权利。

(二) 会计的任务

会计的任务是根据会计的职能和作用而规定的，它取决于社会生产的目的和经营管理的要求。在现阶段，会计的任务主要包括以下几个方面：

1. 加强会计核算，真实、完整、正确地提供会计信息

加强会计核算是会计的首要任务。企业是通过会计核算来反映资金运动情况的，所以计算各项收入和支出要准确，要严格掌握成本和开支，合法、真实、准确、完整地核算经营成果，使其一方面能满足企业内部经济管理的需要，另一方面又能满足企业外部各个方面的信息使用者的需要。

2. 严格会计监督，维护会计法规，控制生产经营活动的全过程

会计核算要按照经济管理的目的和要求，对经济活动的全过程进行控制。要对经济活动是否真实、合法进行审核；对企业的各项收入、费用和利润的实现情况进行控制；对企业的经济资源和其他财产的完整进行保护；对违反会计法规、财务制度的收支行为进行制止；以保护国家利益和社会公众利益，维护所有者权益和债权人权益，维护社会主义市场经济秩序。

3. 加强考核分析，发挥会计核算在提高经济效益中的作用

提高经济效益是企业组织生产和经营活动的根本宗旨，也是会计核算的主要任务。除了按规定进行会计核算、实行会计监督以外，还应加强企业目标考核分析，参与拟订经济计划、业务计划，考核、分析预算和财务计划的执行情况，以发挥会计工作在维护社会主义市场经济秩序，加强经济管理，提高经济效益中的作用。财会部门要利用一切有利条件，参与拟订计划，分析比较和考核企业的经营成果，提高企业经济效益。

此外，预测经济前景、参与经营决策也是会计工作的重要任务。会计工作还应当贯彻落实党和国家路线方针政策及决策部署，维护社会公共利益，为国民经济和社会发展服务。

第二节 会 计 对 象

一、会计对象的概念

会计对象是指会计所要核算和监督的内容。如前所述，会计是以货币计量，对企业、机关、事业单位和其他组织的经济活动过程进行核算和监督，那么会计所要核算和监督的内容也就是企业、行政事业单位和其他组织的经济活动。

在社会主义制度下，社会再生产过程是由生产、分配、交换和消费四个相互关联的环节构成的，包括了各种各样的经济活动。其中会计所要核算和反映的只是能用货币表现的那些经济活动内容，企业、行政、事业单位和其他组织的经济活动内容虽各有不同，但它们所有的财产物资都是以货币形式表现出来的，这些财产物资的货币表现以及货币本身称为资金，资金在生产经营和收支活动中不断发生变化，构成了资金运动。因此，概括地说，在社会主义制度下，会计所要核算和监督的内容就是社会再生产过程中的资金运动。

二、会计对象的具体内容

企业单位和行政、事业单位及其他组织的经济活动内容不同，其会计对象的具体内容也有所区别。这里主要介绍企业会计对象的具体内容。

（一）企业单位会计对象的具体内容

企业单位经济活动的内容主要是生产经营活动。企业的资金随着生产经营活动的进行，不断发生变化，经过供应、生产、销售三个过程，周而复始地构成资金循环。在资金循环过程中所发生的一切经济活动就是企业单位会计对象的具体内容，即社会再生产过程中的经营资金循环。

任何事物的运动都有相对静止和显著变动两种形态，资金运动也不例外。对企业的资金循环也可以从静态和动态两个方面来观察。

1. 资金循环的静态表现

企业的资金循环静态表现，是指在一定时点上的资金分布和存在的形态以及取得和形成的来源。企业的生产经营活动主要是制造产品、销售商品、提供劳务等方面，其资金的分布和存在情况主要反映在房屋及建筑物、机器及设备、材料物资，加工中的产品、产成品、商品、银行存款、现金以及结算中的应收、预付款项等；其资金的取得和形成来源主要是投入资本、待分配利润、借款以及结算中的应付、应交和预收款项，如图1-1和图1-2所示。

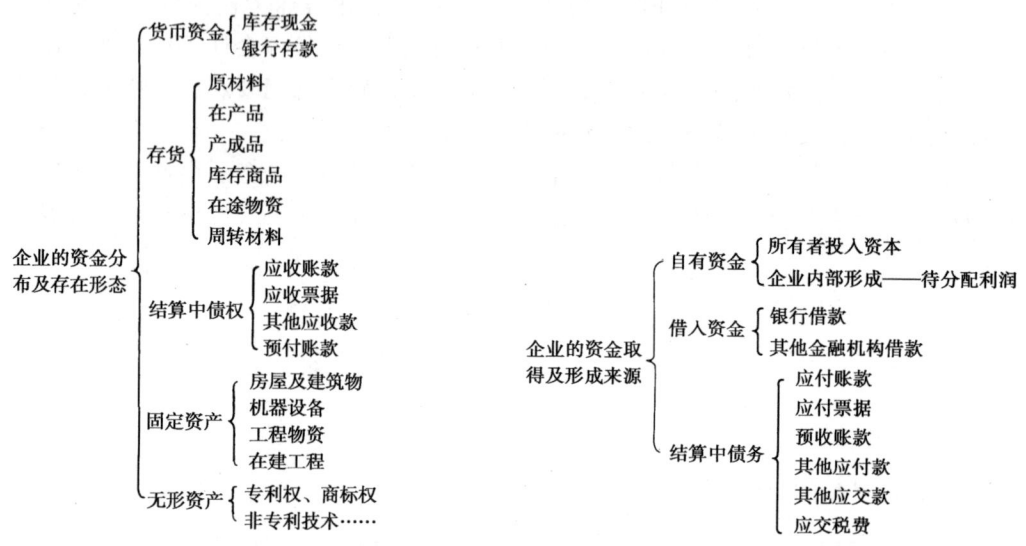

图1-1 企业的资金分布及存在形态　　　图1-2 企业的资金取得及形成来源

2. 资金循环的动态表现

资金循环的动态表现，是指企业在一定时期内，资金在企业生产经营的各个阶段中不断运动变化、改变形态，周而复始地循环和周转。

由于各个企业的经济业务不同，其经济活动也不同，其资金循环的动态表现有所区别，生产企业的资金循环形式比较完整，具有一定代表性，现以生产企业为例加以说明。

生产企业的经济活动主要是制造产品、销售产品，其资金循环从货币资金形态开始，在生产经营活动过程中，依次经过供应、生产、销售三个过程，最后又回到货币资金形态。供应过程是生产的准备过程，在供应过程中，企业要用货币购入并储备各种材料物资，资金循环的表现形态由货币资金转化为储备资金；生产过程既是产品制造过程，也是人力、物力、财力耗费过程，在生产过程中，企业将原材料投入生产，引起了原材料的消耗、固定资产的折旧、工资的支付和生产费用的开支等，资金循环的表现形态由储备资金和一部分货币资金转化为生产资金；产品完工后，生产资金又转化为成品资金；销售过程要将生产出来的产品卖出去收回货币。在销售过程中，资金循环的表现形态由成品资金又转化为货币资金，同时支付销售费用。在这三个过程中，货币资金依次改变其形态，即为资金循环，周而复始地不断演变，就是资金周转。企业对净收入进行分配时，一部分资金就退出循环。资金循环的具体过程如图1-3所示。

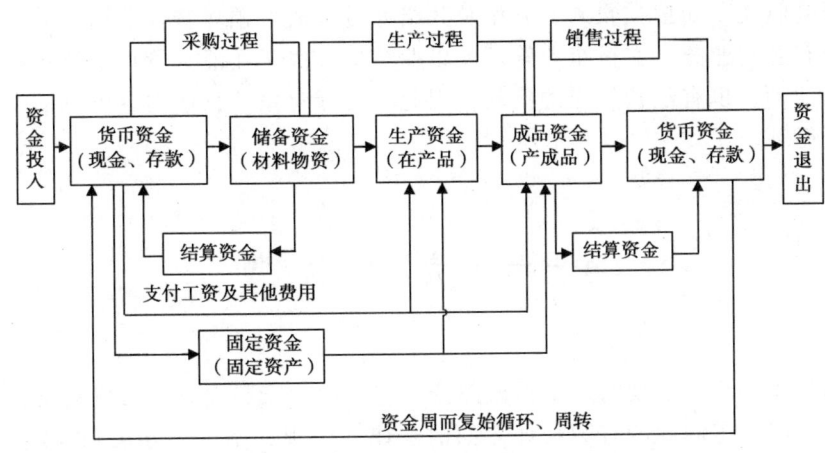

图 1-3 生产企业资金循环的具体过程图

再以流通企业为例,企业的经济业务是组织商品流通,企业的经济活动只在商品流通领域进行,一般存在着商品购进和销售两个过程,其资金循环表现的形态,主要是从货币资金形态开始按照"货币——商品——货币"的方式不断地改变形态。在商品购进过程中,企业要用货币购进商品并储备,货币资金就转化为商品资金;在商品销售过程中,企业则卖出商品,实现商品价值,取得销售收入,商品资金又转化为货币资金。企业对净收入进行分配时,一部分资金就退出循环,具体过程如图 1-4 所示。

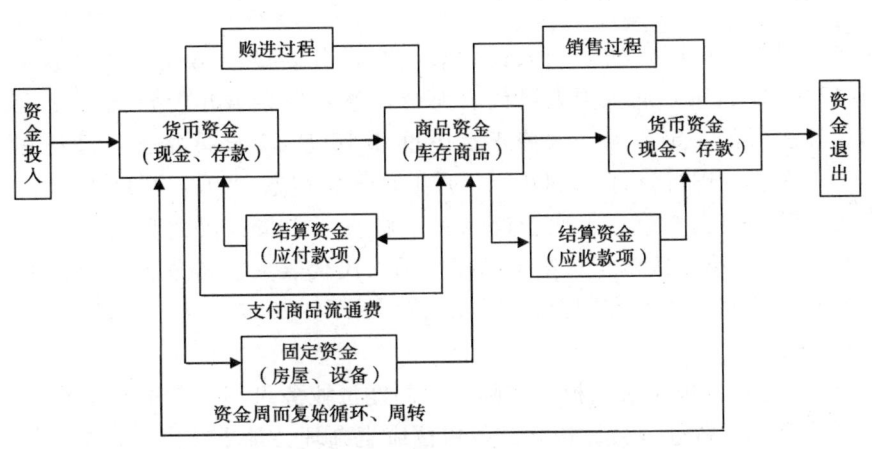

图 1-4 商品流通企业资金循环的具体过程图

(二)行政事业单位会计对象的具体内容

行政事业单位会计对象的具体内容与企业单位不同,它们的经济活动是执行国家预算过程中的预算收入和预算支出。因此行政事业单位的会计对象可以概括为社会再生产过程中的预算资金收支。

行政事业单位的预算收支活动也有相对静止和显著变动两方面的表现。不过这两方面的具体内容与企业单位有所不同。其预算资金活动的静态表现,是预算资金的分布和存在形态及取得和形成来源,如货币资金、固定资产、财政拨款、应交款项等。在执行预算过程中所发生的预算资金收支，如拨款收入、支用及其结存也构成了预算资金活动的动态表现。

对一些兼有经营业务、实行企业管理的事业单位，由于在财务管理上的双重性质，既有预算资金收支活动，也有经营资金的活动，因此其会计对象的具体内容可概括为预算资金收支和经营资金循环。

第三节 会 计 法 规

会计法规是我国经济法规的一个组成部分。它是由国家和地方立法机关及中央、地方各级政府和行政部门制定颁发的有关会计方面的法律、法规、制度、办法和规定。这些法律、法规、制度和办法是贯彻国家有关方针、政策和加强会计工作的重要工具，是处理会计工作的规范。

会计法规体系可以从法律来源上划分为下列层次：一是由全国人民代表大会常务委员会统一制定的会计法律，如《中华人民共和国会计法》（以下简称《会计法》），它是一部规范我国会计活动的基本会计法规；二是由国务院（或财政部）制定的会计行政法规，如《企业会计准则》，它是按照基本法规的要求制定的专项会计法规，是制定会计制度的依据。另外，企业还需根据《企业会计准则》的规定，结合企业具体情况制定会计核算办法。

一、会计法

自 1985 年 1 月 21 日第六届全国人民代表大会常务委员会第九次会议颁布《会计法》后，1993 年 12 月 29 日第八届全国人民代表大会常务委员会第五次会议《关于修改〈中华人民共和国会计法〉的决定》第一次修正；1999 年 10 月 31 日第九届全国人民代表大会常务委员会第十二次会议进行修订，2000 年 7 月 1 日开始实施；2017 年 11 月 4 日第十二届全国人民代表大会常务委员会第三十次会议《关于修改〈中华人民共和国会计法〉等十一部法律的决定》，进行了第二次修正；第十四届全国人民代表大会常务委员会第十次会议表决通过《关于修订〈中华人民共和国会计法〉的决定》，自 2024 年 7 月 1 日起实施。

（一）会计核算

《会计法》规定：各单位必须根据实际发生的经济业务事项进行会计核算，不得以虚假的经济业务事项或者资料进行会计核算。各单位应当办理会计手续、进行会计核算的经济业务事项有以下几项：

(1) 资产的增减和使用；
(2) 负债的增减；
(3) 净资产（所有者权益）的增减；
(4) 收入、支出、费用、成本的增减；
(5) 财务成果的计算和处理；
(6) 需要办理会计手续、进行会计核算的其他事项。

《会计法》还规定了对会计核算的基本要求，包括对会计年度、记账本位币的规定；对会计凭证、会计账簿、会计报表和其他会计资料的规定，以及会计核算程序的规定等。

修改后的《会计法》，对强化会计核算提出了以下三点要求：

1. 要求确保会计资料的真实和完整

会计资料的真实和完整是会计工作的基本要求。《会计法》要求：各单位必须根据实际发生的经济业务事项进行会计核算，填制会计凭证，登记会计账簿，编制财务会计报告；任何单位不得以虚假的经济业务事项或者资料进行会计核算；任何单位和个人不得伪造、变造会计凭证、会计账簿及其他会计资料，不得提供虚假的财务会计报告。

《会计法》强化了单位负责人对本单位会计工作和会计资料的真实性、完整性负责的责任制。明确指出，单位负责人应当保证财务会计报告的真实和完整。

2. 确立记账基本规则，保证会计核算依法进行

我国原有的《会计法》没有明确规定记账规则，而《企业会计准则》和《企业财务通则》又没有规定相应的法律责任，造成管理松弛，甚至出现了私设假账等情况。为此，新《会计法》对账簿登记有以下四项规定：

（1）会计账簿登记，必须以经过审核的会计凭证为依据，并符合有关法律、行政法规和国家统一的会计制度的规定。

（2）各单位不得违反本法和国家统一的会计制度的规定私设会计账簿登记、核算。

（3）各单位应当定期将会计账簿记录与实物、款项及有关资料相互核对，保证账实、账款、账证、账账和账表等有关内容都一一相符。

（4）各单位采用的会计处理方法，前后各期应当一致，不得随意变更；确有必要变更的，应当按照国家统一的会计制度的规定变更，并将变更的原因、情况及影响在财务报告中说明。

《会计法》对会计凭证、财务会计报告等也提出了相应的要求。

3. 增加了"公司、企业会计核算的特别规定"内容

会计记录反映经济活动，一旦发生会计信息失真甚至财务造假，常常伴随偷税漏税、违规贷款、国有资产流失、资本市场虚假信息披露等诸多连锁问题，甚至引发系统性风险，因此，《会计法》明确各单位进行会计核算不得有下列行为：

（1）随意改变资产、负债、净资产（所有者权益）的确认标准或者计量方法，虚列、多列、不列或者少列资产、负债、净资产（所有者权益）。

（2）虚列或者隐瞒收入，推迟或者提前确认收入。

（3）随意改变费用、成本的确认标准或者计量方法，虚列、多列、不列或者少列费用、成本。

（4）随意调整利润的计算、分配方法，编造虚假利润或者隐瞒利润。

（5）违反国家统一的会计制度规定的其他行为。

（二）会计监督

《会计法》规定了会计监督的主体和对象以及会计监督的内容。会计监督的主体是本单位的会计机构和会计人员，监督的对象是本单位的经济活动，即内部会计监督。内部监督的内容主要是原始凭证、财产，明确会计人员、单位负责人、社会中介组织、政府有关部门在会计监督中的责任。

1. 明确内部监督的要求

（1）明确记账人员与经济业务事项和会计事项的审批人员、经办人员、财物保管人员

的职责权限，并使其相互分离、相互制约。

（2）明确重大对外投资、资产处置、资金调度和其他重要经济业务事项的决策和执行的相互监督、相互制约程序。

（3）明确财产清查的范围、期限和组织程序。

（4）明确对会计资料定期进行内部审计的办法和程序。

（5）国务院财政部规定的其他要求。

2. 明确各有关部门在会计监督中的责任

（1）规定单位负责人应当保证会计机构、会计人员依法履行职责，不得授意、指使、强令会计机构、会计人员违法办理会计事项。

（2）规定会计机构、会计人员对违反《会计法》以及会计准则、制度规定的会计事项，有权拒绝办理或者按照职权予以纠正，并有权检举。

（3）按规定须经注册会计师进行审计的单位，应向受委托的会计师事务所如实提供会计凭证、账簿、财务会计报告和其他会计资料及有关情况。任何单位和个人不得以任何方式要求或示意注册会计师及其所在的会计师事务所出具不实或者不当的审计报告。

（4）财政部门对各单位是否依法设置账簿，各项会计资料是否真实、完整，会计核算是否符合规定，以及会计工作人员是否具备专业能力、遵守职业道德等情况实施监督，并有权对会计师事务所出具的审计报告的程序和内容进行监督。

（5）财政、审计、税务、金融管理等部门应当依照有关法律、行政法规规定的职责，对有关单位的会计资料实施监督检查并出具检查结论。有关单位应接受检查，并如实提供会计资料及有关情况。有关监督检查部门已经作出的检查结论能满足其他督查检查部门职责需要的应当加以利用，避免重复查账，并负有保密义务。

（三）法律责任

1. 应负法律责任的内容

《会计法》规定，凡违反《会计法》规定，有下列行为之一的，由县级以上财政部门责令限期改正，给予警告、通报批评，对单位可以并处20万元以下的罚款，对其直接负责的主管人员和其他直接责任人员可以处5万元以下的罚款；情节严重的，对单位可以并处20万元以上100万元以下的罚款，对其直接负责的主管人员和其他直接责任人员可以处5万元以上50万元以下的罚款；属于公职人员的，还应当依法给予处分。

（1）不依法设置会计账簿的；

（2）私设会计账簿的；

（3）未按照规定填制、取得原始凭证或者填制、取得的原始凭证不符合规定的；

（4）以未经审核的会计凭证为依据登记会计账簿或者登记会计账簿不符合规定的；

（5）随意变更会计处理方法的；

（6）向不同的会计资料使用者提供的财务报告编制依据不一致的；

（7）未按照规定使用会计记录文字或者记账本位币的；

（8）未按照规定保管会计资料，致使会计资料毁损、灭失的；

（9）未按照规定建立并实施单位内部会计监督制度或者拒绝依法实施的监督或者不如实提供有关会计资料及有关情况的；

（10）任用会计人员不符合《会计法》规定的。

2. 应追究刑事责任的内容

《会计法》规定，凡有以下行为，构成犯罪的，依法追究刑事责任：

（1）伪造、变造会计凭证、会计账簿，编制虚假财务报告的；

（2）隐匿或者故意销毁依法应当保存的会计凭证、会计账簿、财务报告的；

（3）授意、指使、强令会计机构、会计人员及其他人员伪造、变造会计凭证、会计账簿，编制虚假财务报告或者隐匿、故意销毁依法应当保存的会计凭证、会计账簿、财务报告的；

（4）单位负责人对依法履行职责、抵制违反法规行为的会计人员以降级、撤职、调离工作岗位、解聘或者开除等方式实行打击报复的。

以上各条如果尚不构成犯罪的，可以分别情况，依法处以不同的罚款，属于公职人员的，还应当依法给予处分，并由县级财政部门吊销其会计从业资格证书。因违反《会计法》规定受到处罚的，按照国家有关规定记入信用记录。

二、企业会计准则

企业会计准则也称企业会计原则，它是企业会计确认、计量和报告行为的规范，是制定会计制度的依据，也是保证会计信息质量的标准。在西方经济发达的国家，一般都有一个统一的会计准则，有的由政府机关制定，有的由民间职业团体根据会计惯例制定。企业的会计制度可按照企业会计准则自行制定。我国过去没有统一的会计准则，企业一直执行按不同行业和不同所有制性质制定的会计制度，这是中华人民共和国成立以来根据计划经济体制的模式规定的，在历史上曾发挥一定的作用。

我国企业会计准则体系，包括基本准则和具体准则两个层次。基本准则是纲，具体准则是目，具体准则的制定应遵循基本准则的规定。

基本会计准则是进行会计核算工作必须遵守的基本要求，财政部1992年11月发布的《企业会计准则》即属于基本会计准则。为进一步规范企业会计确认、计量和报告行为，保证会计信息质量，2006年2月，财政部又对《企业会计准则——基本准则》进行了修订，并自2007年1月1日起施行，2024年7月进行了修订。施行后的《企业会计准则——基本准则》的主要内容包括会计基本前提、会计信息质量要求、会计要素和财务报告等方面。会计要素和财务报告的内容分别在第二章和第九章中进行阐述。

本章重点介绍会计基本前提和会计信息质量要求。

（一）会计基本前提

会计基本前提也称会计假设，它是对会计核算中某些影响企业本身经济利益的交易或事项，根据客观的、正常的情况和趋势，经过逐步认识和总结所做出的合理判断，并加以确认和计量。如为了及时计算企业的损益情况，就有必要将企业的生产经营过程人为地划分为一定期间；为了反映企业的经营情况，就有必要选择确立一定的计量单位等。会计基本前提包括会计主体、持续经营、会计分期和货币计量四项内容。

1. 会计主体

一个会计主体是一个独立的经济实体。凡是执行国家统一制定的会计制度，实行独立核算的企业都应作为一个会计主体，会计主体应当独立地记录和核算自身相关的经济业务，而不能核算、反映企业投资者或者其他经济主体的经济活动，要将会计主体的经济业务与会计主体所有者的经济业务区分开来。例如业主虽然是本单位的主人，但其在其他单位的投资，或者其本人的收支活动，都不能在本会计主体中反映。会计主体相对地要实行自主经营、自负盈亏，以自己的收入抵偿其支出，并努力增加盈利。

2. 持续经营

持续经营是指企业在可预见的将来能持续、正常地进行生产经营活动。一般情况下，应当假定企业将会按当前的规模和状况继续经营下去，不考虑破产、停业清算的因素。例如，在持续经营前提下，可以假定企业的固定资产会在持续经营过程中长期发挥作用，就可以对资产按照历史成本计价和折旧；费用能够定期进行分配；负债能够按期偿还，否则正常的核算将无法进行下去。

3. 会计分期

会计分期是指企业在持续经营的全部过程中的一个时间段落。为了定期确定收入、费用和利润，定期确定资产存量、负债和所有者权益，必须等距离地划分为一定期间，以便分期结算账目、编制财务会计报告和对会计信息进行比较和分析。会计期间划分为年度、半年度、季度和月度，其起讫的日期采用公历日期。

4. 货币计量

货币计量是指企业在正常的会计核算体系中假定币值不变。会计核算以货币计量，可以使企业的生产经营活动统一地表现为货币运动，能全面地反映企业的财务状况和经营成果。在我国，会计核算以人民币为记账本位币。业务收支以外币为主的企业，也可以选定某种外币为记账本位币，但编制财务会计报告应当折算为人民币反映。在境外设立的中国企业向国内有关部门报送财务会计报告，应当折算为人民币反映。

有关会计核算的基本前提如图1-5所示。

会计核算的基本前提 { 会计主体；持续经营；会计分期；货币计量 }

图1-5 会计核算的基本前提

（二）会计信息质量要求

会计信息质量要求是社会主义市场经济条件下，规范企业的会计核算行为的保证。会计信息质量要求主要包括以下八个方面：可靠性；相关性；可理解性；可比性；实质重于形式；重要性；谨慎性；及时性。

1. 可靠性

可靠性是指企业应当以实际发生的交易或事项为依据，进行会计确认、计量和报告，如实反映符合确认和计量要求的各项会计要素及其相关信息，保证会计信息内容真实、记录完整、数字准确、资料可靠。

2. 相关性

相关性是指企业所提供的会计信息应当与财务会计报告使用者的经济决策需要相关，以满足有关各方了解企业财务状况和经营成果的需要，满足企业加强内部经营管理的需要，有助于财务会计报告使用者对企业过去、现在或者未来的情况做出评价或者预测。

3. 可理解性

可理解性是指企业提供的会计信息应当清晰明了，便于财务报告使用者理解和利用，要求会计记录清晰、填制凭证、登记账簿、编制财务报告要数字正确、项目齐全、钩稽关系清楚。对于财务报告中难以用数字明确的问题，应当用文字加以说明。

4. 可比性

可比性是指企业提供的会计信息应当具有可比性。同一企业不同时期发生的相同或者相似的交易或事项，应当采用一致的会计政策，前后各期应当保持一致，不得随意变更，以便对不同时期的各项指标进行纵向比较。例如，存货的实际成本计算方法有先进先出法、加权平均法等。如果确有必要变更，应当将变更情况、变更原因及其对企业财务状况和经营成果的影响在财务报告附注中加以说明。不同企业发生的相同的或者相似的交易或事项应当采用规定的会计政策，确保会计信息口径一致、相互可比，使其所提供的数据资料便于比较、分析和汇总。

5. 实质重于形式

实质重于形式是指企业应当按照交易或事项的经济实质进行会计确认、计量和报告，不应仅以交易或事项的法律形式作为依据。例如，以融资租赁方式租入的资产，虽然从法律形式来讲，企业不拥有其所有权，但是，由于租赁合同规定的租赁期接近该资产的使用寿命，租赁期结束时，承租企业有权优先购买该项财产，且在承租期内有权支配资产并从中受益，因此，从该项资产的经济实质来看，承租企业能控制其创造未来经济利益，在会计核算上应视为企业的资产。

6. 重要性

重要性是指在会计核算过程中，企业提供的会计信息应当反映与企业财务状况、经营成果和现金流量有关的所有重要交易或者事项。如对资产、负债、损益等有较大影响的重要会计事项应当按规定的会计方法和程序进行处理，并在财务会计报告中予以充分、准确地披露，力求准确。

7. 谨慎性

谨慎性也称稳健性，是指企业对交易或者事项进行会计确认、计量和报告，应当保持应有的谨慎，尽可能不高估资产或者收益，不低估负债或费用，将会计信息建立在比较稳妥可靠的基础上。例如，企业对可能发生的各项资产损失计提资产减值准备，就是谨慎原则的体现。

8. 及时性

及时性是指企业对于已经发生的交易或事项应当及时进行会计确认、计量和报告，不得提前或者延后。要求及时收集会计信息，及时对会计信息进行加工处理，及时传递会计信息，力求讲究时效，从而有效地利用会计信息。

会计核算的一般原则如图1-6所示。

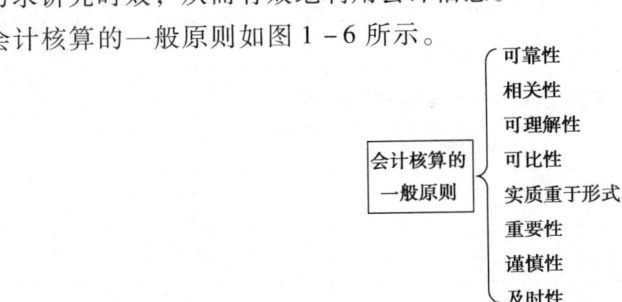

图1-6 会计核算的一般原则

三、企业会计制度

（一）制定企业会计制度的基本原则

会计制度是处理会计事务的规则、程序和方法的总称，是进行核算的规范和准则。企业会计制度是企业的一项重大制度，一般要遵守以下几条原则：

（1）要符合《中华人民共和国会计法》及国家其他有关法律和法规的规定。

（2）要符合《企业会计准则》的要求。

（3）要结合企业生产经营的具体情况，在不违反有关会计法律、行政法规和《企业会计制度》的前提下，制定适合于本企业的具体会计核算办法。

（二）企业会计制度的基本内容

企业会计制度是各项会计事务的具体处理办法，通常包括以下几个方面：

（1）有关会计制度的原则规定。一般称为总则，包括会计制度制定的依据和实施范围以及会计应遵循的基本前提和会计信息质量要求等。

（2）有关会计核算的具体规定，包括：会计科目及其使用方法的规定；填制会计凭证、登记会计账簿、记账程序和记账方法的规定；财务会计报告的格式及其编制方法，以及有关财产管理、成本计算方法的规定等。

（3）有关财产清查，会计人员交接和会计档案管理方面的规定。

四、会计档案管理办法

会计档案是指会计凭证、会计账簿和财务会计报告等会计核算资料。它是反映单位经济业务的重要史料和证据，是国家档案的重要组成部分。

《会计档案管理办法》是为了加强会计档案管理，有效保护和利用会计档案而制定的法规，2015年12月11日，中华人民共和国财政部、国家档案局令第79号发布修订后的《会计档案管理办法》，自2016年1月1日实施。主要内容包括：立卷、归档、保管、调阅、销毁等规定。现简述如下：

（一）会计档案的立卷、保管

各单位每年形成的会计档案应由会计机构按照归档的要求，负责整理立卷，装订成册，编制会计档案保管清册。当年的会计档案，暂由会计机构保管一年，期满之后，编制移交清册移交给本单位档案机构统一保管。

会计档案的保管期限分为永久、定期两类。定期保管期限分为10年和30年。

会计档案的保管期限从会计年度终了后的第一天算起，企业和其他组织会计档案期限见表1-1。

表1-1　　　　　　　　　　企业和其他组织会计档案保管期限表

档案名称	保管期限	备注
一、会计凭证		
原始凭证	30年	
记账凭证	30年	
二、会计账簿		
总账	30年	

续表

档案名称	保管期限	备注
明细账	30 年	
日记账	30 年	
固定资产卡片		固定资产报废清理后保管 5 年
其他辅助性账簿	30 年	
三、财务会计报告		
月度、季度、半年度财务会计报告	10 年	
年度财务会计报告	永久	
四、其他会计资料		
银行存款余额调节表	10 年	
银行对账单	10 年	
纳税申报表	10 年	
会计档案移交清册	30 年	
会计档案保管清册	永久	
会计档案销毁清册	永久	
会计档案鉴定意见书	永久	

（二）会计档案的借阅、复制

各单位保存的会计档案不得借出，如有特殊需要，需经本单位负责人批准，并办理手续，查阅和复制会计档案的人员不得在会计档案上涂画、拆封和调换，限期归还。

（三）会计档案的销毁

会计档案保管期满，需要销毁时，由本单位档案机构会同会计机构提出销毁意见，编造销毁清册，上报本单位负责人审批。对于其中未了结的债权、债务和涉及其他未了事项的原始凭证，要单独抽出另行立卷，保管至未了事项完结时为止。正在项目建设期间的建设单位，其保管期满的会计档案不得销毁，应在办理竣工决算后移交给建设项目接收单位并按规定办理交接手续。此外，根据 2025 年 1 月 1 日开始施行的《会计信息化工作规范》规定，单位以电子会计凭证的纸质打印件作为报销、入账、归档依据的，必须同时保存打印该纸质件的电子会计凭证原文件；以纸质会计凭证的电子影像文件作为报销、入账、归档依据的，必须同时保存纸质会计凭证。来源可靠、程序规范、要素合规的电子会计凭证、电子会计账簿、电子财务会计报告和其他电子会计资料与纸质会计资料具有同等法律效力，可仅以电子形式归档保存，不再另以纸质形式保存。

第四节 会计核算方法

一、会计方法

会计方法是指用来核算和监督会计对象、完成会计任务的一种手段。随着社会经济的发展和会计工作经验的积累，会计方法不断发展和完善，逐步形成一种完整、科学的方法体系，包括：会计核算方法、会计分析方法和会计检查方法。其中，会计核算方法是会计方法的基本方法。会计分析方法和会计检查方法将在其他会计课程中进行介绍，以下主要说明会计核算方法。

二、会计核算方法

会计核算方法是指对会计对象进行完整、连续和系统地记录和计算，为经营管理提供必要的信息所应用的业务技术方法。会计核算方法是会计方法的基本方法，包括设置科目和账户、复式记账、填制和审核会计凭证、登记账簿、成本计算、财产清查、编制财务会计报告等几个方面。

（一）设置科目和账户

设置科目和账户是指对会计对象的具体内容进行科学的归类并加以核算和监督的专门方法。由于会计对象的内容十分复杂，为了系统、连续地进行核算和监督，企业除了设立科目进行分类以外，还必须根据规定的会计科目开设会计账户，分别登记各项经济业务，以便取得各种核算资料，并随时加以分析、检查和监督。如现金收付是十分频繁的收支项目，必须设立一个"库存现金"科目，并开设"库存现金"账户分别进行登记，以便随时取得现金收支的情况。通过设置科目和账户，把各项业务内容都分别开来记录，会计核算就能有条不紊地顺利进行。

（二）复式记账

复式记账是指对每一项经济业务通过两个或两个以上有关账户相互联系起来进行登记的一种专门方法。因为在经济活动中，每项经济业务的发生都会引起至少两个方面资金的增减变动，通过复式记账可以相互核对监督，弄清来龙去脉。如企业以银行存款支付购买材料款，一方面要登记"银行存款"账户的减少数，另一方面要登记"原材料"账户的增加数，两者金额相等，就可以相互进行对照，并全面反映资金的增减情况。

（三）填制和审核会计凭证

在会计核算中以会计凭证作为核算的依据，可以保证会计记录的完整、真实和正确，是保证会计核算质量、明确经济责任的一种专门方法。如企业以银行存款购进材料时，必须根据购货发票填制进货凭证，经审核无误后与银行付款凭证一并登记入账，这样就可以保证付款的合法性，也明确了付款人的责任。

（四）登记账簿

登记账簿是指根据会计凭证，在账簿上连续、系统、完整地记录经济业务的一种专门方法。按照记账方法和程序登记账簿并定期进行对账、结账，可以提供完整、系统的会计资料，同时作为全面、正确地编制会计报表的依据。

（五）成本计算

成本计算是指按照一定的成本对象，对生产经营过程中所发生的耗费进行归集，以确定各该对象的总成本和单位成本的一种专门方法。通过成本计算可以掌握成本的构成情况，了解生产经营活动的成果，促使企业加强核算、节约支出和提高经济效益。

（六）财产清查

财产清查是指对各项财产物资进行实物盘点和账目核对，保证账账、账实相符的一种专门方法。通过财产清查可以查明各项财产物资、债权债务和所有者权益情况，可以加强物资管理，监督财产是否完整并为正确核算损益提供正确的资料。

（七）编制财务会计报告

编制财务会计报告是指定期总括地反映财务状况和经营成果的一种专门方法。编制财务会计报告可以为企业及其有关部门的信息使用者集中地提供主要会计信息，有利于改善企业经营管理并为有关单位提供投资的决策依据。

以上各种专门方法在会计核算过程中是相互联系、紧密结合的，必须一环紧扣一环，才能保证整个核算工作的顺利进行。会计核算工作的程序如图1-7所示。

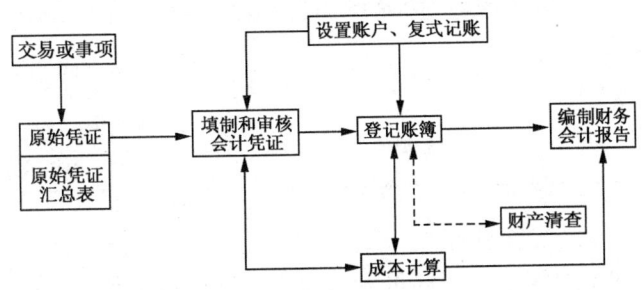

图1-7 会计核算工作程序图

由于企业的规模不同、经营管理的要求不同，会计核算程序也有所不同，有关会计核算程序的内容，将在本教材第十章作详细介绍。

第五节 会计工作组织

会计工作组织是完成会计工作任务、发挥会计工作作用的重要保证。正确组织会计工作，就是要求企业、行政事业单位设置合理的会计机构，配备适当的会计人员以及建立和执行各项会计制度，以达到加强管理的要求。

一、会计机构

会计机构是组织处理会计工作的职能机构。合理设置会计机构是保证会计工作顺利进行的首要条件。

（一）会计机构的设置

我国会计机构实行分级管理、分工负责制度。根据《中华人民共和国会计法》规定，国务院财政部门设置会计事务管理机构，管理全国的会计工作；地方各级人民政府的财政部门设置财会管理部门，管理本地区会计工作；各级企业单位根据会计业务的需要，设置本单位的会计机构或者在有关机构中设置会计人员，并指定主管人员。如果单位既没有设置会计机构，也没有配备专职人员，则应当委托经批准设立从事会计代理记账业务的中介机构代理记账。各级财会部门接受上级主管部门的指导和监督；上级主管部门在统一规划、统一领导的前提下，发挥各级政府及企业的工作积极性。

会计机构的设置见表1-2。

表1-2　　　　　　　　　　　　会计机构的设置

会计机构设置情况	适用范围	备注
单独设置会计机构	(1) 大中型企事业单位 (2) 会计业务繁多的单位	配备会计机构负责人及必要的会计人员
在相关机构中设置会计人员	会计业务比较简单的单位	需要指定会计主管人员行使会计机构负责人的职权
实行代理记账	不具备设置会计机构和会计人员条件的单位	委托具备一定条件的会计咨询、服务机构,如会计师事务所,进行代理记账
必须设置总会计师	(1) 国有大中型企业 (2) 国有资产控股的大中型企业	总会计师作为单位的行政领导成员,负责组织领导本单位的财务、成本管理、预算等方面的管理工作

(二) 会计机构的内部组织形式

企业会计机构的内部组织形式一般可分为独立核算机构、半独立核算机构和报账单位。

1. 独立核算机构

实行独立核算的企业必须具备一定的条件,通常要有一定的自有资金,有独立经营自主权,能够编制计划,单独计算盈亏,单独在银行开户,并经市场监督管理部门注册登记。

实行独立核算单位的核算组织形式可分为集中核算和分散核算两种。集中核算是财务工作汇总在会计部门进行,其优点是可以减少核算环节,简化核算手续,有利于掌握全面经营情况和精减人员。分散核算是指企业所属的分厂、分部的凭证、账表向会计部门报账(这种单位称为报账单位),或由部门编制本部门的会计报表送会计部门汇总(这种单位称为半独立核算单位)。一个企业实行集中核算还是分散核算,应视企业规模的大小和经营管理的要求来决定。

2. 半独立核算机构

独立核算企业所属的分厂、分部,其规模比较大,生产、经营上具有一定的独立性,但不具备完全独立核算的某些必要条件,如没有独立的资金,不能在银行单独开户等,就实行半单独记账并编制会计报表,然后将会计报表送会计部门汇总。其优点是能使部门负责人和职工及时掌握生产成本和财务成果,便于动员职工参与企业管理。

3. 报账单位

报账单位是指企业内部不单独计算盈亏,只记录和计算几个主要指标,进行简易核算,以考核其工作质量的单位和部门。这些单位和部门平时只向上级领用备用金,定期向上级报销,所有收入全部解缴上级,由财会部门集中进行核算。

(三) 会计机构内部的岗位设置

会计机构内部要求进行合理的分工,建立与健全岗位责任制。大中型企业工作内容比较繁杂,一般有资金核算,成本、费用核算,销售、利润核算,内部稽核及综合编表等工作,需要配备会计员、出纳员、成本员、稽核员、综合员等进行分工合作。在这些单位中,可以根据业务繁简设置专业科,但须严格执行岗位责任制。在会计人员不多的会计部门,可以根据工作内容划分各个会计人员的职权范围,实行一人一岗、一人多岗或一岗多人,各司其职，各负其责。

（四）会计机构内部控制制度和牵制制度

会计机构要建立健全稽核制度，对会计凭证、会计账簿、会计报表等会计资料的真实性和可靠性进行控制，包括账证、账账、账表、账实核对的控制，财产物资的采购、验收、保管、盘点、现金管理等方面的控制。

《中华人民共和国会计法》规定，出纳人员不得兼管稽核、会计档案保管和收入、成本费用、债权债务账目的登记工作。会计机构需加强内部牵制制度，坚持账、钱、物分管，会计与出纳分管，经办与审批分管，以防止错误和弊端。

二、会计人员

配备适当的会计人员是单位会计工作得以正常开展的重要条件。

（一）设置总会计师

《中华人民共和国会计法》规定，国有的和国有资本占控股地位或者主导地位的大、中型企业必须设置总会计师，负责组织领导本单位的会计核算和会计监督等方面的工作。总会计师由具有会计师以上专业技术资格的人员担任。总会计师的任职资格、任免程序、职责权限按《总会计师条例》规定办理。

（二）会计人员的职责权限

会计机构应该按照精简节约、提高素质和廉洁奉公的原则配备会计人员，并赋予必要的工作职责和权力，以便切实完成会计工作任务。表1-3为相关会计人员任职资格。

表1-3　　　　　　　　　　　　相关会计人员任职资格

会计人员	任职资格
一般会计人员	(1) 遵守会计和其他财经法律法规 (2) 具备良好的道德品质 (3) 具备一定的会计专业基础知识和技能
会计机构负责人	(1) 政治素质过硬、政策业务水平较高 (2) 具有较强的组织能力、身体健康 (3) 会计师以上专业技术资格，或从事会计工作三年以上的经历
总会计师	(1) 坚持社会主义方向，积极为社会主义建设和改革开放服务 (2) 坚持原则，廉洁奉公；取得会计师任职资格后，主管一个单位或者单位内一个重要方面的财务会计工作时间不少于三年 (3) 有较高的理论政策水平，熟悉国家财经法律、法规、方针、政策和制度，掌握现代化管理的有关知识 (4) 具备本行业的基本业务知识，熟悉行业情况，有较强的组织领导能力 (5) 身体健康，能胜任本职工作

1. 会计人员的主要职责

(1) 切实按照法律、法规的规定，完成会计工作任务，发挥会计工作在维持社会主义市场经济秩序，加强经济管理和提高经济效益等方面的作用。

(2) 坚持原则，维护会计法律、法规制度，反对贪污浪费和违法乱纪行为。切实制止变造、假造账目，违法乱纪和伪造会计报表，保障会计资料的正确性。

（3）忠于职守，廉洁奉公，自觉抵制不正之风，自觉接受内部监督，自觉接受财政、审计和税务部门的监督。

（4）重科学、讲技术、顾大局、讲效益，提高从事本职工作的品质和能力，遵守会计人员的职业道德。

2. 会计人员的主要权限

（1）有权要求本单位和有关部门的领导和人员认真执行财政纪律和财务会计制度，共同按政策和制度办事。

（2）有权监督、检查本单位有关部门的资金活动、财务收支和物资管理情况，保证财产真实，收支合法、合理。

（3）有权如实反映情况，对不真实、不合理的原始凭证不予受理，对不符合实际情况的账务记录做出反映，对不符合事实的会计报表予以抵制。

（4）有权对贪污浪费和违法收支的行为予以制止和纠正，并有权向单位领导或上级有关部门提出报告。

三、会计人员素质和职业道德修养

（一）会计人员素质

会计人员素质是指会计人员从事本职工作应具备的品质和能力，是完成会计工作任务的基本条件。它包括思想道德、专业知识、工作技能和改革创新四个方面。

（1）思想道德素质。其内容包括坚持原则、秉公办事、热爱本职工作和有责任感。

（2）专业知识素质。其内容包括熟悉并掌握国家有关政策和会计的基本理论和知识。

（3）工作技能。其内容包括处理会计工作的技术和能力。

（4）改革创新。其内容包括对社会主义市场经济的认识和掌握现代化管理技术、计算技术的要求和态度。

（二）会计人员职业道德修养

会计人员的职业道德一般是指会计人员的最高行为准则。这种行为准则必须体现三个特点：一是必须突出会计职业的特点，符合会计职业的要求；二是应该言简意明，便于记忆；三是应该联系会计工作实际，但又要与会计工作有所区别。

我国财政部于1996年发布了《会计基础工作规范》，要求会计人员遵守职业道德，树立良好的职业品质，严谨的工作作风，严守工作纪律，努力提高工作效率和工作质量。具体应做到：

（1）敬业爱岗。即热爱本职工作，努力钻研业务，使自己的知识和技能适应所从事工作的要求。

（2）熟悉法规。即熟悉财经法律、法规和国家统一会计制度，并结合会计工作进行广泛宣传。

（3）依法办事。即按照会计法律、法规和国家统一会计制度规定的程序和要求进行会计工作，保证所提供的会计核算资料合法、真实、准确、及时、完整。

（4）客观公正。即办理会计事务应当实事求是、客观公正。

（5）搞好服务。即熟悉本单位的生产经营和业务管理情况，运用掌握的会计信息和会计方法，为改善本单位内部管理、提高经济效益服务。

（6）保守秘密。即保守本单位的商业秘密，除法律规定和单位领导人同意外，不能私自向外界提供或者泄露单位的会计信息。

 知识点小结

1. 会计的基本职能是会计核算和监督，会计的拓展职能包括评估经营业绩、预测经营前景、参与经济决策。
2. 会计的特征。会计以货币为主要计量单位；采用专门方法；会计具有核算和监督的基本职能；会计是一个经济信息系统；会计是一种经济管理活动。
3. 会计对象是会计核算和监督的内容，即能以货币表现的经济活动，即资金运动。表现为资金投入、资金运动和资金退出的过程。
4. 会计核算的前提包括会计主体、持续经营、会计分期、货币计量。
5. 会计核算信息的质量要求包括：可靠性原则、相关性原则、可理解性原则、可比性原则、实质重于形式原则、重要性原则、谨慎性原则、及时性原则。
6. 会计档案是指会计凭证、会计财务账簿和财务会计报告等会计核算专业材料，是记录和反映单位经济业务的重要史料和证据。具体包括：会计凭证类、会计财务账簿类、财务报告类、其他类。会计档案的管理包括归档、保管和查阅。
7. 会计核算方法主要包括设置会计科目和账户、复式记账、填制和审核会计凭证、登记账簿、成本计算、账产清查、编制财务会计报告。
8. 我国会计法律规范体系包括会计法律、会计行政法规、会计部门规章。
9. 各单位应当根据会计业务的需要，设置会计机构或者在相关机构中设置会计人员并指定会计主管人员，不具备设置条件的，应当委托批准设立从事会计代理记账业务的中介机构代理记账。企业会计核算工作可采用集中核算与非集中核算两种形式。
10. 会计职业道德是会计人员从事会计工作应当遵循的道德标准。会计人员职业道德主要包括敬业爱岗、熟悉法规、依法办事、客观公正、做好服务、保守秘密。

 复习思考题

1. 什么是会计？有什么特点？
2. 什么是会计的职能？会计的基本职能是什么？
3. 什么是会计的任务？
4. 什么是会计的对象？为什么说会计的对象也就是生产过程中的资金运动？
5. 什么是资金循环和周转？举例说明生产企业和商品流通企业的资金循环和周转的过程，两者有何不同？
6. 会计核算的方法有哪些方面？
7. 企业应如何设置会计机构，配备会计人员？
8. 《中华人民共和国会计法》有哪些内容？
9. 什么是会计准则？我国制定的会计准则包括哪些内容？
10. 应如何保管好会计档案？

第二章 会计要素

 学习目标

会计要素是会计对象的基本内容。本章概述了资金平衡的基本原理、会计要素的具体内容及其平衡公式、会计等式与会计要素之间的相互关系及变化类型。通过本章学习，要求了解会计要素的概念及资金平衡原理，明确会计要素的构成及其内容，掌握基本会计等式及其与会计要素的关系，以及经济业务发生对会计等式的影响等方面的知识。

本章重点：会计要素的具体内容；资金平衡原理；基本会计等式等。

第一节 会计要素的内容

一、会计要素的概念及其构成

前章述及会计对象的内容繁多，涉及面广。为了便于会计核算，必须对会计对象做进一步的分类，这样不仅有利于对不同经济业务进行确认、计量、记录和报告，而且还可以为建立会计科目和设计会计报表提供依据。这种分类的类别，在会计上称之为会计要素。概括地说，所谓会计要素，就是对会计对象按其经济特征所做的进一步分类，它是会计对象的具体化基本组成部分。

企业会计要素是由资产、负债、所有者权益、收入、费用和利润六项构成。其中，前三项反映了企业在一定时点上（月末、季末、半年末、年末）的资金运动静态表现；后三项反映了企业在一定期间（月度、季度、半年度、年度）的资金运动动态表现。

行政事业单位的会计要素是由资产、负债、净资产、收入和支出五项构成。其中前三项反映了单位的资金收支活动的静态表现；后两项反映了资金收支活动的动态表现。

本章重点阐述企业单位的会计要素。

二、企业会计要素的基本内容

（一）资产

资产是指由企业过去的交易或者事项形成并由企业拥有或者控制的资源，该资源预期会给企业带来经济利益。

上述定义说明，作为一项资产，必须具备下列几个基本特征：

1. 资产是由过去的交易或事项所形成的

作为企业资产，必须是现实的购置、生产和建造等，而不是预期在未来发生的，它是企业过去已经发生的交易或事项所产生的结果。

2. 资产是企业拥有或者控制的资源

一项资源要作为企业资产，企业必须要拥有此项资产所有权，可以由企业自行使用或处置，例如货币、物资、设备等。但在某些条件下，对一些特殊方式形成的资产，企业虽然不拥有所有权，但能够控制的，也可作为企业资产（如融资租入固定资产）。

3. 预期给企业带来经济利益

这是资产最重要的特征。所谓预期给企业带来经济利益，是指能直接或间接导致现金或现金等价物流入企业的潜力。如果预期不能带来经济利益，就不能确认为企业的资产。资产类项目按其流动性的强弱可分为流动资产和非流动资产两类。

（1）流动资产。流动资产是指预计可以在1年或者超过1年的一个正常营业周期内变现、出售或者耗用，或者主要为交易目的而持有的资产，主要包括库存现金、银行存款、短期投资、应收及预付款项、存货等。

①库存现金是指存放在企业内部保险柜由出纳人员保管的现钞，包括人民币和各种外币。库存现金是企业流动性最强的资产。

②银行存款是指企业存放在银行或其他金融机构的各种款项。

③应收及预付款项是指企业在日常生产经营活动中发生的各种债权，包括应收账款、应收票据、应收利息、其他应收款和预付账款等。

④存货是指企业在日常生产经营过程中持有以备出售的产成品或商品、处在生产过程中的在产品、将在生产过程或提供劳务过程中耗用的材料和物料等，以及企业（农、林、牧、渔业）为出售而持有的或在将来收获为农产品的消耗性生物资产。

（2）非流动资产。非流动资产是指流动资产以外的资产，主要包括长期股权投资、固定资产、无形资产等。

①长期股权投资是指各种股权性质的投资。

②固定资产是指为生产产品、提供劳务、出租或经营管理而持有的，使用寿命超过1年的有形资产，例如房屋、建筑物、机器、运输工具等。

③无形资产是指企业为生产产品、提供劳务、出租或经营管理而持有的，没有实物形态的、可辨认的非货币性资产，包括专利权、非专利技术、商标权、著作权、土地使用权等。

（二）负债

负债是指过去的交易或者事项形成的，预期会导致经济利益流出企业的现时义务。

上述定义说明，作为企业负债，至少应具备下列几个基本特征：

1. 负债是由于过去的交易或事项而产生的在现行条件下已承担的义务

只有因过去的交易或事项而产生的负债,才能予以确认偿还的义务,而正在筹划的未来的交易或事项是不会产生负债的。例如购货的应付账款、借入的款项等。

2. 负债是企业承担的现时义务

作为负债,企业应承担偿还义务,有的还可能是要按合同或法定要求强制执行的。所谓现时义务,是指一般要在获得资产时才会产生义务。

3. 导致经济利益流出企业

一般来说,企业履行偿还义务时,关系到企业付出有经济利益的资源,如支付现金、提供劳务、转让其他财产等,会导致企业经济利益流出。

负债类项目按其偿还期的长短可划分为流动负债和非流动负债两类。

(1) 流动负债。流动负债是指预计在1年内或者超过1年的一个正常营业周期内清偿的债务,主要包括短期借款、应付账款、预收账款、应付职工薪酬、应交税费、其他应付款等。

短期借款是指企业向银行或者其他金融机构借入的、偿还期在1年以内(含1年)和各种借款。

应付账款是指企业因购买材料、商品或者接受劳务等而发生的债务。

预收账款是买卖双方根据协议的规定,由销货方预先向购货方收取的一部分货款而产生的各种负债。

应付职工薪酬是指企业根据有关规定应付给职工的各种薪酬,包括工资、职工福利、社会保险费、职工教育经费等。

应交税费是指企业按照税法规定计算应缴纳的各种税费所形成的一种负债。

(2) 非流动负债。非流动负债是指流动负债以外的负债,主要包括长期借款、长期应付款等。

长期借款是指企业向银行或者其他金融机构借入的、偿还期在1年以上的借款。

长期应付款是企业除长期借款、应付债券以外的其他一切长期应付款,包括应付融资租赁款等。

(三) 所有者权益

所有者权益是指所有者在企业资产中享有的经济利益,是企业资产扣除负债后由所有者享有的剩余权益。

企业资产形成的资金来源包括债权人借入和所有者直接投入两个方面。向债权人借入的资金形成企业的负债,所有者投入的资金形成所有者权益。

1. 所有者权益的特征

(1) 所有者权益一般不需要由企业归还给投资者,除非发生清算、减资的情况。

(2) 所有者权益随投资者的投资行为而产生,其数额的大小取决于投资额及企业经营状况。

(3) 所有者权益置于债权人权益之后,在企业清算时,企业的剩余财产在清偿所有负债后才返还给投资者。

(4) 投资者可以依据其在企业所有者权益中实收资本(股本)部分所占的份额参与企业的利润分配。

2. 所有者权益的分类

所有者权益的来源包括所有者投入的资本、直接计入所有者权益的利得和损失、留存收益等，具体表现为实收资本（或股本）、资本公积、盈余公积和未分配利润。

实收资本是指投资者按照合同协议约定或相关规定投入企业，构成企业注册资本的部分。

资本公积是指企业收到的投资者出资额超过其在注册资本或股本中所占份额的部分。

盈余公积是指企业按照法律、法规规定从税后利润中提取的公积金，包括法定盈余公积和任意盈余公积等。盈余公积主要用来弥补企业以后年度可能发生的亏损，也可以用来转增注册资本金。

未分配利润是指企业的税后利润按照规定分配完毕以后的剩余部分。未分配利润留存在企业，可以在以后年度进行分配。

所提取的盈余公积和未分配利润都留存在企业，形成企业的留存收益。

企业实现了利润，一般于下一年进行分配。在利润分配过程中，需要按照规定的顺序进行：①弥补亏损；②提取法定盈余公积；③提取任意盈余公积；④向股东分配利润；⑤未分配利润。

（四）收入

收入是指企业在日常活动中所形成的会导致所有者权益增加的，与所有者投入资本无关的经济利益的总流入。对收入的定义，可以着重从以下两个方面进行理解。

1. 日常活动中所形成

收入是从企业日常活动中产生的，而不是从偶发的交易或事项中产生的。日常活动应理解为企业为完成其生产经营目标而从事的所有活动以及与之相关的其他活动，如生产企业销售产品、流通企业销售商品、服务企业提供劳务等。

2. 经济利益总流入

经济利益是指现金或最终能转化为现金的非现金资产。收入只有在经济利益很可能流入从而导致企业资产增加或者负债减少，且经济利益的流入额能够可靠计量时，才能予以确认。经济利益总流入是指本企业经济利益的流入，包括销售商品收入、劳务收入、使用费收入、租金收入、股利收入等主营业务收入和其他业务收入；不包括为第三方或客户代收的款项。

（1）收入的特征。

第一，收入必须产生于企业的日常活动中，偶然发生的交易或事项中取得的收入，不属于会计要素中收入的范畴。日常活动是指企业为完成其经营目标所从事的经常性活动以及与之相关的活动，包括主营业务活动和其他业务活动。如工业企业制造并销售产品、商业企业销售商品、咨询公司提供咨询服务等均属于企业的日常活动。

第二，收入只包括本企业经济利益的流入，不包括为第三方或者客户代收的款项。例如，企业代国家收取的增值税等就不能作为本企业的收入。

第三，收入的取得必定会导致经济利益的流入，表现为资产的增加，或负债的减少，或两者兼而有之。

第四，收入能导致企业所有者权益的增加。

（2）收入的分类。收入按经营业务的主次不同，分为主营业务收入和其他业务收入。

主营业务收入是指企业为完成其经营目标而从事的主要业务活动所取得的收入，如制造业销售产品、提供工业性劳务的收入，商品流通企业销售商品的收入等。

其他业务收入是除主营业务活动以外的其他经营活动所取得的收入，如制造业对外销售材料的收入，商品流通企业转让无形资产使用权的收入。

收入按性质不同，还可分为销售商品收入、提供劳务收入和让渡资产使用权收入。

销售商品收入是指企业对外销售商品而取得的收入。

提供劳务收入是指企业提供各种劳务服务而取得的收入等。

让渡资产使用权收入包括利息收入、使用费收入等，如出租固定资产取得的租金收入。

（五）费用

1. 费用的特征

（1）费用是指企业日常经营活动中发生的经济利益的总流出，而且能够可靠计量。例如，企业销售商品取得了收入，而在生产这些商品时必须要消耗原材料且要支付人工工资和其他相关费用。这些支出都是企业为了取得收入所付出的代价。因此，应将这种经济利益的流出作为费用。

（2）费用表现为资产的减少，也可以表现为负债的增加，或者同时表现为资产的减少和负债的增加。

（3）费用会导致企业所有者权益减少。费用所导致的经济利益流出，会引起所有者权益减少。

2. 费用的分类

费用按照其是否直接记入产品成本可以划分为记入产品成本的费用和期间费用。其中"记入产品成本的费用"与一般意义上的"生产成本"意思基本相同。

记入产品成本的费用包括：直接材料费用、直接人工费用和制造费用。

期间费用是指企业本期发生的不能直接或间接计入产品成本，而应直接计入当期损益的各项费用，包括销售费用、管理费用和财务费用。

（六）利润

利润是指企业在一定会计期间的经营成果。即企业在一定会计期间的收入减去费用后的净额以及直接计入当期利润的利得和损失等。企业利润由营业利润、利得、损失和所得税费用等部分组成。营业利润加上直接计入当期利润的利得，减去直接计入当期利润的损失，其余额为利润总额。利润总额减去所得税费用后的余额称为净利润。

营业利润 = 营业收入 − 营业成本 − 税金及附加 − 销售费用 − 管理费用 − 财务费用 + 投资收益

利润总额 = 营业利润 + 营业外收入 − 营业外支出

利润总额 − 所得税费用 = 净利润

直接计入当期利润的利得和损失，是指应当计入当期损益、会导致所有者权益发生增减变动的、与所有者投入资本或者向所有者分配利润无关的利得或损失。

会计要素的项目分类如图2-1所示。

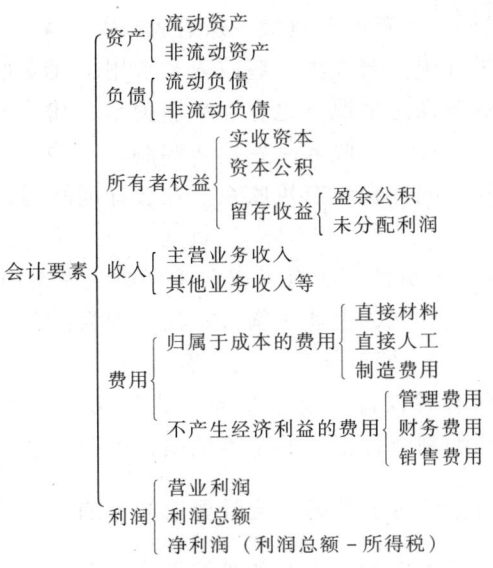

图 2-1 会计要素的项目分类图

第二节 会 计 等 式

一、会计等式

（一）资金平衡关系

前章述及资金运动的静态表现反映在某一时点上的资金分布和存在，资金取得和形成两个方面。这两个方面有着相互依存、互为转化的关系，有一定的资金分布和存在形态，必定有一定的资金取得和形成来源，这是同一资金的两个侧面，表示资金从哪里来，又用到哪里去，而且两者始终是相等的，完整地反映资金的来龙去脉。

例如：某企业所有者投入资本 500 000 元，向银行借入 100 000 元，欠 A 单位货款 30 000 元，用于购买材料 200 000 元，购置固定资产 300 000 元，银行存款 80 000 元，应收货款 50 000 元，则其资金总体为 630 000 元，资金分布和存在形态 630 000 元，资金取得和形成来源也是 630 000 元，两者总额相等，如图 2-2 所示。

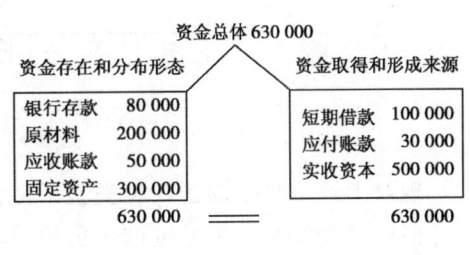

图 2-2

（二）基本会计等式与会计要素关系

基本会计等式是由会计要素组成的，反映了会计要素之间的平衡关系。

资产、负债和所有者权益三要素在资金运动静态情况下，存在着平衡关系。资产的各个项目反映了资金的分布和存在形态；负债和所有者权益的各个项目反映了资金的取得和形成来源，其平衡公式为：

$$资产 = 负债 + 所有者权益$$

资金运动在循环周转过程中,要发生一些收入和费用,收支相抵后获得利润。因此,收入、费用、利润三要素在资金动态情况下也存在平衡关系,其公式为:

$$收入 - 费用 = 利润$$

上列两个平衡公式相互之间存在着有机联系。在会计期间的任一时刻,两个公式可以合并为:

$$资产 = 负债 + 所有者权益 + (收入 - 费用)$$

企业在结算时,利润经过分配,上述平衡公式又表现为:

$$资产 = 负债 + 所有者权益$$

由于"资产 = 负债 + 所有者权益"这个平衡公式反映了资产的归属关系,同时它又是设置会计账户、复式记账和编制会计报表的基本依据,因此,会计上称之为基本会计等式。

二、经济业务的发生对会计等式的各个会计要素的影响

企业在生产经营过程中所发生的经济业务纷繁复杂、多种多样。每一笔经济业务都会对各有关会计要素产生一定影响。在会计要素中,如果一项要素发生增减变动,其他要素也必然会随之发生等额变动,即使在同一要素中,一项具体内容发生增减变动,其他有关的具体内容也会随之发生等额变动。但不管怎样增减变动,都不会破坏基本会计等式中各会计要素的平衡关系,其资产总量总是与负债及所有者权益的总量相等,而会计要素的增减变动也不外乎以下四种类型、九种情况。

(一) 会计要素增减变动的四种类型

(1) 资产和负债及所有者权益双方同时等额增加。
(2) 资产和负债及所有者权益双方同时等额减少。
(3) 资产内部有增有减,增减金额相等。
(4) 负债及所有者权益内部有增有减,增减金额相等。

以上四种增减变动情况如图 2-3 所示。

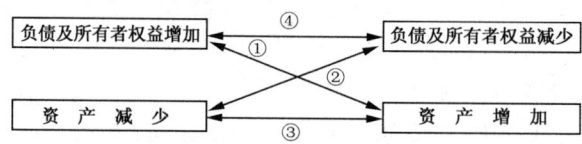

图 2-3 会计要素增减变动图

现对上述增减变动的四种类型举例说明如下:
假设某企业某一天的资产、负债及所有者权益的简要情况见表 2-1。

表 2-1

资产	金额	负债及所有者权益	金额
库存现金	1 000	短期借款	300 000
银行存款	300 000	应付票据	40 000
应收账款	50 000	应付账款	36 000

续表

资产	金额	负债及所有者权益	金额
原材料	100 000	实收资本	500 000
库存商品	175 000		
固定资产	250 000		
总计	876 000	总计	876 000

表 2-1 中，资产和负债及所有者权益各为 876 000 元，双方金额相等。随着经济业务的发生，会计要素的有关项目会相应发生变化，但无论怎样变化，双方的总额总是相等的。例如：

1. 资产和负债及所有者权益双方同时等额增加

【例 2-1】向供货单位购入原材料 50 000 元，货款未付。

这笔经济业务使资产方增加原材料 50 000 元，同时使负债及所有者权益方增加应付账款 50 000 元，结果双方总额仍然相等，保持平衡。

2. 资产和负债及所有者权益双方同时等额减少

【例 2-2】以银行存款归还短期借款 200 000 元。

这笔经济业务使资产方减少银行存款 200 000 元，同时使负债及所有者权益方减少短期借款 200 000 元，结果双方总额仍然相等，保持平衡。

3. 资产方内部有增有减，增减的金额相等

【例 2-3】收到购货单位还来的前欠货款 20 000 元，存入银行。

这笔经济业务使资产方减少应收账款 20 000 元，同时使资产方增加银行存款 20 000 元，结果资产方总额不变，双方总额仍然相等，保持平衡。

4. 负债及所有者权益方内部有增有减，增减的金额相等

【例 2-4】向甲单位借入短期借款 30 000 元，偿还应付给乙单位的应付票据 30 000 元。

这笔经济业务使负债及所有者权益方内部增加了短期借款 30 000 元，同时减少应付票据 30 000 元，结果负债及所有者权益的总额不变，因而资产和负债及所有者权益双方总额仍然相等，保持平衡。

上述四笔经济业务所引起的资产和负债及所有者权益的变动情况见表 2-2。

表 2-2　　　　　　　　　　　　　　　　　　　　　　　　　　　　　　　　　　单位：元

资产	期初金额	增减金额	期末金额	负债及所有者权益	期初金额	增减金额	期末金额
库存现金	1 000		1 000	短期借款	300 000	② -200 000 ④ +30 000	130 000
银行存款	300 000	② -200 000 ③ +20 000	120 000	应付票据	40 000	④ -30 000	10 000
应收账款	50 000	③ -20 000	30 000	应付账款	36 000	① +50 000	86 000
原材料	100 000	① +50 000	150 000	实收资本	500 000		500 000
库存商品	175 000		175 000				
固定资产	250 000		250 000				
总计	876 000	-150 000	726 000	总计	876 000	-150 000	726 000

（二）会计要素增减变动的九种情况

现将会计要素增减变动的有关情况举例说明见表2-3。

表2-3

会计要素变动情况	变动项目（举例）		
	资产	负债	所有者权益
1. 一项资产增加，另一项资产减少	原材料+ 银行存款-		
2. 一项负债增加，另一项负债减少		短期借款+ 应付账款-	
3. 一项所有者权益增加，另一项所有者权益减少			实收资本+ 盈余公积-
4. 一项资产增加，一项负债增加	银行存款+	长期借款+	
5. 一项资产增加，一项所有者权益增加	固定资产+		实收资本+
6. 一项资产减少，一项负债减少	银行存款-	应付账款-	
7. 一项资产减少，一项所有者权益减少	银行存款-		实收资本-
8. 一项负债减少，一项所有者权益增加		长期借款-	实收资本+
9. 一项负债增加，一项所有者权益减少		应付职工薪酬+	盈余公积-

（1）用银行存款购入材料：一项资产增加，另一项资产减少。

（2）用银行借款归还前欠A单位货款：一项负债增加，另一项负债减少。

（3）用盈余公积金转增资本：一项所有者权益增加，另一项所有者权益减少。

（4）向银行借入长期借款，存入银行：一项资产增加，一项负债增加。

（5）收到所有者投入的固定资产：一项资产增加，一项所有者权益增加。

（6）用银行存款支付前欠B单位货款：一项资产减少，一项负债减少。

（7）经批准，用银行存款归还所有者×××的股金：一项资产减少，一项所有者权益减少。

（8）将长期借款转为投入资本：一项负债减少，一项所有者权益增加。

（9）用盈余公积金弥补职工福利费：一项负债增加，一项所有者权益减少。

 知识点小结

1. 会计要素就是根据交易或事项的经济特征确定的会计对象的基本分类，共分六大类：资产、负债、所有者权益、收入、费用和利润。

2. 会计等式是指会计要素之间的平衡关系。

（1）会计静态等式：资产=负债+所有者权益。

（2）会计动态等式：收入-费用=利润。

（3）会计等式是设置账户、复式记账和编制会计报表的理论依据。

3. 企业发生的交易事项多种多样，具体可以分为四种类型。另外，任何交易事项的发生，都不会改变会计等式的数量平衡关系。

复习思考题

1. 什么是会计要素？它是怎样构成的？
2. 企业会计要素的基本内容是什么？
3. 什么是会计等式？
4. 会计等式与会计要素有什么关系？
5. 试述会计要素增减变动的四种类型和九种情况。
6. 为什么说经济业务的发生不会破坏基本会计等式中各会计要素的平衡关系？

第三章 账户和复式记账

 学习目标

设置会计科目、会计账户和复式记账都是会计核算的专门方法。本章阐明了设置会计科目、会计账户和复式记账的理论依据和基本内容。通过本章学习,要求了解会计科目、会计账户与复式记账的概念,设置会计科目的原则,会计科目的名称;明确会计账户的结构原理和复式记账的原理,掌握运用账户和复式记账对单位各种经济业务进行归类、记录的基础知识和技能。

本章重点:复式记账原理;会计账户的内容和结构;会计科目的名称;借贷记账法的基本内容和账务处理程序等。

第一节 会 计 科 目

一、会计科目的概念

会计科目是对会计要素的具体内容进行分类核算的类目。为了全面、系统、分类地核算和监督各项经济业务的发生情况,以及由此而引起的各项资产、负债、所有者权益和各项损益的增减变动,有必要按照各项会计要素分别设置会计科目。

二、设置会计科目的原则

会计科目必须根据企业会计准则和国家统一的会计制度的规定设置和使用。
会计科目设置必须符合以下原则:
(一)合法性原则
合法性原则是指所设置的会计科目应当符合会计法规及有关制度的规定,以保证各单位和会计信息真实、可比。
(二)相关性原则
相关性原则是指会计科目的设置应满足对外报告与对内管理的要求,向信息使用者提供相关信息。

（三）实用性原则

实用性原则是指应根据各单位的组织形式、所处行业、经营内容及业务种类等实际情况，在不违反会计准则中确认、计量和报告规定的前提下，各单位可自行增设、分拆、合并会计科目，以满足本单位实际需要。

三、会计科目的分类

（一）按反映的经济内容分类

会计科目按其反映的经济内容不同，一般企业可分为资产类、负债类、所有者权益类、损益类和成本类。

（1）资产类科目。反映流动资产包括库存现金、银行存款、交易性金融资产、应收账款、预付账款等；反映非流动资产包括长期股权投资、固定资产和无形资产等。

（2）负债类科目。反映流动负债包括短期借款、应付账款、预收账款、应付职工薪酬、应交税费和应付股利等；反映非流动负债包括长期借款、长期应付款和专项应付款等。

（3）所有者权益类科目包括实收资本、资本公积、盈余公积、本年利润和利润分配等。

（4）损益类科目包括主营业务收入、主营业务成本、销售费用、管理费用、财务费用、其他业务收入和其他业务成本等。

（5）成本类科目包括生产成本、制造费用、劳务成本和研发支出等。

（二）按其提供会计信息的详细程度分类

会计科目就其隶属关系可分为总账科目和明细科目，明细科目又可分为二级明细科目和三级明细科目。总账科目又称一级科目，反映各种经济业务的概括情况；二级明细科目是对总账科目所做的进一步分类；三级明细科目是对二级明细科目的分类。例如，"原材料"科目属于总账科目，下设"主要材料""辅助材料""修理用备件"等明细科目，并按材料品种、类别设置三级明细科目。又如，"工程物资"科目属于总账科目，下设"专用材料""专用设备"等二级明细科目，而在二级明细科目下再根据不同的品种、规格、型号分设三级明细科目（见表3-1、表3-2）。

表 3-1

总分类科目（一级科目）	明细分类科目	
	二级科目（子目）	明细科目（细目）
原材料	原料及主要材料	甲材料
		乙材料
	辅助材料	润滑剂
		油漆
	燃料	汽油
		焦油

表 3-2　　　　　　　　　　　常用会计科目参照表

编号	名称	编号	名称
	一、资产类		二、负债类
1001	库存现金	2001	短期借款
1002	银行存款	2201	应付票据
1012	其他货币资金	2202	应付账款
1101	交易性金融资产	2203	预收账款
1121	应收票据	2211	应付职工薪酬
1122	应收账款	2221	应交税费
1123	预付账款	2231	应付利息
1131	应收股利	2232	应付股利
1132	应收利息	2241	其他应付款
1221	其他应收款	2501	长期借款
1231	坏账准备	2502	应付债券
1401	材料采购	2701	长期应付款
1402	在途物资	2711	专项应付款
1403	原材料	2801	预计负债
1404	材料成本差异	2901	递延所得税负债
1405	库存商品		三、共同类（略）
1406	发出商品		四、所有者权益类
1407	商品进销差价	4001	实收资本
1408	委托加工物资	4002	资本公积
1471	存货跌价准备		其他综合收益
1501	债权投资	4101	盈余公积
1502	债权投资减值准备	4103	本年利润
1503	其他债权投资	4104	利润分配
1511	长期股权投资		五、成本类
1512	长期股权投资准备	5001	生产成本
1521	投资性房地产	5101	制造费用
1531	长期应收款	5201	劳务成本
1601	固定资产	5301	研发支出
1602	累计折旧		六、损益类
1603	固定资产减值准备	6001	主营业务收入
1604	在建工程	6051	其他业务收入
1605	工程物资	6101	公允价值变动损益
1606	固定资产清理	6111	投资收益
1701	无形资产	6301	营业外收入
1702	累计摊销	6401	主营业务成本
1703	无形资产减值准备	6402	其他业务成本
1711	商誉	6403	税金及附加
1801	长期待摊费用	6601	销售费用
1811	递延所得税资产	6602	管理费用
1901	待处理财产损溢	6603	财务费用
			信用减值损失
		6701	资产减值损失
		6711	营业外支出
		6801	所得税费用
		6901	以前年度损益调整

本书使用的会计科目，主要以《企业会计准则——应用指南》规定为依据。

第二节 会计账户

账户是根据会计科目开设的,具有一定格式和结构,用于分类反映会计要素增减变化及其结果的载体。

一、会计账户的结构和内容

会计账户的结构是指账户的格式,会计账户的内容是指所登记的经济内容。

尽管企业的各项经济业务所引起会计要素的变动错综复杂,但从数量上看,不外乎是增加和减少两种情况,因此,会计账户的结构也相应地划分为两个基本部分:一部分记录数额的增加;另一部分记录数额的减少。通常将会计账户划分为左右两方,分别记录数额的增加和减少,增减相抵后的差额,称为账户的余额。会计账户的格式尽管很多,但是任何账户都必须包括左方和右方两个部分。一般来说,应包括以下内容:

(1) 账户的名称(即会计科目)。
(2) 日期和凭证号数(用以说明账户记录的日期及来源)。
(3) 摘要(概括说明经济业务的内容)。
(4) 增加和减少的金额。
(5) 余额。

在借贷记账法下,账户分为借、贷两方,账户的左方称为"借方",右方称为"贷方"。根据"资产=负债+所有者权益"的基本会计等式的经济内容和数学上的等量关系来确定,凡是属于资产账户,其增加数记入"借方",减少数记入"贷方",余额在"借方";凡是负债及所有者权益类账户,减少数记入借方,增加数记入贷方,余额在贷方。每个账户在一定时期内(月、年)借方金额合计称为借方发生额,贷方金额合计称为贷方发生额,两个发生额相抵加上期初余额称为期末余额。其计算公式为:

资产账户:

期末余额 = 期初余额 + 借方本期发生额 − 贷方本期发生额

负债及所有者权益账户:

期末余额 = 期初余额 + 贷方本期发生额 − 借方本期发生额

反映生产经营过程中的费用、成本类账户在记账方向上与资产类账户相同;收入、成果类账户在记账方向上与负债类账户相同。

借贷记账法的账户结构见表3-3。

表3-3　　　　　　　　账户名称(会计科目)

年		凭证号数	摘　要	借　方	贷　方	借或贷	余　额
月	日						

上列账户结构，在教学上常用简化的"T"字式账户（又称"丁"字式账户）表示，见表3-4至表3-8。

表3-4

借方	资产类、成本类账户	贷方
期初余额 本期增加额		本期减少额
本期借方发生额合计		本期贷方发生额合计
期末余额		

表3-5

借方	负债类、所有者权益类账户	贷方
本期减少额		期初余额 本期增加额
本期借方发生额合计		本期贷方发生额合计
		期末余额

表3-6

借方	收入类账户	贷方
本期减少额 本期转出额		本期增加额
本期借方发生额合计		本期贷方发生额合计

表3-7

借方	费用类账户	贷方
本期增加额		本期减少额 本期转出额
本期借方发生额合计		本期贷方发生额合计

表3-8　　各类账户结构的比较

账户	借方	贷方	余额	例子
资产类	增加	减少	借方	库存现金、银行存款
负债类	减少	增加	贷方	短期借款、应付账款
所有者权益类	减少	增加	贷方	实收资本、资本公积
成本类	增加	减少	借方	生产成本、制造费用
收入类（损益类）	减少	增加	期末结转后无余额	主营业务收入、其他业务收入
费用类（损益类）	增加	减少	期末结转后无余额	管理费用、销售费用

二、会计账户与会计科目的区别和联系

会计账户是根据会计科目开设的，它具有一定的结构，用来系统、连续地记载各项经济

业务。每一个会计账户都要有一个简明的名称，用以说明该账户的经济内容。会计科目就是账户的名称。

会计科目与会计账户两者既有联系，又有区别。它们的联系在于会计科目是设置会计账户的依据，是会计账户的名称，而会计账户则是会计科目的具体运用，即会计科目所反映的经济内容就是会计账户所要登记的内容；它们的区别在于会计科目只是对会计要素具体内容的分类，本身没有什么结构，而账户则有相应的结构，能具体地反映资金变动状况，因此，会计账户比会计科目的内容更为丰富。

三、总分类账户和明细分类账户的平行登记

会计账户的设置要与会计科目相适应。会计科目有总账科目和明细科目，会计账户也要相应地分为总分类账（一级账户）和明细分类账（二级、三级账户）。总分类账户的余额应与所属各明细分类账户的余额之和相等。因此，总分类账是明细分类账的统驭账户，它对明细分类账起着控制作用；而明细分类账则是总分类账的从属账户，它对总分类账起着辅助和补充作用，两者结合起来就能概括而又详细地反映同一经济业务的记账内容，所以在记账时，总分类账户和明细分类账户总是平行登记的。

总分类账户和明细分类账户的平行登记可以概括为：

1. 依据相同

对于每一项交易或事项，都要以相关的会计凭证为依据，既要记入有关的总分类账户，又要记入所属的明细分类账户。

2. 期间相同

对发生的每一项经济业务，根据同一会计凭证，一方面在有关的总分类账户中进行总括登记；另一方面要在有关的明细分类账户中进行明细登记。

3. 方向相同

登记总分类账户及其所属的明细分类账户时，借、贷记账方向必须一致。

4. 金额相等

登记总分类账户及其所属的明细分类账户时，总分类账户的金额必须与记入其所属的一个或几个明细分类账户的金额合计数相等。

总分类账户和明细分类账户平行登记结果，两者之间本期发生额及期末余额就形成如下关系：

总分类账户期初借（或贷）方余额＝所属明细分类账户期初借（或贷）方余额之和

总分类账户本期借（或贷）方发生额＝所属明细分类账户本期借（或贷）方发生额之和

总分类账户期末借（或贷）方余额＝所属明细分类账户期末借（或贷）方余额之和

例如："原材料"是总分类账户，各种材料是明细分类账户。某企业"原材料"账户期初余额为400 000元。其中：甲材料300千克，计240 000元；乙材料50立方米，计120 000元；丙材料200米，计40 000元。本期购入原材料292 000元。其中：甲材料250千克，计200 000元；乙材料30立方米，计72 000元；丙材料100米，计20 000元。本期生产领用原材料为514 000元。其中：甲材料400千克，计320 000元；乙材料60立方米，计144 000元；丙材料250米，计50 000元。

根据上述资料，开设"原材料"总分类账户和甲、乙、丙材料明细分类账，并进行平行登记（见表3-9至表3-12）。

表3-9

借方	原　材　料		贷方
期初余额	400 000	发生额	514 000
发生额	292 000		
期末余额	178 000		

表3-10

借方	甲　材　料		贷方
期初余额	240 000	发生额	320 000
发生额	200 000		
期末余额	120 000		

表3-11

借方	乙　材　料		贷方
期初余额	120 000	发生额	144 000
发生额	72 000		
期末余额	48 000		

表3-12

借方	丙　材　料		贷方
期初余额	40 000	发生额	50 000
发生额	20 000		
期末余额	10 000		

从上例可以看出，总分类账与明细分类账平行登记时，其登记的时间、方向、金额都是完全一致的。如果通过核对发现总分类账户的金额与其所属三个明细账户合计数不等，表明总分类账或明细分类账的登记有误，应及时查明并更正。

第三节　复式记账

一、复式记账的概念和种类

"资产＝负债＋所有者权益"的平衡原理是复式记账的理论依据。复式记账是指对每一项经济业务所引起的资金运动，用相等的金额，同时在两个或两个以上相互联系的账户中进行全面登记的一种记账方法。

复式记账法有借贷记账法、收付记账法和增减记账法三种。借贷记账法是指用"借"和"贷"作为记账符号的一种复式记账方法。这种记账方法是国际上通用的记账方法。收付记账法是指用"收"和"付"作为记账符号的一种复式记账方法，这种记账方法是在我国传统的收付记账法的基础上发展起来的记账方法。增减记账法是指用"增"和"减"作为记账符号的一种复式记账方法。这种记账方法是20世纪60年代我国商业系统在改革记账方法时设计并提出的记账方法。

目前，我国《企业会计准则》和《事业单位会计准则》规定，所有企事业单位一律采用借贷记账法。下面重点介绍借贷记账法的特点和内容。

二、借贷记账法

据史料记载，借贷记账法产生于意大利地中海沿海一带城市。开始只是一种单式记账方法，后来逐步发展成为一种比较完备的复式记账方法。随着资本主义经济的发展，借贷记账法也不断完善和发展，成为经济管理中的一种科学记账方法，并被各国广泛采用。19世纪，借贷记账法传入中国,一些规模比较大的工商企业、银行以及政府机关开始采用这种记账方法。目前借贷记账法已成为我国各单位广泛使用的一种复式记账方法。

(一)借贷记账法的基本内容

借贷记账法的基本内容归纳起来有以下四个方面:

1. 用"借"和"贷"作为记账符号

借贷记账法用"借"和"贷"作为记账符号,将每个账户结构都分为左右两方,左面是借方,右面是贷方,用以反映资金的增减变化情况。

借贷记账法所使用的"借"和"贷"两字是一对单纯的记账符号。其含义因账户性质的不同而恰好相反。在资产类账户,"借"表示增加,"贷"表示减少;而在负债及所有者权益类账户,"借"表示减少,"贷"表示增加。费用成本类账户与资产类账户方向相同,收入成果类账户与负债及所有者权益类账户方向相同,见表3-13。

表 3-13

	借	贷
资产类账户	资产的增加	负债的增加
负债及所有者权益类账户	负债的减少	资产的减少
费用成本类账户	费用成本的增加	收入成果的增加
收入成果类账户	收入成果的减少	费用成本的减少

2. 以"有借必有贷,借贷必相等"作为记账规则

根据复式记账原理,对每笔经济业务用相等的金额同时在两个或两个以上相互联系的账户中进行登记。登记时,对每笔经济业务必须按其内容用相等的金额,一方记入一个或几个有关账户的借方;另一方记入一个或几个有关账户的贷方。记入借方账户的数额与记入贷方账户的数额必然相等。这就形成了借贷记账法下"有借必有贷,借贷必相等"的记账规则。

现以下列四笔经济业务为例,说明借贷记账法的记账规则。

【例3-1】向供货单位购入原材料50 000元,货款未付。

这是一笔资产和负债同时增加的经济业务。它涉及资产方的"原材料"和负债方的"应付账款"两个账户,使它们都增加了50 000元。资产的增加登记在借方,负债的增加登记在贷方,有借有贷,借贷相等,见表3-14。

表 3-14

借方	应付账款	贷方	借方	原材料	贷方
	①50 000			①50 000	

【例3-2】以银行存款归还短期借款200 000元。

这是一笔资产和负债同时等额减少的经济业务。其涉及资产方的"银行存款"和负债方的"短期借款"两个账户,使两个账户都减少了200 000元。资产的减少登记在贷方,负债的减少登记在借方,有借有贷,借贷相等,见表3-15。

表 3-15

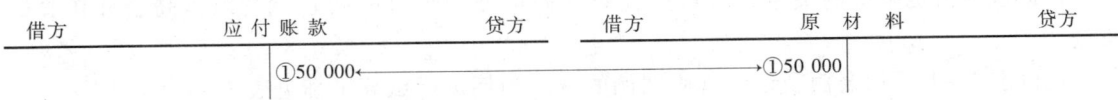

借方	银行存款	贷方	借方	短期借款	贷方
	②200 000			②200 000	

【例 3 – 3】 按原价出售固定资产 20 000 元,账款未收。

这是一笔资产方一个项目增加,另一个项目等额减少的经济业务。它涉及资产方的"应收账款"账户增加 20 000 元,"固定资产"账户减少 20 000 元。资产的增加登记在借方,资产的减少登记在贷方,有借有贷,借贷相等,见表 3 – 16。

表 3 – 16

借方	固定资产	贷方	借方	应收账款	贷方
		③20 000	③20 000		

【例 3 – 4】 将应偿付给乙单位的应付票据 30 000 元转为应付账款。

这是一笔负债方一个项目增加,另一个项目等额减少的经济业务。它涉及负债方的"应付账款"账户增加 30 000 元,"应付票据"账户减少 30 000 元。负债的增加登记在贷方,负债的减少登记在借方,有借有贷,借贷相等,见表 3 – 17。

表 3 – 17

借方	应付账款	贷方	借方	应付票据	贷方
		④30 000	④30 000		

3. 根据借贷平衡原理进行试算平衡

运用"有借必有贷,借贷必相等"的记账规则处理每一笔经济业务,应该是记账方向相反,金额相等。但是在记录经济业务过程中,由于人为因素,也可能产生这样或那样的差错。因此,在一定时期内(如一个月)有必要对所有账户的记录进行检查和验证,这种检查和验证的方法,就是试算平衡。

借贷记账法的试算平衡方法有两种:一种是发生额试算平衡法,即所有账户的借贷双方的发生额合计必然相等;另一种是余额试算平衡法,即所有账户的借方期末余额合计数与贷方期末余额合计数也必然相等。试算平衡的公式是:

全部账户期初借方余额合计 = 期初贷方余额合计

全部账户本期借方发生额合计 = 本期贷方发生额合计

全部账户期末借方余额合计 = 期末贷方余额合计

根据这种借贷平衡的关系,就可以检查和验证账户记录是否正确,以提高会计核算的质量。

现以表 2 – 1 期初余额及记账规则四例的资料为例进行试算平衡见表 3 – 18。

表 3 – 18　　　　　　　　　　　总分类账试算平衡表　　　　　　　　　　金额单位:元

账户名称	期初余额		本期发生额		期末余额	
(会计科目)	借方	贷方	借方	贷方	借方	贷方
库存现金	1 000				1 000	
银行存款	300 000			200 000	100 000	
应收账款	50 000		20 000		70 000	
原材料	100 000		50 000		150 000	

续表

账户名称 （会计科目）	期初余额		本期发生额		期末余额	
	借 方	贷 方	借 方	贷 方	借 方	贷 方
产成品	175 000				175 000	
固定资产	250 000			20 000	230 000	
短期借款		300 000	200 000			100 000
应付票据		40 000	30 000			10 000
应付账款		36 000		80 000		116 000
实收资本		500 000				500 000
合　　计	876 000	876 000	300 000	300 000	726 000	726 000

以表3-18资料验证试算平衡公式如下：

全部账户期初借方余额合计876 000元 = 期初贷方余额合计876 000元

全部账户本期借方发生额合计300 000元 = 本期贷方发生额合计300 000元

全部账户期末借方余额合计726 000元 = 期末贷方余额合计726 000元

4. 可以设置和运用双重性质的账户

在借贷记账法下，账户按经济性质分为资产、负债和所有者权益三类。但是为了灵活地处理账务，也可以设置和运用既可以是资产又可以是负债的双重性质账户。这类账户又称为共同性账户，如"应收账款""应付账款""预收账款""预付账款"等账户即属此类。双重性账户应根据它们的期末余额方向来确定其性质，如果是借方余额，就是资产账户；相反，如果是贷方余额，则是负债账户。

（二）借贷记账法的处理程序

运用借贷记账法处理经济业务，其程序如下：

1. 编制会计分录

会计分录简称分录，它是对每项经济业务指出其应登记的账户以及记账方向与金额的一种记录。会计上需要设置的账户很多，发生的经济业务又十分频繁，为了准确地反映账户的对应关系和登记金额，在每项经济业务发生以后，正式入账以前，必须编制会计分录。每笔会计分录都必须包括：会计科目、记账符号和变动金额三个要素。

会计分录按其所反映的经济业务繁简程度，可以分为简单会计分录和复合会计分录两种。

简单会计分录是指一项经济业务发生以后，只在两个账户中记录其相互关系和金额变化情况的会计分录，即一个借方、一个贷方。如：用银行存款购买原材料10 000元这项经济业务，它使银行存款减少10 000元，原材料增加10 000元。银行存款是资产类账户，它的减少应在贷方；原材料也是资产类账户，它的增加应在借方，记录下来就形成了如下一借一贷的简单会计分录，列示如下：

借：原材料　　　　　　　　　　　　　　　　　　　　　　　　10 000
　　贷：银行存款　　　　　　　　　　　　　　　　　　　　　　　　10 000

复合会计分录是指一项经济业务发生后，需要应用三个或三个以上的账户记录其相互关系和金额变化情况的会计分录。即一个借方几个贷方、一个贷方几个借方或几个借方几个贷方。如：购入原材料 50 000 元，其中 30 000 元以银行存款支付，20 000 元欠付。这项经济业务，使银行存款减少 30 000 元，原材料增加 50 000 元，应付账款增加 20 000 元。银行存款是资产类账户，它的减少应在贷方；原材料是资产类账户，它的增加应在借方；应付账款是负债类账户，它的增加应在贷方，这样就形成了一借二贷的复合会计分录。列示如下：

借：原材料　　　　　　　　　　　　　　　　　　　　50 000
　　贷：银行存款　　　　　　　　　　　　　　　　　　　　30 000
　　　　应付账款　　　　　　　　　　　　　　　　　　　　20 000

一笔复合会计分录可以分解为几笔简单会计分录。如上例复合会计分录可以分解为两笔简单会计分录。列示如下：

①借：原材料　　　　　　　　　　　　　　　　　　　　30 000
　　贷：银行存款　　　　　　　　　　　　　　　　　　　　30 000
②借：原材料　　　　　　　　　　　　　　　　　　　　20 000
　　贷：应付账款　　　　　　　　　　　　　　　　　　　　20 000

为了能集中反映整个经济业务的面貌和简化记账工作，上列经济业务宜编制复合会计分录。

2．过账

各项经济业务在编制会计分录以后，即应记入有关账户，这个记账程序通常称为过账。过账以后，一般要在月末进行结账，即结出各账户的本期发生额合计和期末余额。

例如，某资产类账户期初借方余额为 20 000 元，本期发生四笔账，分别为：①借方 10 000 元；②借方 2 000 元；③贷方 8 000 元；④借方 1 000 元。其过账结账见表 3-19。

表 3-19　　　　　　　　　　　　　　会　计　科　目

期初余额	20 000	本期发生额	③8 000
本期发生额	①10 000		
	②2 000		
	④1 000		
本期发生额合计	13 000	本期发生额	8 000
期末余额	25 000		

3．编制试算平衡表

过账以后，根据记账规则和试算平衡公式对本期各总分类账户的发生额和余额进行试算平衡，编制试算平衡表。该表格式见表 3-18。

（三）借贷记账法账务处理实例

现以下列资料举例说明借贷记账法的账务处理程序。

1．资料

（1）某企业 2024 年 6 月初各账户余额见表 3-20。

表 3-20
金额单位：元

会计科目	期初借方余额	会计科目	期初贷方余额
库存现金	1 000	短期借款	100 000
银行存款	140 000	应付票据	50 000
应收票据	20 000	应付账款	40 000
应收账款	15 000	实收资本	500 000
原材料	180 000		
库存商品	90 000		
固定资产	244 000		
合　　计	690 000	合　　计	690 000

（2）月内发生经济业务如下：

①企业股东增加投资 100 000 元，款项存入银行。

②以银行存款归还短期借款 100 000 元。

③购入原材料 50 000 元，货款未付。

④用银行存款归还前欠货款 50 000 元。

⑤借入短期借款 50 000 元，当即存入银行。

⑥应收票据 20 000 元到期，存入银行。

⑦从银行提取现金 4 000 元。

⑧将应付账款 30 000 元转为应付票据。

2. 根据上列资料运用借贷记账法进行账务处理

（1）编制会计分录。

①企业股东增加投资 100 000 元，款项存入银行。

这笔经济业务使企业的所有者权益账户"实收资本"和资产账户"银行存款"同时增加了 100 000 元，是两类账户的同增。根据借贷记账法的记账规则，编制会计分录如下：

　　借：银行存款　　　　　　　　　　　　　　　　　　　　　100 000
　　　　贷：实收资本　　　　　　　　　　　　　　　　　　　　　　100 000

②以银行存款归还短期借款 100 000 元。

这笔经济业务使企业资产账户"银行存款"和负债账户"短期借款"同时减少了 100 000元，是两类账户的同减。根据借贷记账法的记账规则，编制会计分录如下：

　　借：短期借款　　　　　　　　　　　　　　　　　　　　　100 000
　　　　贷：银行存款　　　　　　　　　　　　　　　　　　　　　　100 000

③购入原材料 50 000 元，货款未付。

这笔经济业务使企业的资产账户"原材料"和负债账户"应付账款"同时增加 50 000 元，是两类账户的同增。根据借贷记账法的记账规则，编制会计分录如下：

　　借：原材料　　　　　　　　　　　　　　　　　　　　　　　50 000

贷：应付账款　　　　　　　　　　　　　　　　　　　　　　　　　　　　50 000
　④用银行存款归还前欠货款 50 000 元。
　　这笔经济业务使企业的资产账户"银行存款"和负债账户"应付账款"同时减少 50 000 元，是两类账户的同减。根据借贷记账法的记账规则，编制会计分录如下：
　　借：应付账款　　　　　　　　　　　　　　　　　　　　　　　　　　　　50 000
　　　贷：银行存款　　　　　　　　　　　　　　　　　　　　　　　　　　　　50 000
　⑤借入短期借款 50 000 元，当即存入银行。
　　这笔经济业务使企业资产账户"银行存款"和负债账户"短期借款"同时增加 50 000 元，是两类账户的同增。根据借贷记账法的记账规则，编制会计分录如下：
　　借：银行存款　　　　　　　　　　　　　　　　　　　　　　　　　　　　50 000
　　　贷：短期借款　　　　　　　　　　　　　　　　　　　　　　　　　　　　50 000
　⑥应收票据 20 000 元到期，存入银行。
　　这笔经济业务使企业资产账户的"应收票据"减少了 20 000 元，"银行存款"增加了 20 000 元，是同类账户的有增有减，增减金额相等。根据借贷记账法的记账规则，编制会计分录如下：
　　借：银行存款　　　　　　　　　　　　　　　　　　　　　　　　　　　　20 000
　　　贷：应收票据　　　　　　　　　　　　　　　　　　　　　　　　　　　　20 000
　⑦从银行提取现金 4 000 元。
　　这笔经济业务使企业资产账户"银行存款"减少 4 000 元，"现金"增加 4 000 元，是同类账户的有增有减，增减金额相等。根据借贷记账法的记账规则，编制会计分录如下：
　　借：库存现金　　　　　　　　　　　　　　　　　　　　　　　　　　　　4 000
　　　贷：银行存款　　　　　　　　　　　　　　　　　　　　　　　　　　　　4 000
　⑧将应付账款 30 000 元转为应付票据。
　　这笔经济业务只涉及负债账户，使"应付票据"增加 30 000 元，"应付账款"减少 30 000 元，是同类账户的有增有减，增减金额相等。根据借贷记账法的记账规则，编制会计分录如下：
　　借：应付账款　　　　　　　　　　　　　　　　　　　　　　　　　　　　30 000
　　　贷：应付票据　　　　　　　　　　　　　　　　　　　　　　　　　　　　30 000
（2）过账。
将上列经济业务的会计分录记入下列各账户，见表 3—21 至表 3—31。

表 3—21　　　　　　　　　　　库　存　现　金

借方		贷方
期初余额	1 000	
⑦	4 000	
本期发生额	4 000	本期发生额　　　—
期末余额	5 000	

表3-22　　　　　　　　　　　　　　银　行　存　款

借方		贷方	
期初余额	140 000	②	100 000
①	100 000	④	50 000
⑤	50 000	⑦	4 000
⑥	20 000		
本期发生额	170 000	本期发生额	154 000
期末余额	156 000		

表3-23　　　　　　　　　　　　　　应　收　票　据

借方		贷方	
期初余额	20 000	⑥	20 000
本期发生额	—	本期发生额	20 000
期末余额	—		

表3-24　　　　　　　　　　　　　　应　收　账　款

借方		贷方	
期初余额	15 000		
本期发生额	—	本期发生额	—
期末余额	15 000		

表3-25　　　　　　　　　　　　　　原　材　料

借方		贷方	
期初余额	180 000		
③	50 000		
本期发生额	50 000	本期发生额	—
期末余额	230 000		

表3-26　　　　　　　　　　　　　　库　存　商　品

借方		贷方	
期初余额	90 000		
本期发生额	—	本期发生额	—
期末余额	90 000		

表3-27　　　　　　　　　　　　　　固　定　资　产

借方		贷方	
期初余额	244 000		
本期发生额	—	本期发生额	—
期末余额	244 000		

表3-28　　　　　　　　　　　　　　短　期　借　款

借方		贷方	
②	100 000	期初余额	100 000
		⑤	50 000
本期发生额	100 000	本期发生额	50 000
		期末余额	50 000

表 3-29　　　　　　　　　　　　　　　　应 付 票 据

借方		贷方	
		期初余额	50 000
		⑧	30 000
本期发生额	—	本期发生额	30 000
		期末余额	80 000

表 3-30　　　　　　　　　　　　　　　　应 付 账 款

借方		贷方	
④	50 000	期初余额	40 000
⑧	30 000	③	50 000
本期发生额	80 000	本期发生额	50 000
		期末余额	10 000

表 3-31　　　　　　　　　　　　　　　　实 收 资 本

借方		贷方	
		期初余额	500 000
		①	100 000
本期发生额	—	本期发生额	100 000
		期末余额	600 000

（3）编制试算平衡表。

根据记账规则和试算平衡公式，对上列各账户过账内容编制总分类账试算平衡表进行试算平衡，见表 3-32。

表 3-32　　　　　　　　　　　　　　总分类账试算平衡表

2024 年 6 月 30 日

会计科目	期初余额		本期发生额		期末余额	
	借 方	贷 方	借 方	贷 方	借 方	贷 方
库存现金	1 000		4 000	—	5 000	
银行存款	140 000		170 000	154 000	156 000	
应收票据	20 000		—	20 000	—	
应收账款	15 000				15 000	
原材料	180 000		50 000		230 000	
库存商品	90 000				90 000	
固定资产	244 000				244 000	
短期借款		100 000	100 000	50 000		50 000
应付票据		50 000		30 000		80 000
应付账款		40 000	80 000	50 000		10 000
实收资本		500 000	—	100 000		600 000
合　　计	690 000	690 000	404 000	404 000	740 000	740 000

从表 3-32 可以看出，各账户期初借、贷余额合计数均为 690 000 元；本期借、贷发生额合计数都是 404 000 元；期末借、贷余额合计数都是 740 000 元，各自保持平衡。这说明记账是准确的。如果相应的合计数不等，则表明账户记录有错误，应认真检查更正。企业通过该表既可以检查账户记录的准确性，还可以利用其所提供的资料，了解企业经济活动的概况，并为编制资产负债表提供一定的方便。

综上所述，借贷记账法的特点是用"借""贷"两个高度抽象化的记账符号，依据"有借必有贷，借贷必相等"的记账规则，分别反映每项经济业务所涉及的资金增减变化的内在联系，使各类账户能完整地体现各项资金活动的来龙去脉和对应平衡关系。因此，借贷记账法具有严谨的科学性和广泛的适用性，记账规律易于掌握，确实是一种科学的记账方法。

 知识点小结

1. 会计科目是对会计要素的具体内容进行分类核算的项目。

会计科目按经济内容分类：资产类、负债类、所有者权益类、成本类、损益类；

会计科目按所提供会计信息的详细程度分类：总分类科目、明细分类科目。

2. 账户是根据会计科目开设的，具有一定的格式和结构，用于分类反映会计要素增减变化及其结果的载体。设置账户是会计核算的重要方法之一。

账户的发生额与余额：期末余额 = 期初余额 + 本期增加发生额 - 本期减少发生额

3. 企业会计核算采用借贷记账法。借贷记账法的记账规则是"有借必有贷，借贷必相等"。

 复习思考题

1. 什么是会计科目？什么是账户？会计科目与账户有什么区别与联系？
2. 会计科目包括哪几类？内容是什么？
3. 试述复式记账的原理和种类。
4. 什么是借贷记账法？它的记账规则是什么？
5. 什么是借贷记账法的试算平衡？
6. 怎样运用借贷记账法处理经济业务？
7. 什么是简单会计分录和复合会计分录？两者有何区别？

第四章 借贷记账法的运用

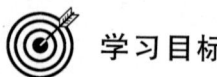 学习目标

本章是在阐述借贷记账法的基本内容和处理程序的基础上,以生产企业主要经济业务为例,运用借贷记账方法,进一步阐明企业在生产经营过程中的主要经济业务内容和账务处理。通过学习要求了解企业主要经济业务核算的意义;明确企业在一定会计期间主要生产经营过程的基本内容;掌握企业在筹集资金、物资采购、产品生产、商品销售、财务成果以及资金退出等方面的账务处理。

本章重点:企业生产经营过程各阶段主要经济业务核算的账户设置和账务处理方法。

第一节 企业主要经济业务的核算

一、企业主要经济业务核算的意义

在社会主义市场经济体制下,企业必须是一个面向市场、独立核算、自主经营、自负盈亏、自我积累、自我发展的经济实体。以生产企业为例,其基本任务是努力增加产品产量,注重品质提升,做好售后服务,满足市场需要,加强经济核算,不断技术创新,减少劳动耗费,降低成本,增加盈利,提高经济利益,为发展社会主义市场经济积累更多资金。为了完成上述任务,企业要以注重质量和效益为中心,坚持持续科学发展,做好各方面工作,增强自我改造和自我发展能力。其中,正确组织生产经营过程核算工作,利用会计资料,加强经济核算,规范企业生产经营行为是一个重要方面。要做到及时、正确地提供能反映实际生产经营过程情况的各种数量指标和质量指标,如材料采购数量和单位材料采购成本、产品生产数量和单位产品生产成本、商品销售以及利润和利润分配情况,以便企业能及时了解生产经营过程进度,纠正偏差,真正做到高产、优质、节能、减排、低消耗,不断技术创新,提高科学技术含量,完成和超额完成预期目标。

二、企业主要经济业务的内容

为了进行生产经营活动，企业必须拥有一定数量的财产、物资，这些在生产过程中的货币表现就是资金。随着生产经营活动的进行，资金以货币资金——储备资金——生产资金——成品资金——货币资金的形式不断运动，资金投入企业以后依次经过供应、生产、销售三个过程。在供应过程中，企业要用货币购买材料、物资，并按照等价交换的原则支付货款及采购费用，结转材料采购成本。这时资金从货币资金形态转化为储备资金形态。在生产过程中，企业通过劳动者制造产品，发生固定资产和材料等物化劳动和劳动者活劳动的耗费，这些生产费用要归集和分配到各种产品上去，结转产品制造成本。随着生产费用的支出，资金就从储备资金形态转化为生产资金形态。产品制成以后，资金又从生产资金形态转化为成品资金形态。在销售过程中，企业出售商品，并根据等价交换原则收取货款，这时资金又从成品资金形态转化为货币资金形态，其间还要交付营业费用、缴纳税费、结转销售产品的制造成本，计算财务成果。这些都是在供应、生产、销售过程中发生的经济业务。因此，这三个过程以及资金的投入、调整、退出等经济活动，构成企业主要经营过程核算的内容。

第二节 资金筹集的核算

企业的资金包括权益资金和负债资金，其来源主要是投资者投入的资金以及向银行和其他金融机构借入的资金两个方面。

投入资金是指按照企业章程的规定，由投资者投入企业的资本，即企业在工商行政管理部门登记的注册资金（资本金）。投入资金是所有者权益的主要来源和表现形式，是投资者拥有的根本权益，对企业的盈亏分配、净资产处置方面的权利起着直接影响作用。

一、主要账户设置

（一）"实收资本（股本）"账户

"实收资本（股本）"账户是所有者权益类账户，用来核算按照企业章程的规定接受投资者投入的资本。实际收到投资人作为资本投入的现金、银行存款以及房屋及建筑物、机器设备、材料物资等实物或无形资产时，记入该账户的贷方；投资者收回资本时记入借方，其贷方余额表示投资者投入企业的资本（股东）总额（见表4-1）。一般情况下，除企业将资本公积、盈余公积转作资本外，"实收资本"数额不能随意变动。"实收资本（股本）"账户应按投资者或投资单位设置明细账。

表4-1

借方	实收资本（股本）	贷方
减少的资本数额		增加的投资额
		实有的资本数额

企业在生产经营过程中，由于周转资金不足，可以向国家银行或其他金融机构借款，以补充资本的不足。企业从银行或其他金融机构借入的款项，必须按贷款单位借款规定办理手续，交付利息，到期归还。

（二）资本公积

"资本公积"账户是所有者权益类账户，是用来核算企业收到投资者出资超出其在注册资本中所占份额的部分，如资本溢价（见表4-2）。为了反映各类不同性质的资本公积的增减变动情况，该账户应当分别设置"资本溢价""股本溢价"明细账户，进行明细核算。

表4-2

借方	资本公积	贷方
减少数额		增加数额
		结余数额

（三）"短期借款"账户

本账户是负债类账户，用来核算企业向银行或其他金融机构借入的期限在1年以下（含1年）的各种借款。本账户的贷方登记借入的各种短期借款；借方登记偿还的各种短期借款；其贷方余额表示企业尚未偿还的各种短期借款（见表4-3）。本账户按贷款人和贷款币种设置明细分类账。

表4-3

借方	短期借款	贷方
偿还借款的本金数额		取得借款的本金数额
		尚未偿还借款的本金数额

（四）"长期借款"账户

本账户是负债类账户，用来核算企业向银行或其他金融机构借入的期限在1年以上（不含1年）的各种借款。本账户的贷方登记借入的各种长期借款；借方登记偿还的各种长期借款；其贷方余额表示尚未偿还的各种借款（见表4-4）。本账户按贷款单位和贷款种类分别设置"本金""利息调整"等明细分类账。

表4-4

借方	长期借款	贷方
偿还借款的本金及利息		取得借款的本金及利息
		尚未偿还的长期借款

（五）"工程物资"账户

"工程物资"账户是资产类账户，用来核算企业为在建工程准备的各种物资的实际成本。包括工程用材料、尚未安装的设备以及为生产准备的工器具等。它的借方登记购入为工程准备的各种材料物资的实际成本；贷方登记工程领用的各种材料物资的实际成本；借方余额表示库存的各种工程材料物资的实际成本（见表4-5）。该账户可按"专用材料""专用设备""预付大型设备款"等设置明细账。

表 4-5

借方	工程物资	贷方
购入的各种材料物资的实际成本		工程领用的各种材料物资的实际成本
库存物资的实际成本		

（六）"固定资产"账户

"固定资产"账户是资产类账户，用来核算企业为生产商品、提供劳务、出租或经营管理而持有的、使用寿命超过一个会计年度的有形资产，如设备、器具、工具等。它的借方登记固定资产增加的原始价值；贷方登记固定资产减少的原始价值，期末借方余额表示结存的固定资产原始价值（见表4-6）。本账户按固定资产类别和项目设置明细分类账。

表 4-6

借方	固定资产	贷方
增加的固定资产原价		减少的固定资产原价
固定资产的账面原价		

（七）无形资产

"无形资产"账户是资产类账户，用来核算企业为生产产品、提供劳务、出租或经营管理而持有的，没有实物形态的可辨认非货币性资产。如专利权、非专利技术、商标权、著作权、土地使用权等。账户的借方登记增加的无形资产，贷方登记减少的无形资产，期末借方余额表示结存的无形资产价值（见表4-7）。按无形资产的类别设置明细分类账。

表 4-7

借方	无形资产	贷方
无形资产的增加额		无形资产的减少额
无形资产的成本		

（八）"银行存款"账户

"银行存款"账户是资产类账户，用来核算企业存入银行或其他金融机构的各种款项。它的借方登记存入增加数；贷方登记支取减少数，其期末借方余额表示企业存放在银行或其他金融机构的各种款项（见表4-8）。企业可按开户银行和其他金融机构、存款种类设置"银行存款"日记账。根据收付凭证按业务发生的顺序逐笔登记。

表 4-8

借方	银行存款	贷方
存入增加数		支取减少数
企业存放在银行的各种款项		

二、主要经济业务的核算

(一) 投入资金的核算

投入资金是投资者投入企业的资本金,是指货币和实物。

【例4-1】收到投资者投入企业的股款200 000元,存入银行。

这笔经济业务的发生,一方面反映投入资本增加,应记入"实收资本"账户的贷方;另一方面反映银行存款增加,应记入"银行存款"的借方。其会计分录如①所示:

①借:银行存款　　　　　　　　　　　　　　　　　　　200 000
　　贷:实收资本——×××投资　　　　　　　　　　　　　　　200 000

【例4-2】某单位投入企业全新运输汽车一辆,经投资各方确认价值为250 000元。

这笔经济业务的发生,一方面说明其他单位以固定资产作为资本投入,应记入"实收资本"账户的贷方;另一方面说明企业的固定资产增加,应记入"固定资产"账户的借方。其会计分录如②所示:

②借:固定资产　　　　　　　　　　　　　　　　　　　250 000
　　贷:实收资本——××单位投资　　　　　　　　　　　　　　250 000

(二) 借入资金的核算

企业在生产经营过程中,由于周转资金不足,可以向银行或其他金融机构借款,以补充资本的不足。企业从银行或其他金融机构借入的款项,必须按贷款单位借款规定办理手续,支付利息,到期归还。

【例4-3】由于季节性储备材料需要,企业临时向银行借入50 000元,存入银行。借款期限为2个月。

这笔经济业务的发生,一方面说明因需要购买材料而增加临时借款50 000元,应记入"短期借款"的贷方;另一方面说明企业的银行存款增加,应记入"银行存款"账户的借方。其会计分录如③所示:

③借:银行存款　　　　　　　　　　　　　　　　　　　50 000
　　贷:短期借款　　　　　　　　　　　　　　　　　　　　　50 000

【例4-4】因购置生产设备需要向银行借入33 900元,借款期为2年。该项生产设备价款30 000元,增值税税额计3 900元(增值税税率为13%)。

这笔经济业务的发生,一方面说明因购置生产设备而增加长期借款33 900元,应记入"长期借款"的贷方;另一方面说明生产设备增加,生产设备属于固定资产,应记入"固定资产"的借方。

根据有关规定,企业向银行借入贷款,应先转入"银行存款"账户后支用,因此其会计分录应如④所示:

④-1借:银行存款　　　　　　　　　　　　　　　　　　33 900
　　　贷:长期借款　　　　　　　　　　　　　　　　　　　　33 900
④-2借:固定资产——生产设备　　　　　　　　　　　　　30 000
　　　　应交税费——应交增值税(进项税额)　　　　　　　 3 900
　　　贷:银行存款　　　　　　　　　　　　　　　　　　　　33 900

【例4-5】因进行基建工程需要,购置建筑材料120 000元(不考虑增值税),向银行借入长期借款支付价款。

这笔经济业务的发生，一方面说明长期借款增加，应记入"长期借款"的贷方；另一方面购进为工程准备的建筑材料，应记入"工程物资"账户的借方。其会计分录如⑤所示：

⑤-1 借：银行存款   120 000
   贷：长期借款   120 000
⑤-2 借：工程物资   120 000
   贷：银行存款   120 000

现将上述资金筹集五例绘成核算图，见图4-1。

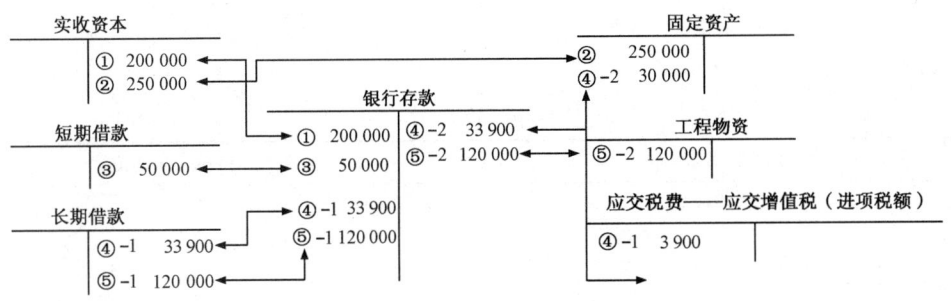

图4-1 资金筹集核算图

现将筹集资金主要经济业务的核算进行汇总，见表4-9。

表4-9   筹集资金的核算

业务内容	账务处理

接受各种形式的投资	借：银行存款/固定资产/无形资产/原材料等
	  贷：实收资本（或股本）——×××
	    资本公积（按其差额）

借入资金	借：银行存款 贷：短期借款/长期借款
资本公积转增资本	借：资本公积 贷：实收资本（或股本）——×××

第三节 采购过程的核算

采购过程是生产企业经营过程的第一个阶段。在采购过程中，其主要经济业务是用货币资金购买原材料、辅助材料，支付采购费用，计算采购成本。采购过程核算的主要任务是：核算与监督材料的买价和采购费用，确定采购成本，检查材料采购计划执行情况，核算与监督储备资金占用量，考核储备资金使用情况。

一、主要账户设置

为了组织采购过程核算,需要设置以下几个主要账户:

(一)"在途物资"账户

"在途物资"账户是资产类账户,用来核算企业采用实际成本(或进价)进行材料、商品等物资的日常核算时货款已付、尚未验收入库的在途物资的采购成本。它的借方登记购入材料、商品的实际成本;贷方登记验收入库的材料、商品的实际成本,期末借方余额表示企业在途材料、商品等物资的采购成本(见表4-10)。本账户可按供应单位和物资品种,设置明细分类账。

表4-10

借方	在途物资	贷方
购入材料的采购成本		验收入库材料的采购成本
在途材料的采购成本		

(二)"原材料"账户

"原材料"账户是资产类账户,用来核算企业库存各种材料的收入、发出和结存情况,包括原料及主要材料、辅助材料、外购半成品(外购件)、外购材料、修理用备件(备品、备件)、包装材料、燃料等的计划成本或实际成本等。本账户的借方登记企业购入应验收入库的各种材料的计划成本或实际成本;贷方登记材料发出、减少的数额;期末借方余额表示库存材料的实际成本(见表4-11)。

表4-11

借方	原材料	贷方
入库材料的实际成本		发出材料的实际成本
库存材料的实际成本		

"原材料"账户应按照材料的品种、规格、存放地点设置明细分类账,具体反映每种材料的库存和增减变动情况。

(三)"应付账款"账户

"应付账款"账户是负债类账户,用来核算企业因采购材料、商品和接受劳务等经营活动而应付给供应单位的款项。它的贷方登记应付未付款项的数额,借方登记实际归还款项的数额,其期末贷方余额表示尚未支付的应付账款余额(见表4-12)。如果企业按合同规定先预付货款,后购入材料、商品,则应在"预付账款"账户里核算。

表4-12

借方	应付账款	贷方
偿还供应单位的款项		应付供应单位的款项
		尚未偿还的应付款项

为了具体反映应付各个供应单位的款项增减变动情况,"应付账款"账户需按债权人设

置明细分类账户。

(四)"应付票据"账户

"应付票据"账户是负债类账户,用来核算企业购买材料、商品和接受劳务供应等而开出、承兑的商业汇票,包括银行承兑汇票和商业承兑汇票。它的贷方登记开出、承兑商业汇票的数额;借方登记支付到期商业汇票及银行承兑汇票手续费的数额;其期末贷方余额表示企业尚未到期的应付票据的数额(见表4-13)。为了具体反映应付各供应单位的款项增减变动情况,本账户需按债权人设置明细分类账。

表 4-13

借方	应付票据	贷方
支付到期票据金额		开出票据的数额
		企业尚未到期的票据数额

(五)"预付账款"账户

"预付账款"账户是资产类账户,用来核算企业按照合同规定预付的款项。它的借方登记因购货、进行在建工程而预付的款项;贷方登记收到所购物资、结算工程价款而转销的款项;其期末借方余额,表示企业预付款项;期末如为贷方余额,则表示企业尚未补付的款项(见表4-14)。该账户可按供货单位、承包工程单位设置明细分类账户。

表 4-14

借方	预付账款	贷方
预付给供应单位的货款和补付的款项		收到所购货物和退回多付的款项
实际预付的款项		尚未补付的款项

预付账款发生情况不多的企业,也可以不设置此账户,将预付的货款直接记入"应付账款"账户。

(六)"库存现金"账户

"库存现金"账户是资产类账户,用来核算企业的库存现金。它的借方登记库存现金增加;贷方登记库存现金减少,其期末借方余额表示企业持有的库存现金(见表4-15)。企业应设置"库存现金日记账"。

表 4-15

借方	库存现金	贷方
增加的库存现金		减少的库存现金
企业持有的库存现金		

(七)"应交税费"账户

"应交税费"账户是负债类账户,用来核算企业按照税法等规定计算交纳的各种税费,包括增值税、消费税、所得税、资源税、土地增值税、城市维护建设税、房产税、城镇土地使用税、车船税、教育费附加、矿产资源补偿费以及企业代扣代缴的个人所得税等。

它的贷方登记应交纳的各种税费,借方登记已交纳的各种税费;其期末贷方余额表示企业尚未交纳的税费;期末如为借方余额,则表示企业多交或尚未抵扣的税费。该账户可按应交的税费项目设置明细账(见表4-16、表4-17)。

表 4-16

借方	应交税费	贷方
实际缴纳的税费		应缴纳的各种税费
		尚未缴纳的税费

表 4-17

借方	应交税费——应交增值税	贷方
采购材料时支付的进项税额及已缴税务部门的税金		销售商品时收取的销项税额
尚未抵扣的进项税额		尚未缴纳的税额

现将采购过程主要经济业务的核算进行汇总,见表4-18。

表 4-18　　　　　　　　　　　采购过程的核算

业务内容	账务处理
购买材料,尚未验收入库	借:在途物资——××× 　　应交税费——应交增值税(进项税额) 贷:银行存款/应付账款——×××/预付账款——×××/应付票据——×××等
在途材料验收入库	借:原材料——××× 贷:在途物资——×××
购买材料,同时验收入库	借:原材料 　　应交税费——应交增值税(进项税额) 贷:银行存款/应付账款——×××/预付账款——×××等
归还前欠的购货款	借:应付账款——××× 贷:银行存款
提前预付购货款	借:预付账款——××× 贷:银行存款

二、主要经济业务的核算

采购过程的主要经济业务是采购材料。在购进材料时,一般包括材料已验收入库,货款尚未支付;材料验收入库的同时支付货款;支付材料采购费用;结转材料采购成本等经济业务。企业采购材料采用计划成本计价的,在"材料采购"账户中核算;采用实际成本计价的,在"在途物资"账户中核算。

本节例题采用计划成本计价，为简化例题核算金额，暂不设置"材料成本差异"账户，假设企业材料的计划成本与实际成本一致。现按不同经济业务举例说明如下：

【例 4-6】 向外地某单位购入甲材料 4 000 千克，每千克 8 元；乙材料 2 000 千克，每千克 4 元；共计 40 000 元，增值税税率为 13%，计 5 200 元。材料已验收入库，货款以一张商业汇票付讫。

这笔经济业务的发生，一方面表明甲、乙两种材料的买价是 40 000 元，应记入"原材料"账户的借方，进项增值税 5 200 元记入"应交税费"账户的借方；另一方面表明货款以商业汇票支付，形成企业对供应单位的债务，应记入"应付票据"账户的贷方。其会计分录如⑥所示：

⑥ 借：原材料——甲材料　　　　　　　　　　　　　　　　　　32 000
　　　　　　——乙材料　　　　　　　　　　　　　　　　　　　8 000
　　　应交税费——应交增值税（进项税额）　　　　　　　　　　5 200
　　贷：应付票据　　　　　　　　　　　　　　　　　　　　　　45 200

【例 4-7】 向本地某单位购入丙材料 5 000 千克，每千克 10 元，计 50 000 元；增值税税率为 13%，计 6 500 元。材料已验收入库，货款以银行存款支付。

这笔经济业务的发生，一方面表明丙材料的买价是 50 000 元，已验收入库，应记入"原材料"账户的借方，进项增值税 6 500 元，应记入"应交税费"账户的借方；另一方面表明材料价款已用银行存款付清，应记入"银行存款"账户的贷方。其会计分录如⑦所示：

⑦ 借：原材料——丙材料　　　　　　　　　　　　　　　　　　50 000
　　　应交税费——应交增值税（进项税额）　　　　　　　　　　6 500
　　贷：银行存款　　　　　　　　　　　　　　　　　　　　　　56 500

【例 4-8】 以银行存款支付甲、乙、丙三种材料的运输费用 1 760 元，以现金支付装卸费 440 元。

这笔经济业务的发生，一方面表明因采购甲、乙、丙三种材料而发生的采购费用 2 200 元，应记入"原材料"账户的借方；另一方面表明这两笔采购费用是分别用银行存款和现金支付的，应分别记入"银行存款"和"库存现金"账户的贷方。其会计分录如⑧所示：

⑧ 借：原材料　　　　　　　　　　　　　　　　　　　　　　　 2 200
　　贷：银行存款　　　　　　　　　　　　　　　　　　　　　　 1 760
　　　　库存现金　　　　　　　　　　　　　　　　　　　　　　　 440

【例 4-9】 商业汇票到期，以银行存款归还外地某单位材料款 45 200 元。

这笔经济业务的发生，一方面表明商业汇票到期付款，应记入"应付票据"账户的借方；另一方面表明银行存款减少，应记入"银行存款"账户的贷方。其会计分录如⑨所示：

⑨ 借：应付票据　　　　　　　　　　　　　　　　　　　　　　45 200
　　贷：银行存款　　　　　　　　　　　　　　　　　　　　　　45 200

现将上述供应过程的五例绘成核算图，如图 4-2 所示。

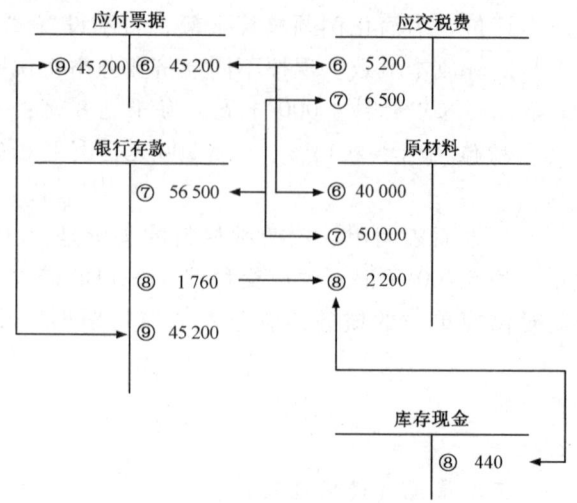

图 4-2 供应过程核算图

第四节 生产过程的核算

生产过程是生产企业资金循环的第二阶段。在生产过程中,工人借助劳动资料对劳动对象进行加工,制成劳动产品。因此,生产过程既是产品制造过程,又是物化劳动(劳动资料和劳动对象)和活劳动的消耗过程。

在生产过程中所发生的各种耗费,称为生产费用,主要包括为生产产品所消耗的原材料、辅助材料、燃料和动力,生产工人的工资及职工福利费,厂房和机器设备等固定资产的折旧费,以及管理和组织生产、为生产服务而发生的各种费用。这些生产费用,要按一定种类的产品进行归集和分配,以计算产品的制造成本。

一、主要账户设置

生产过程的主要经济业务是:生产费用的支出,归集、分配和核算产品的实际成本。为了组织生产过程核算,需要设置以下几个主要账户:

(一)"生产成本"账户

"生产成本"账户是成本类账户,用来核算企业进行工业生产发生的各项生产成本,包括生产各种产品(产成品、自制半成品、提供劳务等)、自制材料、自制工具、自制设备等所发生的各项直接生产成本。它的借方登记企业为生产产品而发生的各项直接生产成本,包括原材料、车间工人工资等薪酬以及生产车间应负担的制造费用;贷方登记应结转的已生产完工并已验收入库的产成品及自制半成品,其期末借方余额表示生产过程中尚未完工的在产品的生产成本(见表4-19)。"生产成本"账户应设置"基本生产成本"和"辅助生产成本"两个明细账户。为了具体反映每一种产品的生产费用和实际生产成本,上述两个明细账户可按成本核算对象(产品种类)进行三级明细核算。

表 4-19

借方	生产成本	贷方
直接材料、直接人工、其他直接支出 期末分配转入的制造费用		完工入库产品的成本
尚未完工的在产品成本		

（二）"制造费用"账户

"制造费用"账户是成本类账户，用来核算企业生产车间（部门）为生产产品和提供劳务而发生的各项间接费用。它的借方登记生产车间发生的物料消耗、管理人员工资等薪酬、固定资产折旧、办公费、水电费、季节性停工损失等费用；贷方登记期末分配计入有关成本核算的产品对象的数额，分配后一般无余额（见表 4-20）。本账户按不同车间、部门和费用项目设置明细分类账户。

表 4-20

借方	制造费用	贷方
归集车间或部门发生的各项间接费用		分配转入"生产成本"账户的间接费用

为了考核不同车间的经费开支情况，以及不同产品的制造费用分配标准和数额，该账户应按不同车间、部门和费用项目设置明细分类账。

在企业连续经营过程中所发生的生产费用应分期计算，以便分期考核经营成果。但是，在连续经营过程中，往往会出现生产费用的支付期与生产费用的归属期不相一致的情况，那就要按照权责发生制的原则，严格划清生产费用的受益期限，准确计算各期产品成本。

（三）"库存商品"账户

"库存商品"账户是资产类账户，用来核算企业库存的各种商品的实际成本（或进价）或计划成本（或售价），包括库存的外购商品、自制产成品以及完工验收的来料加工制造的代制品和外单位修理的代修品等。生产企业的库存商品主要是指产成品。产成品是指企业已完成全部生产过程并已验收入库可供销售的产品。它的借方登记已经完工验收入库的各种产品的实际制造成本；贷方登记结转已经出售的各种产品的销售成本；其期末借方余额表示库存产成品的实际成本（见表 4-21）。

表 4-21

借方	库存商品	贷方
验收入库商品的实际成本		发出商品的实际成本
库存商品的实际成本		

为了具体反映库存产成品的结构和增减变动情况，应按产成品的品种、规格或类别设置明细分类账户。

（四）应付职工薪酬

"应付职工薪酬"账户是负债类账户，用来核算企业为获得职工提供的服务而应付的各种形式的报酬以及其他相关支出，包括职工工资、奖金、津贴、福利费及支付的社会保险费、住房公积金、工会经费和职工教育经费、非货币性福利、辞退福利、股份支付等项目。它的贷方登记企业发生的各种应付职工薪酬；借方登记实际支付的各种职工薪酬，其期末贷方余额表示企业应付未付的职工薪酬（见表4-22）。该账户应按各种项目设置明细账。

表4-22

借方	应付职工薪酬	贷方
实际支付工资、福利费等数额		发生的职工薪酬分配计入有关成本费用项目的数额
		企业应付职工薪酬的结余

（五）"累计折旧"账户

"累计折旧"账户是资产类账户，是固定资产的抵减账户，用来核算固定资产因磨损而减少的价值。它的贷方登记固定资产累计折旧增加数（即固定资产价值减少）；借方登记已提固定资产折旧累计减少或转销数，其期末贷方余额表示现有固定资产已提累计折旧数（见表4-23）。"累计折旧"账户的贷方余额抵销"固定资产"账户的借方余额（现有固定资产的原始价值），即为现有固定资产的净值。

表4-23

借方	累计折旧	贷方
减少的固定资产转出的累计已提折旧额		计提的折旧额
		固定资产折旧累计数

生产过程的核算，除了需要设置和运用以上一些账户外，还需要设置和运用一些其他账户，如"管理费用""财务费用"账户。考虑其业务相关性，以及为系统表述利润核算账户的设置，特将这两个账户的详细说明列入本章第六节阐述。

二、主要经济业务的核算

在生产过程中，发生的主要经济业务有：车间领用制造产品的原材料投入生产；计算和分配职工工资；从银行提取现金发放工资；支付待摊的费用；预提应付的费用；计提福利费和固定资产折旧；分配制造费用，计算产品成本；产品完工，结转产品实际制造成本等。

现按不同经济业务举例说明如下：

【例4-10】从仓库领用甲、乙、丙材料各1批，价值55 000元，用以生产A、B两种产品和供其他一般耗用（见表4-24）。

表4-24

项目	甲材料		乙材料		丙材料		合计	
	数量（千克）	金额（元）	数量（千克）	金额（元）	数量（千克）	金额（元）	数量（千克）	金额（元）
制造A产品耗用	1 000	8 000	600	2 400	2 000	20 000		30 400
制造B产品耗用	1 000	8 000	300	1 200	1 000	10 000		19 200

续表

项 目	甲材料		乙材料		丙材料		合 计	
	数量（千克）	金额（元）	数量（千克）	金额（元）	数量（千克）	金额（元）	数量（千克）	金额（元）
小 计	2 000	16 000	900	3 600	3 000	30 000		49 600
车间一般耗用	500	4 000			100	1 000		5 000
管理部门领用			100	400				400
合 计	2 500	20 000	1 000	4 000	3 100	31 000		55 000

这笔经济业务的发生，表明一方面减少库存材料 55 000 元，应记入"原材料"账户的贷方；另一方面材料投入生产，增加生产费用，其中直接用于 A、B 产品 49 600 元，应直接计入产品成本，记入"生产成本"账户的借方，车间一般耗用材料 5 000 元，行政管理部门耗用材料 400 元，属于间接费用和期间费用，应分别记入"制造费用"和"管理费用"账户的借方。有关会计分录如⑩所示：

⑩ 借：生产成本——A 产品　　　　　　　　　　　　　　　　30 400
　　　　　　——B 产品　　　　　　　　　　　　　　　　19 200
　　　制造费用　　　　　　　　　　　　　　　　　　　　　5 000
　　　管理费用　　　　　　　　　　　　　　　　　　　　　　400
　　贷：原材料　　　　　　　　　　　　　　　　　　　　　55 000

【例 4-11】结算本月份应付职工工资 24 000 元，其中：制造 A 产品工人工资 14 000 元，制造 B 产品工人工资 6 000 元，车间管理人员工资 1 600 元，厂部管理人员工资 2 400 元。

这笔经济业务的发生，一方面说明本月份发生应付给职工工资 24 000 元，应记入"应付工资"账户的贷方；另一方面说明工资费用也增加了 24 000 元，其中制造 A、B 产品的生产工人工资属于直接费用，应直接计入产品成本，记入"生产成本"账户的借方，车间和厂部管理人员工资属于间接费用和期间费用，应分别记入"制造费用"和"管理费用"账户的借方。其会计分录如⑪所示：

⑪ 借：生产成本——A 产品　　　　　　　　　　　　　　　　14 000
　　　　　　——B 产品　　　　　　　　　　　　　　　　 6 000
　　　制造费用　　　　　　　　　　　　　　　　　　　　　1 600
　　　管理费用　　　　　　　　　　　　　　　　　　　　　2 400
　　贷：应付职工薪酬　　　　　　　　　　　　　　　　　　24 000

【例 4-12】从银行提取现金 24 000 元，准备用以发放职工工资。

这笔经济业务的发生，表明一方面使企业增加了 24 000 元现金，应记入"现金"账户的借方；另一方面银行存款减少了 24 000 元，应记入"银行存款"账户的贷方。其会计分录如⑫所示：

⑫ 借：库存现金　　　　　　　　　　　　　　　　　　　　24 000
　　贷：银行存款　　　　　　　　　　　　　　　　　　　　24 000

【例 4-13】以现金 24 000 元发放职工工资。

这笔经济业务的发生，一方面说明现金减少 24 000 元，应记入"现金"账户的贷方；

另一方面应付工资也减少了 24 000 元，应记入"应付工资"账户的借方。其会计分录如⑬所示：

⑬借：应付职工薪酬　　　　　　　　　　　　　　24 000
　　贷：库存现金　　　　　　　　　　　　　　　　　　24 000

【例 4-14】结转职工医药费：A 产品生产工人 1 960 元，B 产品生产工人 840 元，车间管理人员 224 元，厂部管理人员 336 元。

结转职工医药费时，一方面要记入费用；另一方面形成一笔应付款项。因此，这笔经济业务要按照工资费用的归属分别记入"生产成本""制造费用""管理费用"等有关账户的借方和记入"应付职工薪酬"账户的贷方。其会计分录如⑭所示：

⑭借：生产成本——A 产品　　　　　　　　　　　 1 960
　　　　　　——B 产品　　　　　　　　　　　　　 840
　　　制造费用　　　　　　　　　　　　　　　　　 224
　　　管理费用　　　　　　　　　　　　　　　　　 336
　　贷：应付职工薪酬　　　　　　　　　　　　　　　　 3 360

【例 4-15】以银行存款支付行政管理部门水电费 1 600 元。

这笔经济业务的发生，一方面使银行存款减少 1 600 元，应记入"银行存款"账户的贷方；另一方面行政管理部门的费用属于管理费用，应记入"管理费用"账户的借方。其会计分录如⑮所示：

⑮借：管理费用　　　　　　　　　　　　　　　　 1 600
　　贷：银行存款　　　　　　　　　　　　　　　　　　 1 600

【例 4-16】以银行存款 1 000 元支付业务招待费。

业务招待费属于管理费用。这笔经济业务的发生，一方面要增加管理费用，记入"管理费用"账户的借方；另一方面银行存款减少，记入"银行存款"账户的贷方。其会计分录如⑯所示：

⑯借：管理费用　　　　　　　　　　　　　　　　 1 000
　　贷：银行存款　　　　　　　　　　　　　　　　　　 1 000

【例 4-17】以银行存款支付书费 200 元。

这笔经济业务的发生，一方面使管理费用增加了 200 元，应记入"管理费用"账户的借方；另一方面要减少银行存款，应记入"银行存款"账户的贷方。其会计分录如⑰所示：

⑰借：管理费用　　　　　　　　　　　　　　　　　 200
　　贷：银行存款　　　　　　　　　　　　　　　　　　　 200

【例 4-18】以银行存款支付应由本期负担的短期借款利息 600 元。

短期借款利息应计入本期损益，这笔经济业务的发生，一方面要记入"财务费用"账户的借方，作为期间费用；另一方面要减少银行存款，记入"银行存款"账户的贷方。其会计分录如⑱所示：

⑱借：财务费用　　　　　　　　　　　　　　　　　 600
　　贷：银行存款　　　　　　　　　　　　　　　　　　　 600

【例 4-19】按照规定的固定资产折旧率，计提本月固定资产折旧 12 600 元，其中车间固定资产折旧 8 000 元，行政管理部门固定资产折旧 4 600 元。

固定资产在使用过程中所磨损的那一部分价值称为固定资产折旧。这部分价值应按照固定资产原始价值和核定的折旧率按月计算折旧费用计入制造费用或期间费用。因此，这笔经济业务一方面要反映折旧费用增加，分别记入"制造费用"和"管理费用"账户的借方；另一方面要反映固定资产折旧增加，要记入"累计折旧"账户的贷方。其会计分录如⑲所示：

⑲ 借：制造费用　　　　　　　　　　　　　　　　　　　　8 000
　　　　管理费用　　　　　　　　　　　　　　　　　　　　4 600
　　贷：累计折旧　　　　　　　　　　　　　　　　　　　　　　12 600

【例 4－20】以银行存款支付车间办公费 3 676 元，行政管理部门修理费 1 964 元。

这笔经济业务的发生，一方面要增加生产过程中的间接费用和行政管理部门的管理费用，分别计入产品生产成本和期间费用，应记入"制造费用"和"管理费用"账户的借方；另一方面记入"银行存款"的贷方。其会计分录如⑳所示：

⑳ 借：制造费用　　　　　　　　　　　　　　　　　　　　3 676
　　　　管理费用　　　　　　　　　　　　　　　　　　　　1 964
　　贷：银行存款　　　　　　　　　　　　　　　　　　　　　5 640

【例 4－21】将本月发生的制造费用 18 500 元转入"生产成本"账户。

制造费用是产品生产成本的组成部分，月末应将月内归集的各种间接生产费用从"制造费用"账户转入"生产成本"账户，以反映产品生产成本①。这笔经济业务一方面应转销制造费用，记入"制造费用"账户的贷方；另一方面应增加产品制造成本，记入"生产成本"账户的借方。其会计分录如㉑所示：

㉑ 借：生产成本——A 产品　　　　　　　　　　　　　　　12 950
　　　　　　　　　——B 产品　　　　　　　　　　　　　　　5 550
　　贷：制造费用　　　　　　　　　　　　　　　　　　　　　18 500

【例 4－22】本月 A 产品 100 台全部制造完工，并已验收入库，按其实际成本 59 310 元结转。

A 产品的实际成本是根据 A 产品的明细分类账户的记录计算确定的（制造成本的计算方法见第五章第二节）。这笔经济业务说明 A 产品已全部制造完工，并已验收入库。一方面表示产品生产完成应按实际成本转账，记入"生产成本"账户的贷方；另一方面表示产成品增加，记入"库存商品"账户的借方。其会计分录如㉒所示：

㉒ 借：库存商品　　　　　　　　　　　　　　　　　　　　59 310
　　贷：生产成本　　　　　　　　　　　　　　　　　　　　　59 310

另外，B 产品尚未制造完工，因此月末"生产成本"账户的借方余额 31 590 元为 B 产品的在产品的实际成本。

现将生产过程的上述 13 个例题绘成核算图，如图 4－3 所示。

---

① 按一定标准分配，详见第五章第二节制造费用归集和分配一段。

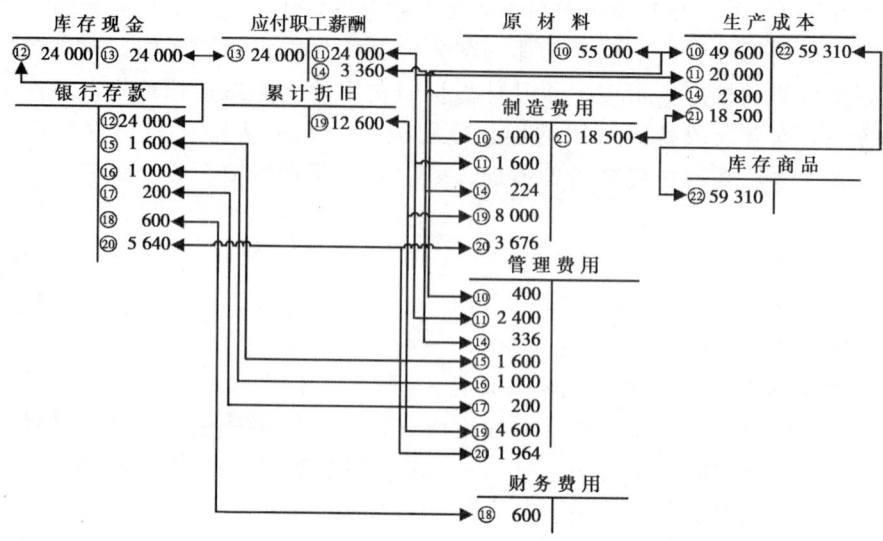

图 4-3 生产过程核算图

现将生产过程主要经济业务的核算进行汇总，见表 4-25。

表 4-25 生产过程的核算

业务内容	账务处理
领用材料	借：生产成本（产品生产领用） 　　制造费用（车间一般领用） 　　管理费用（行政管理部门或厂部领用） 　　销售费用（专设销售机构领用） 贷：原材料——×××
工资的归集与分配	借：生产成本——×××（产品生产工人的工资） 　　制造费用（车间管理人员的工资） 　　管理费用（行政管理部门人员的工资） 　　销售费用（专设销售机构销售人员的工资） 贷：应付职工薪酬——工资
从银行提取现金	借：库存现金 贷：银行存款
用现金发放工资	借：应付职工薪酬 贷：库存现金
计提固定资产折旧	借：制造费用（车间用） 　　管理费用（行政管理部门或厂部用） 贷：累计折旧
采购员预借差旅费	借：其他应收款——××× 贷：库存现金

续表

业务内容	账务处理
采购员报销差旅费，退回余款（或补付现金）	借：管理费用（使用的差旅费） 　　库存现金（退回余款） 　贷：其他应收款——××× 　　　库存现金（补付现金）
用银行存款支付水电费、办公费等	借：制造费用（车间用） 　　管理费用（行政管理部门或厂部用） 　贷：银行存款
月末结转制造费用	借：生产成本——××× 　贷：制造费用
月末结转完工产品成本	借：库存商品——××× 　贷：生产成本——×××

第五节　销售过程的核算

销售过程是生产企业资金循环的第三阶段，也是企业再生产过程的最后一个阶段。在销售过程中，企业要将生产完工的产品销售出去，收回货币以补偿在产品上的资金耗费，保证再生产正常进行的资金需要。如果企业生产出来的产品销售不出去，或者不能销售完，那么成品资金就不能顺利地转化为货币资金，通过生产过程增值的价值就得不到实现。

企业在销售商品和产品过程中，还会发生各种费用，如包装费、运输费、装卸费、保险费、展览费、广告费以及为销售本企业产品而专设的销售机构的职工工资、福利费、业务费等经营费用，都应计入当期损益。

销售商品取得的收入，扣除增值税以外的税金及附加，补偿已销商品的销售成本及期间费用后的余额，即为营业利润或亏损。其计算公式如下：

$$\text{营业利润（或亏损）} = \text{营业收入} - \text{营业成本} - \text{税金及附加} - \text{销售费用} - \text{管理费用} - \text{财务费用} + \text{投资收益}$$

$$\text{营业收入} = \text{主营业务收入} + \text{其他业务收入}$$

$$\text{营业成本} = \text{主营业务成本} + \text{其他业务成本}$$

为此，销售过程的主要任务是：准确核算产品销售收入，核算与监督销售货款结算情况，准确计算营业税金及附加，确定销售业务成果。

一、主要账户设置

为了组织销售过程核算，需要设置以下几个主要账户：

（一）"主营业务收入"账户

"主营业务收入"账户是损益类账户，用来核算企业确认的销售产品、提供劳务等日常活动中所产生的主营业务的收入。其贷方登记已销售产品、提供劳务等实现的收入；借方登记期末余额转入"本年利润"账户数，结转后应无余额（见表4-26）。

表4-26

借方	主营业务收入	贷方
期末转入"本年利润"账户的收入		销售商品等实现的收入

为了核算各种已销产品的销售收入，需要按已销产品类别设置明细分类账户。

（二）"主营业务成本"账户

"主营业务成本"账户是损益类账户，用来核算企业确认的销售产品、提供劳务等的主营业务收入时应结转的实际成本。其借方登记已销售产品、提供劳务等的实际成本；贷方登记期末余额转入"本年利润"账户数，结转后应无余额（见表4-27）。该账户也应按产品类别设置明细分类账户。

表4-27

借方	主营业务成本	贷方
本期结转的已销售商品的实际成本		期末转入"本年利润"账户的销售成本

（三）"销售费用"账户

"销售费用"账户是损益类账户，用来核算企业在销售产品和材料、提供劳务的过程中所发生的各种费用，包括运输费、装卸费、包装费、保险费、展览费、广告费、商品维修费、预计产品质量保证损失和为销售本企业产品而专设的销售机构的职工薪酬、业务费以及固定资产折旧费、修理费等经营费用。其借方登记月内发生的各种销售费用；贷方登记期末余额转入"本年利润"账户数，结转后应无余额。该账户应按费用项目设置明细分类账（见表4-28）。

表4-28

借方	销售费用	贷方
发生的各项销售税费		期末转入"本年利润"账户的销售费用

（四）"税金及附加"账户

"税金及附加"账户是损益类账户，用来核算企业经营活动应负担的税金及附加，包括除增值税以外的消费税、城市维护建设税、资源税和教育费附加等相关税费。其借方登记按规定税率计算应负担的各种税金及附加；贷方登记期末余额转入"本年利润"账户数，结转后应无余额（见表4-29）。该账户按产品类别设明细分类账。增值税直接转入"应交税费"账户，不通过本账户核算。

表 4-29

借方	税金及附加	贷方
应由本期负担的税费		期末转入"本年利润"账户的税费

（五）"应收账款"账户

"应收账款"账户是资产类账户，用来核算企业因销售商品、提供劳务等经营活动应向购货单位或接受劳务单位收取的款项。其借方登记应向购货单位或接受劳务单位收取的款项，贷方登记收回的款项。其期末借方余额表示尚未收回的应收账款；如为贷方余额表示企业预收的账款。该账户应按债务人设明细分类账（见表4-30）。

表 4-30

借方	应收账款	贷方
发生的应收账款		已收回的应收账款
尚未收回的应收账款		

（六）"应收票据"账户

"应收票据"账户是资产类账户，用来核算企业因销售商品、提供劳务等而收到的商业汇票，包括银行承兑汇票和商业承兑汇票。它的借方登记因销售商品、提供劳务等而收到开出、承兑的商业汇票的票面价值，带息的商业汇票应在期末计提利息，增加应收票据的账面余额；贷方登记商业汇票到期实际收到的数额，其期末借方余额表示企业持有的商业汇票票面价值和应计利息（见表4-31）。该账户应按开出、承兑商业汇票的单位设置明细账。

表 4-31

借方	应收票据	贷方
收到开出商业汇票的票面金额		商业汇票到期金额
企业持有的商业汇票		

（七）"预收账款"账户

"预收账款"账户是负债类账户，用来核算企业按照合同规定，向购货单位预收的款项。它的贷方登记向购货单位收到的预收款项；借方登记实现的销货收入和应交销项增值税的数额，其期末贷方余额表示企业向购货单位预收的款项；如为借方余额表示应由购货单位补付的款项（见表4-32）。此账户应按购货单位设置明细分类账户。

表 4-32

借方	预收账款	贷方
向购货单位发出商品销售实现的货款和退回多付的款项		向购货单位预收的货款和购货单位补付的款项
尚未转销的款项		预收购货单位的款项

预收账款发生情况不多的企业，也可不设置此账户，将预收的货款直接记入"应收账

款"账户的贷方。

二、主要经济业务的核算

在销售过程中，发生的主要经济业务是销售产品、办理结算、收回货款、支付费用、计算销售税金及附加。

现按不同经济业务举例说明如下：

【例4-23】向本市某工厂出售A产品100台，每台售价921元，计92 100元，产品已发出，货款尚未收到。该批产品应缴纳消费税，税率为10%（其核算方法见【例4-24】）；并应缴纳增值税，税率为13%。

该笔经济业务的发生，一方面表明销售产品收入92 100元及应交增值税税费11 973元（92 100×13%），应分别记入"主营业务收入"和"应交税费——应交增值税（销项税额）"账户的贷方；另一方面表明应收回销货款及增值税税费为104 073元（92 100+11 973），应记入"应收账款"账户的借方。这部分会计分录如㉓所示：

㉓借：应收账款　　　　　　　　　　　　　　　　　　　　　　104 073
　　贷：主营业务收入——A产品　　　　　　　　　　　　　　　　92 100
　　　　应交税费——应交增值税（销项税额）　　　　　　　　　　11 973

【例4-24】计算已销A产品应缴纳的消费税，按销售收入的10%计算，税金为9 210元。

该笔经济业务的发生，一方面，表明增加税金支出9 210元，记入"税金及附加"账户的借方；另一方面，因为税金尚未交纳，按照税金核算原则，应记入"应交税费——应交消费税"账户的贷方。其会计分录如㉔所示：

㉔借：税金及附加　　　　　　　　　　　　　　　　　　　　　　9 210
　　贷：应交税费——应交消费税　　　　　　　　　　　　　　　　9 210

【例4-25】以银行存款支付A产品包装费用148元。

该笔经济业务的发生，一方面表明销售费用增加了148元，应记入"销售费用"账户的借方；另一方面表明银行存款减少，应记入"银行存款"账户的贷方。其会计分录如㉕所示：

㉕借：销售费用　　　　　　　　　　　　　　　　　　　　　　　148
　　贷：银行存款　　　　　　　　　　　　　　　　　　　　　　　148

【例4-26】结转已销A产品100台的销售成本为53 552元［具体记算方法详见第五章第二节（三）］。

该笔经济业务的发生，一方面表明库存产品减少，应记入"库存商品"账户的贷方；另一方面表明销售成本增加，应记入"主营业务成本"账户的借方。其会计分录如㉖所示：

㉖借：主营业务成本——A产品　　　　　　　　　　　　　　　　53 552
　　贷：库存商品——A产品　　　　　　　　　　　　　　　　　　53 552

【例4-27】以现金支付销售部门业务费300元。

该笔经济业务的发生，一方面表明销售业务费增加，应记入"销售费用"账户的借方；另一方面表明现金减少，应记入"库存现金"账户的贷方。其会计分录如㉗所示：

㉗借：销售费用　　　　　　　　　　　　　　　　　　　　　　300
　　贷：库存现金　　　　　　　　　　　　　　　　　　　　　　　　300

根据【例4-23】、【例4-24】、【例4-25】的资料，企业的主营业务利润为29 338元（92 100-9 210-53 552）。

为完整反映企业财务成果的核算，将本节商品销售业务核算5例与后面第六节财务成果的核算个例题合并绘成核算图，如图4-4所示。

现将销售过程主要业务的核算进行汇总，见表4-33。

表4-33　　　　　　　　　　　　销售过程的核算

确认销售产品/材料等收入	借：银行存款/应收账款——×××/预收账款——×××/应收票据——×××等 贷：主营业务收入——×××/其他业务收入——××× 　　应交税费——应缴增值税税额（销项税额）	
结转已售产品/材料等成本	结转已售产品成本： 借：主营业务成本——××× 　　贷：库存商品——×××	结转已售材料成本： 借：其他业务成本——××× 　　贷：原材料——×××
支付为销售而发生的各种费用如广告费、宣传费等	借：销售费用 　　贷：银行存款	
计算已销产品/材料等的销售税金（城建税、教育费附加等）	借：税金及附加 　　贷：应交税费——应缴城建税 　　　　　　　　——应缴教育费附加	
上缴税金及附加	借：应交税费——应缴城建税 　　　　　　　——应缴教育费附加 贷：银行存款	

三、其他业务的核算

除了销售商品的主营业务以外，企业的经营业务还有一部分其他业务，这些其他业务占经营业务比重较小，属非经常性、兼营的业务。其他业务核算的账户主要有两个：

（一）"其他业务收入"账户

"其他业务收入"账户是损益类账户，用来核算企业确认的除主营业务活动以外的其他经营活动实现的收入，如销售材料、出租固定资产、出租无形资产、出租包装物、出租商品以及用材料进行非货币交换或债务重组等实现的收入。其贷方登记本期确认的各项其他业务收入的发生数；借方登记期末余额转入"本年利润"账户数，结转后应无余额（见表4-34）。

表4-34

借方	其他业务收入	贷方
期末转入"本年利润"账户的其他业务收入		本期确认的其他业务收入

（二）"其他业务成本"账户

"其他业务成本"账户是损益类账户，用来核算企业确认除主营业务活动以外的其他经营活动所发生的支出，包括销售材料成本、提供劳务、出租固定资产的折旧额、出租无形资产的摊销额、出租包装物的成本或摊销额等。除主营业务以外的其他经营活动发生的相关税费在"税金及附加"账户核算。本账户的借方登记本期各项其他业务成本的发生数；贷方登记期末余额转入"本年利润"账户数；结转后应无余额（见表4-35）。

表4-35

借方	其他业务成本	贷方
发生的其他业务成本		期末转入"本年利润"账户的其他业务成本

"其他业务收入"与"其他业务成本"两个账户的差额，即为其他业务利润。该两账户应按其他业务种类如材料销售、包装物出租、提供劳务等设置明细分类账。

【例4-28】出售材料1批，价值3 500元，应交销项增值税税额计455元（税率13%）。款已收到，存入银行。

该笔经济业务属于产品销售以外的其他销售，应分别记入"其他业务收入""应交税费"账户的贷方和"银行存款"账户的借方。其会计分录如㉘所示：

㉘借：银行存款　　　　　　　　　　　　　　　　　　　　　3 955
　　贷：其他业务收入　　　　　　　　　　　　　　　　　　　3 500
　　　　应交税费——应交增值税（销项税额）　　　　　　　　455

【例4-29】结转出售材料的实际成本3 000元。

该笔经济业务一方面表明销售材料实际成本增加，应记入"其他业务成本"账户的借方；另一方面表明库存材料减少，应记入"原材料"账户的贷方。其会计分录如㉙所示：

㉙借：其他业务成本　　　　　　　　　　　　　　　　　　　3 000
　　贷：原材料　　　　　　　　　　　　　　　　　　　　　　3 000

第六节　财务成果的核算

财务成果是企业生产经营活动的最终成果，即产生利润或亏损。企业在产品销售过程中所取得的销售成果还不能算是最终的财务成果，因为企业在经营活动中，由于各种因素，还会发生一些非商品销售性质的收入和支出，如其他业务收支、营业外收支、期间费用（销售费用、管理费用、财务费用）等，这些收入和支出也都属于企业利润的组成部分。

企业实现的利润，应按规定向国家缴纳所得税，余下的部分为税后净利润，要在投资者和企业之间进行分配。

一、期间费用的核算

期间费用是指企业当期发生的从当期收入中得到补偿的费用。因为这些费用只与当期收入有关，根据收入与成本、费用配比的原则，必须计入当期损益，故称之期间费用。期间费用主要包括管理费用、财务费用和销售费用。

核算期间费用的主要账户有"管理费用""销售费用"和"财务费用"。销售费用已在本章第五节中述及，这里主要介绍"管理费用"和"财务费用"账户。

（一）"管理费用"账户

"管理费用"账户是损益类账户，用来核算企业为组织和管理企业生产经营活动而发生的管理费用，包括企业在筹建期内发生的开办费、董事会和行政管理部门在企业经营管理中发生的或者应由企业统一负担的公司经费（包括行政管理部门职工工资和福利费、物料消耗、低值易耗品摊销、办公费、差旅费等）、董事会费（包括董事会成员津贴、会议费和差旅费等）、工会经费、聘请中介机构费、咨询费（含顾问费）、业务招待费、诉讼费、矿产资源补偿费、房产税、车船税、城镇土地使用税、印花税、技术转让费、研究费用等。本账户的借方登记本期发生的各项管理费用；贷方登记期末余额转入"本年利润"账户数；结转后应无余额（见表4-36）。本账户可按费用项目设置明细分类账。

表4-36

借方	管理费用	贷方
企业发生的各项管理费用		期末转入"本年利润"的管理费用

（二）"财务费用"账户

"财务费用"账户是损益类账户，用来核算企业为筹集生产经营所需资金等而发生的筹资费用，包括利息支出（减利息收入）、汇兑损益以及相关的手续费、企业发生的现金折扣或收到的现金折扣等。本账户的借方登记本期发生的各项财务费用；贷方登记期末余额转入"本年利润"账户数；结转后应无余额（见表4-37）。本账户可按费用项目设置明细分类账。

表4-37

借方	财务费用	贷方
企业发生的各项财务费用		期末转入"本年利润"的财务费用

二、营业外收支的核算

营业外收支是指企业发生的与生产经营无直接关系的各项收支。核算营业外收支的账户主要有：

（一）"营业外收入"账户

"营业外收入"账户是损益类账户，用来核算企业发生的各项营业外收入，主要包括非货币性资产交换利得、债务重组利得、政府补助、盘盈利得、捐赠利得等。其贷方登记企业发生的各项营业外收入；借方登记期末余额转入"本年利润"账户数，结转后本账户无余额（见表4-38）。本账户应按营业外收入项目设置明细分类账户。

表4-38

借方	营业外收入	贷方
期末转入"本年利润"账户的营业外收入		发生的营业外收入

（二）"营业外支出"账户

"营业外支出"账户是损益类账户，用来核算企业发生的各项营业外支出，包括非流动资产处置损失、非货币性资产交换损失、债务重组损失、公益性捐赠支出、非常损失、盘亏损失等。本账户的借方登记企业发生的各项营业外支出；贷方登记期末余额转入"本年利润"账户数，结转后本账户无余额（见表4-39）。本账户可按营业外支出设置明细分类账。

表4-39

借方	营业外支出	贷方
发生的营业外支出		期末转入"本年利润"账户的营业外支出

【例4-30】以现金支付交通违章罚款450元。

罚款支出属于营业外支出。这笔经济业务表明企业营业外支出增加450元，应记入"营业外支出"账户的借方和"库存现金"账户的贷方。其会计分录如㉚所示：

㉚借：营业外支出   450
  贷：库存现金   450

【例4-31】报废旧机器1台，发生清理净收入150元。

报废旧机器为处置固定资产，应转入"固定资产清理"账户核算。（该账户的性质、用途和账务处理详见本章第七节及【例4-38】。由于本节要完整反映利润情况，故将【例4-38】未述及的会计分录移此。

固定资产清理净收入为处置非流动资产利得，此例应转入"营业外收入"，为此，这一事项一方面要转销"固定资产清理"贷方余额150元，另一方面要扣除增值税后记入"营业外收入"，其会计分录如㉛所示：（为简化起见，本例不计增值税）

㉛借：固定资产清理   150
  贷：营业外收入   150

三、利润的核算

企业的利润（或亏损），是由营业利润和营业外收支项目所组成。

营业利润＝营业收入－营业成本－税金及附加－销售费用－管理费用
    －财务费用＋投资收益

利润总额＝营业利润＋营业外收入－营业外支出

营业收入＝主营业务收入＋其他业务收入

营业成本＝主营业务成本＋其他业务成本

净利润＝利润总额－所得税费用

所得税费用是对从事工商业经营的独立核算的单位，就其利润所得征收的一种税。所得税费用以会计年度实现的利润总额为计税依据，其计算公式如下：

$$应缴纳所得税额 = 应纳税所得额 \times 所得税税率$$

核算利润的账户主要有：

（一）"本年利润"账户

"本年利润"账户是所有者权益类账户，用来核算企业在本年度内实现的净利润。它的贷方登记由"主营业务收入""其他业务收入""营业外收入"等账户转入的余额；借方登记由"主营业务成本""销售费用""管理费用""财务费用""其他业务成本""税金及附加""营业外支出"及"所得税费用"等账户转入的余额（见表4-40）。期末，企业应将本期的收入和支出相抵后结出累计余额。贷方余额表示本期的利润总额，借方余额表示本期的亏损总额。年度终了，根据本期（年度）"利润总额"计算出应交所得税，从"本年利润"账户中减去。利润总额减除"所得税费用"后的余额为"净利润"，"净利润"的余额全部转入"利润分配"账户的贷方（如为净亏损作相反分录）。结转后，"本年利润"账户应无余额。

表4-40

借方	本年利润	贷方
各成本费用或支出类账户期末转入数 当年发生的净亏损、将本年实现的净利润 转入"利润分配"账户		各收益类账户期末转入数 当年实现的净利润、将本年发生的净亏损 转入"利润分配"账户

（二）"所得税费用"账户

"所得税费用"账户是损益类账户，用来核算企业确认应从当期利润总额中扣除的所得税费用。本账户的借方登记本期按税法规定的应纳税所得额计算确定的当期应交所得税；贷方登记期末应交所得税费用余额转入"本年利润"账户数；结转后应无余额（见表4-41）。本账户可按"当期所得税费用""递延所得税费用"设置明细分类账。

表4-41

借方	所得税费用	贷方
本期应交所得税额		期末转入"本年利润"账户的数额

（三）"投资收益"账户

"投资收益"账户是损益类账户，用来核算企业确认的投资收益或投资损失。其贷方登记被投资单位宣告发放的现金股利或利润中属于本企业的部分；借方登记被投资单位亏损中属于本企业的部分，其期末余额转入"本年利润"账户后应无余额（见表4-42）。本账户应按投资项目设置明细分类账。

表4-42

借方	投资收益	贷方
发生的投资损失 期末转入"本年利润"账户的投资净收益		实现的投资收益 期末转入"本年利润"账户的投资净损失

【例4-32】 将本期各损益账户余额转入"本年利润"账户并计算利润总额。

营业利润 = 营业收入 - 营业成本 - 税金及附加 - 销售费用 - 管理费用 - 财务费用
= 95 600 - 56 552 - 9 210 - 448 - 12 500 - 600 = 16 290（元）

利润总额 = 营业利润 + 营业外收入 - 营业外支出
= 16 290 + 150 - 450 = 15 990（元）

净利润 = 利润总额 - 所得税费用
= 15 990 - 3 997.50 = 11 992.50（元）

其会计分录如㉜所示：

㉜-1 借：主营业务收入　　　　　　　　　　　　　　　　92 100
　　　　　其他业务收入　　　　　　　　　　　　　　　　3 500
　　　　　营业外收入　　　　　　　　　　　　　　　　　150
　　　　贷：本年利润　　　　　　　　　　　　　　　　　95 750

㉜-2 借：本年利润　　　　　　　　　　　　　　　　　　79 760
　　　　贷：主营业务成本　　　　　　　　　　　　　　　53 552
　　　　　　税金及附加　　　　　　　　　　　　　　　　9 210
　　　　　　其他业务成本　　　　　　　　　　　　　　　3 000
　　　　　　销售费用　　　　　　　　　　　　　　　　　448
　　　　　　管理费用　　　　　　　　　　　　　　　　　12 500
　　　　　　财务费用　　　　　　　　　　　　　　　　　600
　　　　　　营业外支出　　　　　　　　　　　　　　　　450

【例4-33】 按利润总额15 990元计算和结转应交所得税，假设所得税税率为25%。

按25%的所得税税率计算，应交所得税为3 997.50元（15 990×25%）。这笔经济业务一方面表明所得税增加3 997.50元，应记入"所得税费用"账户的借方；另一方面表明应交所得税增加3 997.50元，应记入"应交税费——应交所得税"账户的贷方；同时将所得税费用借方余额转入"本年利润"账户。其会计分录如㉝所示：

㉝-1 借：所得税费用　　　　　　　　　　　　　　　　3 997.50
　　　　贷：应交税费——应交所得税　　　　　　　　　3 997.50

㉝-2 借：本年利润　　　　　　　　　　　　　　　　　3 997.50
　　　　贷：所得税费用　　　　　　　　　　　　　　　3 997.50

【例4-34】 期末，将税后净利润11 992.50元（15 990 - 3 997.50）转入"利润分配"账户后，"本年利润"账户应无余额。

其会计分录如㉞所示：

㉞ 借：本年利润　　　　　　　　　　　　　　　　　　11 992.50
　　　贷：利润分配　　　　　　　　　　　　　　　　　11 992.50

四、利润分配的核算

企业分配年度净利润和历年积存余额时，由企业董事会或类似机构提出分配方案，请股东大会或类似机构批准后进行分配，用于提取盈余公积、公益金、储备基金、企业发展基金、职工奖励和福利基金、股利分配及归还投资等方面。

核算利润分配的账户主要有：

(一)"利润分配"账户

"利润分配"账户是所有者权益类账户，用来核算企业利润的分配（或亏损的弥补）和历年分配（或弥补）后的余额。其借方登记提取的盈余公积、公益金、应付股利等及由"本年利润"账户转入的本年累计亏损数；贷方登记盈余公积弥补的亏损数及年末由"本年利润"账户转来的本年累计的净利润数（见表4-43）。其贷方余额表示累计未分配利润；借方余额表示累计未弥补亏损。该账户应按"提取法定盈余公积""提取任意盈余公积""应付现金股利或亏损""盈余公积补亏""转作资本的股利"和"未分配利润"等分配项目设明细分类账。

表4-43

借方	利润分配	贷方
从"本年利润"账户转入的净亏损数额 提取盈余公积、应付股利等利润分配的数额		从"本年利润"账户转入的净利润数额 弥补亏损数额
历年积存未弥补亏损		历年积存未分配利润

(二)"应付股利"账户

"应付股利"账户是负债类账户，用来核算企业经董事会或股东大会，或类似机构决议确定分配的现金股利或利润。其贷方登记应付给投资者的股利或利润数；借方登记实际支付的股利或利润数（见表4-44）。期末余额在贷方，表示尚未支付的股利或利润数；期末余额在借方，表示多付的股利或利润数。

表4-44

借方	应付利润	贷方
实际支付的利润		应支付的利润
多付的利润		尚未支付的利润

(三)"盈余公积"账户

"盈余公积"账户是所有者权益类账户，用来核算企业按规定从净利润中提取的盈余公积，是具有特定用途的留存收益。本账户的贷方登记提取的盈余公积数；借方登记用以弥补企业亏损或转增资本数；期末贷方余额表示盈余公积结余数（见表4-45）。本账户要按提取的不同用途设置明细分类账，包括"法定盈余公积""任意盈余公积"等明细分类账；外商投资企业还应分别按规定提取储备基金、企业发展基金等，并设立明细分类账。

表4-45

借方	盈余公积	贷方
用于弥补亏损或转增资本		按照规定提取盈余公积的数额
		盈余公积余额

【例4-35】按税后净利润11 992.50元的10%提取法定盈余公积。

盈余公积是从净利润中提取的，是利润分配的一个项目。因此，这笔经济业务一方面表明利润分配增加，应记入"利润分配"账户的借方；另一方面表明提取的盈余公积增加，应记入"盈余公积"的贷方。其会计分录如㉟所示：

㉟借：利润分配——提取法定盈余公积　　　　　　　　　　1 199.25
　　贷：盈余公积　　　　　　　　　　　　　　　　　　　　　　1 199.25

【例4-36】计算出应向投资者支付的利润为4 000元。

这笔经济业务表明，企业在提取盈余公积金后，可在剩余净利润中分一部分给投资者作为投资回报。因此，一方面是应付给投资者的利润增加，应记入"应付股利"账户的贷方；另一方面则表明分给投资者的利润是从利润中支付的，属于利润分配的项目，应记入"利润分配"账户的借方。其会计分录如㊱所示：

㊱借：利润分配　　　　　　　　　　　　　　　　　　　　　4 000
　　贷：应付股利　　　　　　　　　　　　　　　　　　　　　　4 000

现将上述商品销售业务和财务成果核算的14例绘成核算图，如图4-4所示。

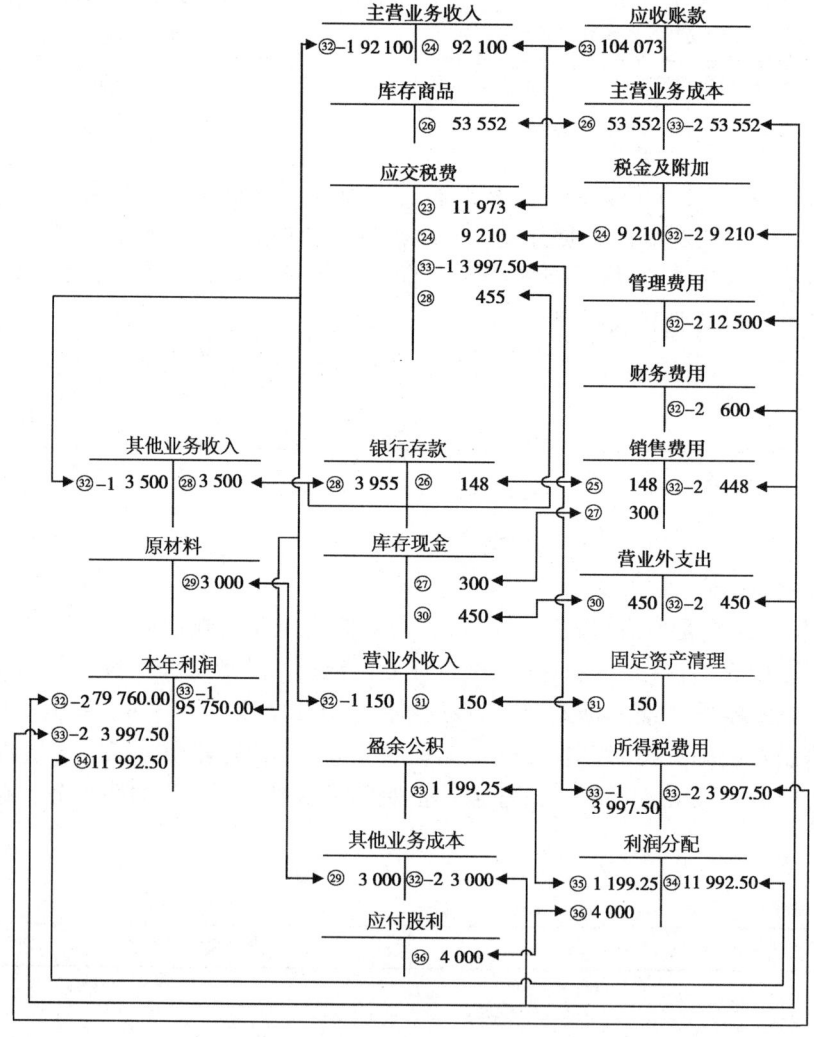

图4-4　销售过程和财务成果核算图

现将财务成果主要经济业务的核算进行汇总，见表4-46。

表 4-46　　　　　　　　　　　　　　财务成果的核算

业务内容	账务处理	
取得营业外收入	借：银行存款 　　贷：营业外收入	
发生营业外支出	借：营业外支出 　　贷：银行存款	
因对外投资取得收益	借：银行存款 　　贷：投资收益	
结转损益类有关收入账户余额	借：主营业务收入 　　其他业务收入 　　投资收益 　　营业外收入 　　贷：本年利润	
结转损益类有关费用账户余额	借：本年利润 　　贷：主营业务成本 　　　　税金及附加 　　　　其他业务成本 　　　　销售费用 　　　　管理费用 　　　　财务费用 　　　　营业外支出	
计算应交所得税	借：所得税费用 　　贷：应交税费——应交所得税	
结转"所得税费用"账户余额	借：本年利润 　　贷：所得税费用	
年末结转"本年利润"账户余额	结转实现的利润（盈利）： 　借：本年利润 　　贷：利润分配——未分配利润	结转发生的亏损（亏损）： 　借：利润分配——未分配利润 　　贷：本年利润
提取盈余公积	借：利润分配——提取法定盈余公积 　　　　　　——提取任意盈余公积 　　贷：盈余公积——法定盈余公积 　　　　　　——任意盈余公积	
计算向投资者分配股利或利润	借：利润分配 　　贷：应付利润/应付股利	

第七节 资金调整和退出的核算

除了本章第一节至第六节所述企业主要经济业务核算以外,在资金使用过程中,还有一些资金调整和退出的内容,包括利润分配、资产转换、对外投资、归还借款资金退出、上交税费以及其他各项支出等。其中有些经济业务的核算已在前面有所讲述,这里仅就未述及的经济业务核算作简要的补充说明。

一、主要账户设置

核算资金调整和退出企业的账户,有些已在本章前面几节述及,不再重复,这里主要讲述对外投资及固定资产清理等几个账户。

(一)"交易性金融资产"账户

"交易性金融资产"账户是资产类账户,用来核算企业为交易目的而持有的债券投资、股票投资、基金投资等交易性金融资产的公允价值。其借方登记取得交易性金融资产的价值;贷方登记出售交易性金融资产收到的金额。其期末借方余额,表示企业持有的交易性金融资产的公允价值。本账户按交易性金融资产的类别和品种分别设置"成本""公允价值变动"等明细分类账。

(二)"长期股权投资"账户

"长期股权投资"账户是资产类账户,用来核算企业投出的期限在 1 年以上(不含 1 年)的各种股权性质的投资。其借方登记各种股权投资的实际支付款;贷方登记处置或收回股权投资数,如有损益或差额应记入"投资收益"账户,其期末借方余额表示企业持有长期股权投资的价值。该账户按被投资单位设置明细分类账。

(三)"固定资产清理"账户

"固定资产清理"账户是资产类账户,用来核算企业因出售、报废、毁损、对外投资、非货币性资产交换、债务重组等原因转出的固定资产价值及其在清理过程中所发生的清理费用和清理收入等。它的借方登记固定资产净值及其在清理过程中所发生的清理费用;贷方登记收回出售固定资产的价款、残料价值和变价收入等。其期末借方余额表示固定资产清理后的净损失,属于生产经营期间正常处理损失应转入"营业外支出"账户;其期末贷方余额表示固定资产清理后的净收益,属于生产经营期间的应转入"营业外收入"账户,结转后应无余额。该账户应按被清理的固定资产项目设置明细分类账。

二、主要经济业务的核算

(一)归还借款

在本章第二节中曾述及企业向银行或其他金融机构借入款项的核算,这里补充有关归还借款的核算。

【例 4-37】用银行存款归还银行临时借款 50 000 元。

这笔经济业务表明用银行存款归还银行临时借款,临时借款属于短期借款,应同时减少银行存款和短期借款，分别记入"短期借款"账户的借方和"银行存款"账户的贷方。其会计分录如㊲所示：

㊲借：短期借款——临时借款　　　　　　　　　　　　　　50 000
　　贷：银行存款　　　　　　　　　　　　　　　　　　　　　　　　50 000

（二）报废固定资产

【例 4 – 38】报废旧机器 1 台，取得收入 30 150 元，机器原值为 40 000 元，已提折旧 10 000 元，价款已收到。

这笔经济业务表明固定资产报废，一方面要减少其原始价值，记入"固定资产"账户的贷方；另一方面要通过"固定资产清理"账户同时转销累计折旧，分别记入"固定资产清理"和"累计折旧"账户的借方。在收到货款时，借记"银行存款"账户，贷记"固定资产清理"账户。其会计分录如㊳所示：

㊳ – 1 借：固定资产清理　　　　　　　　　　　　　　　　　　30 000
　　　　　累计折旧　　　　　　　　　　　　　　　　　　　　　　　10 000
　　　　贷：固定资产　　　　　　　　　　　　　　　　　　　　　　　　40 000
㊳ – 2 借：银行存款　　　　　　　　　　　　　　　　　　　　30 150
　　　　贷：固定资产清理　　　　　　　　　　　　　　　　　　　　　　30 150

注：此例固定资产清理完毕后，发生贷方余额 150 元，应转入"营业外收入"账户，其会计分录详见【例 4 – 31】。

（三）对外投资

【例 4 – 39】以固定资产向其他单位换入长期股权投资。固定资产原值 60 000 元，已提折旧 20 000 元。

该笔经济业务表明用固定资产向其他单位进行长期投资。一方面要将固定资产转入清理，按固定资产净值记入"固定资产清理"账户的借方，同时要转销固定资产折旧，记入"累计折旧"账户的借方，还要减少固定资产原值，记入"固定资产"账户的贷方；另一方面要按"固定资产清理"账户的余额，分别记入"长期股权投资"账户的借方和"固定资产清理"账户的贷方。其会计分录如㊴所示：

㊴ – 1 借：固定资产清理　　　　　　　　　　　　　　　　　　40 000
　　　　　累计折旧　　　　　　　　　　　　　　　　　　　　　　　20 000
　　　　贷：固定资产　　　　　　　　　　　　　　　　　　　　　　　　60 000
㊴ – 2 借：长期股权投资　　　　　　　　　　　　　　　　　　40 000
　　　　贷：固定资产清理　　　　　　　　　　　　　　　　　　　　　　40 000

【例 4 – 40】企业购入面值为 1 000 元的 1 年期债券 10 张，年利率为 5%。以银行存款支付 10 000 元。

这笔经济业务表明购入 1 年期的债券，属于短期投资，一方面要记入"交易性金融资产"账户的借方；另一方面支付价款要记入"银行存款"账户的贷方。其会计分录如㊵所示：

㊵借：交易性金融资产　　　　　　　　　　　　　　　　　　10 000
　　贷：银行存款　　　　　　　　　　　　　　　　　　　　　　　　10 000

如果一年到期收回本利 10 500 元（其中本金 10 000 元，利息 500 元），债券利息属于投资收益，应在"投资收益"账户核算。该账户的运用请参看本章第六节，此处不加详述。

(四) 职工福利费支出

【例 4-41】 以银行存款支付职工教育经费 1 000 元，有关职工福利支出应在"应付职工薪酬"账户核算（该账户性质、用途见本章第四节）。

这笔经济业务表明，一方面银行存款减少，记入"银行存款"账户的贷方；另一方面职工教育经费支出，应记入"应付职工薪酬"账户的借方。其会计分录如㊶所示：

㊶借：应付职工薪酬——职工教育经费　　　　　　　　　　1 000
　　贷：银行存款　　　　　　　　　　　　　　　　　　　　　　1 000

(五) 上缴税费

【例 4-42】 应交税费账户反映应上交的消费税 9 210 元，以银行存款付讫。应分别借记"应交税费"账户，贷记"银行存款"账户。其会计分录如㊷所示：

㊷借：应交税费——应交消费税　　　　　　　　　　　　9 210
　　贷：银行存款　　　　　　　　　　　　　　　　　　　　　　9 210

以上 6 例经济业务绘成核算图，如图 4-5 所示。

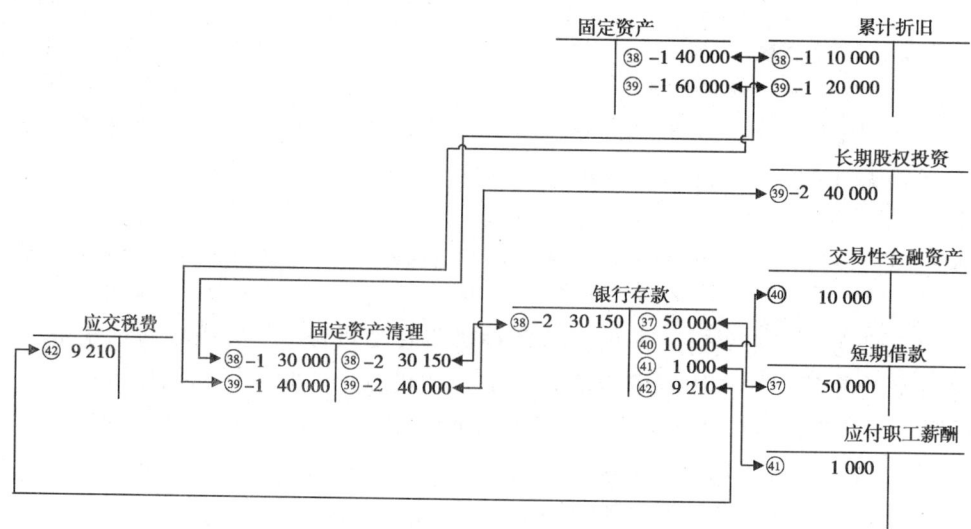

图 4-5　资金调整和退出核算图

综上所述，生产企业生产经营过程核算，主要是供应、生产和销售三个过程的核算，现将其内容作一般概括如下：

供应过程是准备过程，在此过程中发生的与供应过程有直接联系的经济业务，是用货币采购原料、支付价款和采购费用。前述【例 4-6】、【例 4-7】、【例 4-8】均属此类业务性质。这类经济业务的发生，反映和控制了货币资金转化为储备资金的全过程。

生产过程既是产品制造过程，又是人力、物力、财力的耗费过程。在此过程中发生的与生产过程有直接联系的经济业务是生产耗用材料、支付工资，支付、分摊和预提各项制造费用。前述【例 4-10】、【例 4-11】、【例 4-14】、【例 4-15】、【例 4-17】、【例 4-19】、【例 4-20】、【例 4-21】、【例 4-22】均属此类业务性质。

这类经济业务的发生，反映和控制了储备资金转化为生产资金又转化为成品资金的全过程。

销售过程主要是将产成品销售出去，收回货币。在此过程中，与销售过程有直接联系的经济业务是发出商品，收回货币，支付销售费用，计纳销售税金。前述【例4-23】、【例4-25】、【例4-26】、【例4-27】均属此类业务性质。这类经济业务的发生，反映和控制了成品资金又转化为货币资金的全过程。

现根据本章第二节至第七节所举42例的会计分录登记有关总分类账户，分别结出本期发生额和期末余额，如表4-47至表4-82所示，并根据各总分类账户的发生额和余额记录，编制总分类账试算平衡表（见表4-82），以检查账务处理的正确性。

表4-47　　　　　　　　　　　　　　库　存　现　金

借方		贷方	
期初余额	2 200.00	⑧	440.00
⑭	24 000.00	⑬	24 000.00
		㉗	300.00
		㉚	450.00
本期发生额	24 000.00	本期发生额	25 190.00
期末余额	1 010.00		

表4-48　　　　　　　　　　　　　　银　行　存　款

借方		贷方	
期初余额	74 296.00	④-2	33 900.00
①	200 000.00	⑤-2	120 000.00
③	50 000.00	⑦	56 500.00
④-1	33 900.00	⑧	1 760.00
⑤-1	120 000.00	⑨	45 200.00
㉘	3 955.00	⑫	24 000.00
㊳-2	30 150.00	⑮	1 600.00
		⑯	1 000.00
		⑰	200.00
		⑱	600.00
		⑳	5 640.00
		㉕	148.00
		㊲	50 000.00
		㊵	10 000.00
		㊶	1 000.00
		㊷	9 210.00
本期发生额	438 005.00	本期发生额	360 758.00
期末余额	151 543.00		

表4-49　　　　　　　　　　　　　　应　收　账　款

借方		贷方	
㉓	104 073.00		
本期发生额	104 073.00	本期发生额	—
期末余额	104 073.00		

表 4-50　　　　　　　　　　　　　　　　　原　材　料

借方			贷方
期初余额	91 200.00	⑩	55 000.00
⑥	40 000.00	㉙	3 000.00
⑦	50 000.00		
⑧	2 200.00		
本期发生额	92 200.00	本期发生额	58 000.00
期末余额	125 400.00		

表 4-51　　　　　　　　　　　　　　　　　库　存　商　品

借方			贷方
期初余额	65 000.00	㉖	53 552.00
㉒	59 310.00		
本期发生额	59 310.00	本期发生额	53 552.00
期末余额	70 758.00		

表 4-52　　　　　　　　　　　　　　　　　长期股权投资

借方			贷方
㊵-2	40 000.00		
本期发生额	40 000.00	本期发生额	—
期末余额	40 000.00		

表 4-53　　　　　　　　　　　　　　　　　交易性金融资产

借方			贷方
㊵	10 000.00		
本期发生额	10 000.00	本期发生额	—
期末余额	10 000.00		

表 4-54　　　　　　　　　　　　　　　　　固　定　资　产

借方			贷方
期初余额	800 000.00	㊳-1	40 000.00
②	250 000.00	㊴-1	60 000.00
④-2	30 000.00		
本期发生额	280 000.00	本期发生额	100 000.00
期末余额	980 000.00		

表 4-55　　　　　　　　　　　　　　　　　累　计　折　旧

借方			贷方
㊳-1	10 000.00	期初余额	100 000.00
㊴-1	20 000.00	⑲	12 600.00
本期发生额	30 000.00	本期发生额	12 600.00
		期末余额	82 600.00

表 4-56　　　　　　　　　　　固定资产清理

借方		贷方	
㉛	150.00	㊳-2	30 150.00
㊳-1	30 000.00	㊴-2	40 000.00
㊴-1	40 000.00		
本期发生额	70 150.00	本期发生额	70 150.00

表 4-57　　　　　　　　　　　工　程　物　资

借方		贷方	
⑤-2	120 000.00		
本期发生额	120 000.00	本期发生额	—
期末余额	120 000.00		

表 4-58　　　　　　　　　　　短　期　借　款

借方		贷方	
㊲	50 000.00	期初余额	80 000.00
		③	50 000.00
本期发生额	50 000.00	本期发生额	50 000.00
		期末余额	80 000.00

表 4-59　　　　　　　　　　　应　付　票　据

借方		贷方	
⑨	45 200.00	⑥	45 200.00
本期发生额	45 200.00	本期发生额	45 200.00

表 4-60　　　　　　　　　　　其 他 应 付 款

借方		贷方	
		期初余额	31 000.00
本期发生额		本期发生额	—
		期末余额	31 000.00

表 4-61　　　　　　　　　　　应付职工薪酬

借方		贷方	
⑬	24 000.00	期初余额	—
㊶	1 000.00	⑪	24 000.00
		⑭	3 360.00
本期发生额	25 000.00	本期发生额	27 360.00
		期末余额	2 360.00

表 4-62　　　　　　　　　　　　　　　应 交 税 费

借方		贷方	
期初余额	15 504.00	㉓	11 973.00
④-2	3 900.00	㉔	9 210.00
⑥	5 200.00	㉘	455.00
⑦	6 500.00	㉝-1	3 997.50
㊷	9 210.00		
本期发生额	24 810.00	本期发生额	25 635.50
期末余额	14 678.50		

表 4-63　　　　　　　　　　　　　　　应 付 股 利

借方		贷方	
		㊱	4 000.00
本期发生额	—	本期发生额	4 000.00
		期末余额	4 000.00

表 4-64　　　　　　　　　　　　　　　长 期 借 款

借方		贷方	
		期初余额	200 000.00
		④-1	33 900.00
		⑤-1	120 000.00
本期发生额	—	本期发生额	153 900.00
		期末余额	353 900.00

表 4-65　　　　　　　　　　　　　　　实 收 资 本

借方		贷方	
		期初余额	600 000.00
		①	200 000.00
		②	250 000.00
本期发生额	—	本期发生额	450 000.00
		期末余额	1 050 000.00

表 4-66　　　　　　　　　　　　　　　盈 余 公 积

借方		贷方	
		期初余额	100 000.00
		㉟	1 199.25
本期发生额	—	本期发生额	1 199.25
		期末余额	101 199.25

表 4-67　　　　　　　　　　　　　　　本 年 利 润

借方		贷方	
㉜-2	79 760.00	㉜-1	95 750.00
㉝-2	3 997.50		
㉞	11 992.50		
本期发生额	95 750.00	本期发生额	95 750.00

表 4-68　利润分配

借方		贷方	
㉟	1 199.25	㉞	11 992.50
㊱	4 000.00		
本期发生额	5 199.25	本期发生额	11 992.50
		期末余额	6 793.25

表 4-69　生产成本

借方		贷方	
期初余额	62 800.00	㉒	59 310.00
⑩	49 600.00		
⑪	20 000.00		
⑭	2 800.00		
㉑	18 500.00		
本期发生额	90 900.00	本期发生额	59 310.00
期末余额	94 390.00		

表 4-70　制造费用

借方		贷方	
⑩	5 000.00	㉑	18 500.00
⑪	1 600.00		
⑭	224.00		
⑲	8 000.00		
⑳	3 676.00		
本期发生额	18 500.00	本期发生额	18 500.00

表 4-71　主营业务收入

借方		贷方	
㉜-1	92 100.00	㉓	92 100.00
本期发生额	92 100.00	本期发生额	92 100.00

表 4-72　主营业务成本

借方		贷方	
㉖	53 552.00	㉜-2	53 552.00
本期发生额	53 552.00	本期发生额	53 552.00

表 4-73　销售费用

借方		贷方	
㉕	148.00	㉜-2	448.00
㉗	300.00		
本期发生额	448.00	本期发生额	448.00

表 4－74　　税金及附加

借方		贷方	
㉔	9 210.00	㉜-2	9 210.00
本期发生额	9 210.00	本期发生额	9 210.00

表 4－75　　其他业务收入

借方		贷方	
㉜-1	3 500.00	㉘	3 500.00
本期发生额	3 500.00	本期发生额	3 500.00

表 4－76　　其他业务成本

借方		贷方	
㉙	3 000.00	㉜-2	3 000.00
本期发生额	3 000.00	本期发生额	3 000.00

表 4－77　　管　理　费　用

借方		贷方	
⑩	400.00	㉜-2	12 500.00
⑪	2 400.00		
⑭	336.00		
⑮	1 600.00		
⑯	1 000.00		
⑰	200.00		
⑲	4 600.00		
⑳	1 964.00		
本期发生额	12 500.00	本期发生额	12 500.00

表 4－78　　财　务　费　用

借方		贷方	
⑱	600.00	㉜-2	600.00
本期发生额	600.00	本期发生额	600.00

表 4－79　　营 业 外 收 入

借方		贷方	
㉜-1	150	㉛	150
本期发生额	150	本期发生额	150

表 4-80　　　　　　　　　　　　营 业 外 支 出

借方		贷方	
㉚	450.00	㉜-2	450.00
本期发生额	450.00	本期发生额	450.00

表 4-81　　　　　　　　　　　　所 得 税 费 用

借方		贷方	
㉝-1	3 997.50	㉝-2	3 997.50
本期发生额	3 997.50	本期发生额	3 997.50

表 4-82　　　　　　　　××工厂总分类账试算平衡表

2024 年 12 月 31 日　　　　　　　　　　　　　　　　　　　　　　　　　　　单位：元

账户名称	期初余额		本期发生额		期末余额	
	借方	贷方	借方	贷方	借方	贷方
库存现金	2 200		24 000	25 190	1 010	
银行存款	74 296		438 005	360 758	151 543	
交易性金融资产			10 000		10 000	
应收账款			104 073		104 073	
原材料	91 200		92 200	58 000	125 400	
库存商品	65 000		59 310	53 552	70 758	
长期股权投资			40 000		40 000	
固定资产	800 000		280 000	100 000	980 000	
累计折旧		100 000	30 000	12 600		82 600
固定资产清理			70 150	70 150		
工程物资			120 000		120 000	
短期借款		80 000	50 000	50 000		80 000
应付票据			45 200	45 200		
其他应付款		31 000				31 000
应付职工薪酬			25 000	27 360		2 360
应交税费		15 504	24 810	25 635.50		14 678.50
应付股利				4 000		4 000
长期借款		200 000		153 900		353 900
实收资本		600 000		450 000		1 050 000
盈余公积		100 000		1 199.25		101 199.25
本年利润			95 750	95 750		
利润分配			5 199.25	11 992.50		6 793.25
生产成本	62 800		90 900	59 310	94 390	
制造费用			18 500	18 500		
主营业务收入			92 100	92 100		
主营业务成本			53 552	53 552		
销售费用			448	448		

续表

账户名称	期初余额		本期发生额		期末余额	
	借方	贷方	借方	贷方	借方	贷方
税金及附加			9 210	9 210		
其他业务收入			3 500	3 500		
其他业务成本			3 000	3 000		
管理费用			12 500	12 500		
财务费用			600	600		
营业外收入			150	150		
营业外支出			450	450		
所得税费用			3 997.50	3 997.50		
合 计	1 111 000	1 111 000	1 802 604.75	1 802 604.75	1 711 852.50	1 711 852.50

 知识点小结

1. 筹集资金的核算，企业进行生产经营所需要的资金主要来源于两个渠道：一是所有者投入的资金；二是从债权人借入的资金。

为了记录筹集资金过程发生的交易或事项，设置"实收资本"和"资本公积"账户进行投入资本的核算，设置"短期借款"和"长期借款"账户进行借入资金的核算。

2. 材料采购过程核算主要内容是：确认计算材料采购的成本，与供货单位办理价款结算，材料验收入库等。通过设置"在途物资""原材料""应交税费"等账户进行核算。

3. 生产过程核算主要内容是：对生产耗费进行归集和分配，产品制造成本的计算与结转。通过设置"生产成本""制造费用""管理费用""财务费用""库存商品"等账户进行核算。

4. 销售过程核算主要内容是：确认营业收入、结转营业成本，计算应交税金及附加，支付各项期间费用，与购买方结算价款等。通过设置"主营业务收入""主营业务成本""税金及附加""管理费用""销售费用""财务费用""其他业务收入""其他业务成本"等账户进行核算。

5. 财务成果的核算主要内容是：营业利润、利润总额和净利润形成。企业应将各收益类账户和各成本费用或支出类账户的期末余额转入"本年利润"账户。年度终了，企业还应将"本年利润"账户本年实现的净利润或亏损转入"本年分配"账户。企业对实现的净利润分配（或亏损弥补）应按下列顺序进行：弥补以前年度亏损；提取盈余公积；向投资者分配利润。经过分配仍有余额，属于未分配利润。

资金调整和退出的核算主要内容是：资金转换；对外投资；归还借款；上缴税费和其他各项支出等。

 复习思考题

1. 简述生产企业生产经营过程主要经济业务的核算内容。
2. 核算产品生产业务应设置哪些账户，如何运用这些账户？
3. 怎样对商品销售业务进行核算？
4. 什么是财务成果？它是怎样形成的？
5. 什么是利润分配？企业的利润是如何进行分配的？

第五章 成本计算

 学习目标

成本计算是会计核算的一种专门方法。本章阐述了工业企业各项成本计算的基础知识。通过学习，要求了解成本计算的意义，明确成本计算的基本要求和一般程序，掌握物资采购成本、产品制造成本和商品销售成本的构成和计算；以及采购费用和产品制造费用的归集和分配的基础知识和技能。

本章重点：成本计算的基本要求和一般程序；各种费用的归集和分配；各项成本的计算等。

第一节 成本计算的意义和要求

一、成本计算的意义

成本是指企业为生产产品、提供劳务而发生的各种耗费。成本计算是指将企业在生产产品、提供劳务经营活动中所发生的各种人力、物力和财力的耗费，按照一定对象（产品）进行归集和分配，即构成该对象的成本。产品生产过程中所发生的生产费用（包括材料成本）按各种产品进行归集后即构成各该产品的制造成本。因此，成本计算就是将企业在生产经营过程中所发生的各种耗费，按各种不同对象进行归集和分配，借以确定各该对象的总成本和单位成本。

通过成本计算，可以取得产品实际成本资料，据以确定实际成本与计划成本的差异，分析成本升降原因，挖掘降低成本潜力，可以有效地控制各项费用支出，达到预期的成本目标，并为成本预测、规划下期成本目标以及制订产品价格提供参考资料。

二、成本计算的基本要求

成本计算过程实际上是费用的归集和分配过程，要做好成本计算工作，必须正确归集和分配各种费用。一般要求做到以下三点：

(一) 严格遵守国家规定的成本开支范围

《企业会计准则》规定，会计要素应按规定的会计计量基础进行计算，确定其金额，包括历史成本、重置成本、可变现净值、现值和公允价值。一般情况下，企业对成本的计算采用历史成本较多，按实际支付的现金或现金等价物的金额进行计量。对于成本的经济内容，国家统一规定了企业成本开支范围，哪些费用支出可以计入成本，哪些费用不可以计入成本，不得随意改变费用、成本的确认标准或者计量方法，不得虚列、多列、不列或者少列费用、成本，以保持成本指标的真实性和计算口径的一致性。

(二) 划清支出与费用、费用与成本的界限

1. 支出与费用的界限

支出与费用的概念是不同的。支出的范围广泛，企业日常发生的支出，有些与产品的生产和销售有关，有些与产品的生产和销售无关，有些是属于资本性的支出或其他支出。不同的费用支出，其补偿的资金来源也是不同的。在进行成本计算时，凡是与产品生产有关，应从当期产品销售收入中得到补偿的生产费用，才能计入产品成本；凡是与产品生产无关，而又不应从产品销售收入得到补偿的其他各种支出，如购建固定资产、无形资产和其他资产支出以及诸如罚款等营业外支出，均不能计入产品成本。

2. 费用与成本的界限

费用与成本的概念也是不同的。已经发生与产品生产有关的费用，并不一定等于已经形成产品成本。虽然费用与成本的经济内容是一致的，但计算的基础并不相同。费用是按照一定会计期间汇集的资金耗费；而成本则是以产品为对象进行归集的。费用按对象归集后才能形成成本，也可以说成本是对象化了的费用。一般来说，费用和成本不一定相等。只有一定会计期内发生的费用都已归属于该期的产品，该期的费用和成本才会相等。

(三) 按权责发生制原则进行成本计算

会计核算的基础有权责发生制和收付实现制。《企业会计准则》规定企业应按权责发生制原则进行核算。收付实现制即实收实付制，是指以货币的实际收、付作为标准来确定当期的收入和费用。凡是当期实际收入或付出的款项，不论是否属于当期的收入和费用，都作为当期的收入和费用。使用该种方法，核算手续简单，但不能准确反映各个时期的盈亏，不适宜企业采用。权责发生制即应收应付制，是指按实际发生的和影响的期限来确认企业的收入和费用，凡属于当期已经实现的收入和费用，不论款项是否已经收入或付出，都作为当期的收入和费用处理；而不属于当期的收入和费用，即使款项已经实际收入或付出，都不能作为当期的收入和费用。这种方法适宜企业采用，能准确反映各个时期的盈亏。

为此，要准确合理地计算各期成本，必须按照权责发生制的原则，准确划分费用的归属期，由各期成本合理地负担。凡是应由当期成本负担的费用，不论款项是否支付，都应全部计入当期成本；凡不应由当期成本负担的费用，即使款项已经支付，也不能计入当期成本。

三、成本计算的程序

在企业经营过程的各个阶段中，成本计算和费用核算是同时进行的。各种费用发生后，先按各种成本对象在有关账户中进行归集、分配和登记，然后计算出各该对象的总成本和单位成本。

(一) 确定成本计算对象

成本计算对象即费用归属的对象。在进行成本计算时，在确定成本计算对象，才能按各该对象归集费用、计算成本。例如在供应过程中，为采购材料而发生的费用，应以各种材料为成本计算对象进行归集，然后计算各种材料的成本；在生产过程中，为制造各种产品而发生的费用，应以各种产品为成本计算对象进行归集和计算各种产品的生产成本。

(二) 确定成本计算期

成本计算期是指多少时间计算一次成本。一般来说，成本计算期应与产品的生产周期相一致，但这要取决于企业的生产特点。如果是单件、小批量生产，那就按产品的生产周期确定成本计算期；如果是反复不断地大量生产同一种产品或几种产品，那只有按月计算成本。

(三) 确定成本项目

企业在进行成本计算时，必须确定成本项目。成本项目要按照有关制度规定结合企业具体情况加以确定。材料成本项目一般分为：材料买价、采购费用；产品制造成本项目一般分为：直接材料、直接人工和制造费用。

(四) 正确归集和分配各种费用

成本计算的过程实际上就是费用按一定成本对象进行归集和分配的过程。有些费用是直接与各该成本计算对象有关的直接费用，可以直接计入该对象的成本中。有些费用的发生同几个成本计算对象有关，应计入间接费用，按照一定的分配标准在几个成本对象之间进行分配。分配间接费用的标准对成本计算的正确性影响很大，必须慎重选用。一经选用，不能随意变动，以保持各期成本计算口径的一致性。

(五) 健全成本计算的原始记录

健全的成本计算资料是保证成本计算正确的基础。各个企业要设置费用、成本明细分类账以及材料耗用、工时消耗、费用分配、产品入库等健全的原始记录，据以正确计算成本，编制成本计算表。

第二节 成本的构成和计算

一、材料物资采购成本的构成和计算

(一) 材料物资采购成本的构成

材料物资采购成本的构成项目主要有：

(1) 买价（供货单位的发票价格）。

(2) 运杂费（包括运输费、装卸费、保险费、包装费、仓储费等）。

(3) 运输途中的合理损耗。

(4) 入库前的挑选整理费用（包括挑选整理中发生的工资支出和必要的损耗，扣除回收的下脚废料价值）。

(5) 购入物资负担的税金和其他费用。

(二) 材料物资采购成本的计算

材料物资采购成本的计算就是将供应过程中所发生的材料的买价和有关采购费用，按一定种类的材料进行归集和分配，确定该种材料的实际成本。

在计算材料成本时，凡是能直接计入各种材料的直接费用，应直接计入各种材料的成本；不能直接计入各种材料的间接费用，应按一定标准在有关材料之间进行分配，再分别计入各种材料的成本。分配的标准一般按材料重量或买价的比例计算。现根据第四章【例 4-6】～【例 4-10】例资料说明材料成本的计算方法。

$$采购费用分配率 = \frac{采购费用总额}{各种材料物资总重量（或买价）}$$

某种材料物资应分摊的采购费用 = 该种材料重量（或买价）× 分配率

企业购进甲、乙、丙三种材料的各项支出，见表 5-1。

表 5-1

材料名称	重 量	单 价	买 价	运 杂 费
甲	4 000 千克	8 元	32 000 元	
乙	2 000 千克	4 元	8 000 元	2 200 元
丙	5 000 千克	10 元	50 000 元	
合 计	11 000 千克		90 000 元	2 200 元

根据表 5-1 资料，材料的买价可以直接计入各种材料的成本。运输费则是三种材料共同负担的间接费用，需要按一定标准在三种材料之间进行分配，然后再计入各种材料成本。

具体计算分配方法如下：

(1) 按重量分摊共同运杂费。

每千克材料应负担的运杂费为：$\frac{2\ 200}{4\ 000 + 2\ 000 + 5\ 000} = 0.20$（元）

甲种材料应分摊的运杂费：$0.20 \times 4\ 000 = 800$（元）

乙种材料应分摊的运杂费：$0.20 \times 2\ 000 = 400$（元）

丙种材料应分摊的运杂费：$0.20 \times 5\ 000 = 1\ 000$（元）

(2) 登记甲、乙、丙材料的材料采购明细账见表 5-2、表 5-3、表 5-4。

表 5-2　　　　　　　　　　　　　"原材料" 明细分类账

材料名称或类别：甲种材料　　　　　　　　　　　　　　　　　　　　　金额单位：元

年		凭证号码	摘　要	借 方 金 额			贷方金额	结余金额
月	日			买　价	采购费用	合　计		
		6	购入 4 000 千克@8.00	32 000		32 000		32 000
		8	分摊运杂费		800	800		32 800
			结转实际采购成本				32 800	—
			发生额和余额	32 000	800	32 800	32 800	

表 5-3　　　　　　　　　　　　　"原材料"明细分类账

材料名称或类别：乙种材料　　　　　　　　　　　　　　　　　　　　金额单位：元

年		凭证号码	摘　要	借　方　金　额			贷方金额	结余金额
月	日			买　价	采购费用	合　计		
		6	购入 2 000 千克@4.00	8 000		8 000		8 000
		8	分摊运杂费		400	400		8 400
			结转实际采购成本				8 400	—
			发生额和余额	8 000	400	8 400	8 400	—

表 5-4　　　　　　　　　　　　　"原材料"明细分类账

材料名称或类别：丙种材料　　　　　　　　　　　　　　　　　　　　金额单位：元

年		凭证号码	摘　要	借　方　金　额			贷方金额	结余金额
月	日			买　价	采购费用	合　计		
		7	购入 5 000 千克@10.00	50 000		50 000		50 000
		8	分摊运杂费		1 000	1 000		51 000
			结转实际采购成本				51 000	—
			发生额和余额	50 000	1 000	51 000	51 000	—

（3）编制材料采购成本计算表（如表 5-5 所示）。

表 5-5　　　　　　　　　　　　　材料采购成本计算表

编制单位：××工厂　　　　　　　　　　2024 年 ×月　　　　　　　　　　金额单位：元

成本项目	甲种材料		乙种材料		丙种材料	
	总成本（4 000 千克）	单位成本	总成本（2 000 千克）	单位成本	总成本（5 000 千克）	单位成本
1. 买价	32 000	8.00	8 000	4.00	50 000	10.00
2. 采购费用	800	0.20	400	0.20	1 000	0.20
物资采购成本	32 800	8.20	8 400	4.20	51 000	10.20

二、产品制造成本的构成和计算

（一）产品制造成本的构成

构成产品制造成本的项目主要有：

1. 直接材料

直接材料包括：产品制造过程中实际耗费的原材料、辅助材料、设备配件、外购半成品、燃料、动力、包装物、低值易耗品以及其他直接材料和电力等。

2. 直接人工

直接人工包括：从事产品制造的人员工资、奖金、补贴以及职工福利费等。

3. 制造费用

制造费用是指为生产产品和提供劳务而发生的各种间接费用，如车间、分厂管理人员、技术人员的工资及福利费，车间使用的固定资产折旧费和修理费、办公费、水电费、机物料消耗、劳动保护费、季节性停工损失、修理期间的停工损失等。

（二）产品成本的计算

1. 产品制造费用的归集和分配

计算产品制造成本，首先应将产品制造过程中发生的各项制造费用按产品的名称或类别分别进行归集和分配，以便计算出各种（类）产品的制造总成本和单位成本。

$$某种间接费用分配率 = \frac{间接费用总额}{生产工人工时总和}$$

某种产品应分配的间接费用 = 该种产品的生产工时 × 间接费用分配率

现以第四章第四节资料为例，产品制造过程中发生的各项制造费用如下：

(1)【例 4-10】车间一般耗用材料 5 000 元。
(2)【例 4-11】车间管理人员工资 1 600 元。
(3)【例 4-14】车间管理人员计提职工福利费 224 元。
(4)【例 4-19】车间使用的固定资产折旧 8 000 元。
(5)【例 4-20】预提车间修理费 3 676 元。

上述 5 笔制造费用合计 18 500 元，为 A、B 两种产品共同负担的间接费用，需要按一定标准在 A、B 产品之间进行分配，然后再分别计入各种产品的生产成本。分配标准一般有：按生产工人工资；按生产工人工时；按机器工时；按直接原材料成本；按直接总成本等。企业在用某一种分配标准时，要慎重考虑各种间接费用的发生与该种分配标准是否有直接关系，是否接近实际，以保证产品制造成本的计算相对准确。一般选择按生产工人工资比例分配的标准较多，主要是简便易行；但对生产工人的工资水平差别较大而又经常变动的企业则不尽合理。总之，要根据企业实际情况选用分配标准。假设以生产工人工资为分配标准，其具体分配计算方法如下：

按 A、B 产品的生产工人工资分摊共同负担的制造费用。

$$每元工资应负担的制造费用 = \frac{18\ 500}{15\ 960 + 6\ 840} = 0.811\ 4（元）$$

A 产品应分摊的制造费用 = 15 960 × 0.811 4 = 12 950（元）

B 产品应分摊的制造费用 = 6 840 × 0.811 4 = 5 550（元）

登记 A、B 产品生产明细分类账，如表 5-7、表 5-8 所示。编制产品生产成本计算表，见表 5-9。

2. 产品制造成本的计算方法

在不同类型的企业里，因生产组织和工艺过程各有特点，可采用不同的产品成本计算方法。这些专门的产品成本计算方法，将在有关专业会计中论述。

下面根据第四章第四节资料说明生产成本的一般计算方法。企业×月生产 A、B 两种产品所发生的各项生产费用按其用途整理计算见表 5-6。

表 5-6　　　　　　　　　　生产费用计算表　　　　　　　　　金额单位：元

产品名称	完工产品数量	直接材料	直接人工	制造费用	合计
A 产品	100 台	30 400	15 960	12 950	59 310
B 产品	—	19 200	6 840	5 550	31 590
合计		49 600	22 800	18 500	90 900

从表 5-6 资料看出，直接材料 49 600 元和直接人工（生产工人工资及福利费）22 800 元是直接成本项目费用，可直接计入各种产品的制造成本。制造费用 18 500 元则按照生产工人工资在 A、B 两种产品之间分配后分别计入 A、B 产品的生产成本。

由此计算出的 A 产品的总成本为 59 310 元，B 产品未完工的在产品成本为 31 590 元。

（1）登记 A、B 产品"生产成本"明细账，见表 5-7、表 5-8。

表 5-7　　　　　　　　　　　"生产成本"明细分类账

产品品种或类别：A 产品　　　　　　　　　　　　　　　　　　　　　　金额单位：元

年		凭证号码	摘要	借方（成本项目）				贷方	借或贷	余额
月	日			直接材料	直接人工	制造费用	合计			
		11	生产耗用材料	30 400			30 400		借	30 400
		12	分配工资及福利费		15 960		15 960		借	46 360
		22	分配制造费用			12 950	12 950		借	59 310
		23	结转完工产品生产成本					59 310	平	—
			本期发生额和余额	30 400	15 960	12 950	59 310		平	—

表 5-8　　　　　　　　　　　"生产成本"明细分类账

产品品种或类别：B 产品　　　　　　　　　　　　　　　　　　　　　　金额单位：元

年		凭证号码	摘要	借方（成本项目）				贷方	借或贷	余额
月	日			直接材料	直接人工	制造费用	合计			
		11	生产耗用材料	19 200			19 200		借	19 200
		12	分配工资及福利费		6 840		6 840		借	26 040
		22	分配制造费用			5 550	5 550		借	31 590
			本期发生额和余额	19 200	6 840	5 550	31 590		借	31 590

（2）编制产品生产成本计算表，见表 5-9。

表 5-9　　　　　　　　　　　产品生产成本计算表

金额单位：元

成本项目	A 产品	
	总成本（100 台）	单位成本
直接材料	30 400	304.00
直接人工	15 960	159.60
制造费用	12 950	129.50
产品生产成本	59 310	593.10

三、产品销售成本的构成和计算

（一）产品销售成本的构成

在销售过程中，企业将生产出来的产品销售出去，获得产品销售收入，收回货币，扣除产品销售成本、营业税金及附加和期间费用后才是营业利润。按有关规定，产品的销售成本是由已销产品的生产成本直接构成，从产品销售收入中得到补偿，而税金及附加和期间费用，则从当期的营业利润中扣除，不计入产品销售成本。

（二）产品销售成本的计算

在计算产品销售成本时，应将已销产品的生产成本（产品的单位成本×销售数量）按产品的名称或类别进行归集，以分别计算已销各种（类）产品的销售成本。

产品销售成本的确定，取决于发出存货的实际单位成本。一般情况下，由于产品加工的材料成本、人工和机物料耗费等因素，每批入库的完工产品的实际生产成本不尽相同。因此，计算产品销售成本，要先解决每批存货发出和销售的实际单位成本计算问题。计算发出存货的方法很多，按企业会计准则规定，对发出存货可以采用先进先出法、加权平均法或个别计价法等方法确定发出存货的实际成本。现将几种计价方法分别介绍如下：

1. 先进先出法

先进先出法是指以最先入库的存货单位成本作为计算存货发出和销售的单位成本的一种计价方法，即以先入库的存货单价乘以发出和销售数量作为产品销售成本。

例如，A产品期初结存200件，每件单价为535.52元，金额为107 104元。本期第1批入库100件，单价为593.10元，金额为59 310元。如果销售100件，则应将期初库存先售出，单价应为535.52元。其产品销售成本计算如下：

535.52×100 = 53 552（元）

注：上例发出的A产品的单价为535.52元，是按照先进先出法计算的，本期生产的A产品生产成本单价为593.10元，是本期完工产品的生产成本，两者的概念不同，计算口径也不一样。

2. 加权平均法

加权平均法以期初存货和本期增加的数量和金额计算出加权平均单价，再以加权平均单价乘以本期发出和销售数量作为产品销售成本。其计算公式如下：

$$加权平均单价 = \frac{期初结存金额 + 本期收入金额}{期初结存数量 + 本期收入数量}$$

产品销售成本 = 本期销售数量×加权平均单价

如以先进先出法中A产品的数量、单价为例，则A产品销售成本计算如下：

$$A产品加权平均单价 = \frac{107\ 104 + 59\ 310}{200 + 100} = 554.71（元）$$

A产品销售成本 = 554.71×100 = 55 471（元）

3. 个别计价法

个别计价法是以每一批存货实际进价作为该批产品销售成本的方法。其计算公式如下：

产品销售成本 = 每批存货销售数量×该批存货实际生产单位成本

知识点小结

1. 成本计算的程序包括确定成本计算对象、确定成本计算期、确定成本项目、正确归集和分配各种费用和健全成本计算的原始记录等。

2. 材料采购成本包括买价、运杂费（包括运输费、装卸费、保险费、包装费、仓储费等）、运输途中的合理损耗、入库前的挑选整理费用、购入材料物资负担的税金和其他费用。

3. 产品制造成本包括直接材料、直接人工、制造费用，其中直接材料、直接人工都属于直接费用，而制造费用则属于间接费用。

4. 成本的销售成本是由已售产品的生产成本直接构成。

 复习思考题

1. 成本计算应包括哪些内容？
2. 成本计算的要求是什么？
3. 怎样区分成本和费用的界限？
4. 怎样计算材料采购成本？
5. 怎样计算产品制造成本？如何归集和分配产品生产过程中发生的费用？

第六章 会计凭证

 学习目标

　　本章阐明了填制和审核会计凭证方法的基础知识。通过学习，要求了解会计凭证的概念，填制和审核会计凭证的意义；明确会计凭证的种类和基本内容及审核的主要内容；掌握填制会计凭证的要求和方法，以及会计凭证的传递及装订和保管等方面的知识。

　　本章重点：会计凭证的种类和基本内容；会计凭证填制的要求、方法和审核的主要内容等。

第一节　会计凭证的意义和种类

　　会计凭证是指记录经济业务、明确经济责任，并具有法律效力的书面证明。企业办理任何经济业务，都必须取得或填制合法的原始凭证。所以，填制和审核会计凭证是会计核算工作的起点和基本环节，是登记账簿的前提和依据。

一、会计凭证的含义

　　填制和审核会计凭证主要有以下四点意义：
　　(1) 可以为记账算账提供可靠的数据资料，保证账簿记录的正确可靠。任何一笔经济业务，企业都要在发生后根据具体业务的性质和内容取得或填制原始凭证，经过审查才能编制记账凭证，据以登记账簿。这样，账簿记录就具有真实可靠的依据，保证了会计核算的真实性和正确性。
　　(2) 可以检查和监督经济业务的合法性和合理性，保证各项经济业务符合政策、法律法规和制度的规定。任何一笔经济业务在审核原始凭证时，都要检查其是否符合政策、法律法规和制度的规定，是否经济、合理且符合企业的需要，使业务行为的合法性和合理性得到保证。
　　(3) 可以使企业财产物资的安全得到保证，合理收入得到保障，保护了企业的利益。

原始凭证经过审核可以使财产物资不致轻易流失，合理收入不致任意侵犯，控制了违法和欺诈行为，防止了损失浪费。

（4）可以使企业一切经济活动有凭有据、循序进行，保证全面、系统、规范地开展会计核算工作。会计凭证不但真实地记载业务活动情况和计算依据，而且经过循序编号、依次装订，使会计核算工作有条不紊地进行，达到全面、系统和规范的要求。

二、会计凭证的种类

会计凭证按其编制程序和用途，可以分为原始凭证和记账凭证两大类。

原始凭证是在经济业务发生或完成时取得或编制的，它载明经济业务实际发生或完成的实际经过情况，明确经济责任，是具有法律效力的书面证明，是记账的原始依据。原始凭证的格式见表 6-1 至表 6-3。

记账凭证也称分录凭证或记账凭单。它是由会计部门根据审核无误的原始凭证或原始凭证汇总表编制而成的。编制时应按照登记账簿的要求，记载经济业务的简要内容，确定会计分录，以作为登记账簿的依据。

第二节 原始凭证

一、原始凭证的种类

原始凭证可以分别按其来源、用途、填制手续和格式的不同进行分类。

（一）按来源不同进行分类

原始凭证按其来源不同可以分为外来原始凭证和自制原始凭证两种。

外来原始凭证是指在经济业务活动发生或完成时从其他单位或个人直接取得的原始凭证。由供货单位开出的发票，如增值税专用发票（见表 6-1）、增值税普通发票（电子发票见表 6-2）以及对外支付款项时所取得的收据（见表 6-3）等都是外来原始凭证。此外还有一些定额发票，如运输部门的火车票、轮船票等。

表 6－1　　　　　　　　　　　　上海市增值税专用发票　　　　　　　　　　　No.
　　　　　　　　　　　　　此联不作报销、扣税凭证使用　　　　　　　　开票日期：

购货单位	名　　称：	密码区	（略）	第一联　记账联　销货方记账凭证
	纳税人识别号：			
	地址、电话：			
	开户行及账号：			

货物或应税劳务名称	规格型号	单位	数量	单价	金额	税率	税额
合　　计							

| 价税合计（大写） | （小写） |

销货单位	名　　称：	备注
	纳税人识别号：	
	地址、电话：	
	开户行及账号：	

收款人：　　　　复核：　　　　开票人：　　　　　　　　　　销货单位：（章）

注：表 6－1 是增值税专用发票，只限于增值税的一般纳税人领购使用。

表 6－2　　　　　　　　　　　电子发票（普通发票）　　　　　　发票号码：
　　　　　　　　　　　　　　　　　　　　　　　　　　　　　　开票日期：

| 二维码 | 标签 |

| 购买方信息 | 名称：　　　　　　　　　　　　　　　　 | 销售方信息 | 名称： |
| | 统一社会信用代码/纳税人识别号： | | 统一社会信用代码/纳税人识别号： |

合　　计						

| 价税合计（大写） | （小写） |

| 备注 | |

开票人：

表 6-3   收　据
                        2024 年 10 月 2 日   No.

付款单位　A公司	收款方式　现　金
人民币（大写）　人民币贰佰元整	￥200.00
收款事由　包装押金	

收款单位：（盖章）　　审核：　　经手人：　　出纳：

第二联

自制原始凭证是指本单位内部具体经办业务部门和人员在执行或完成某项经济业务时所填制的原始凭证，如验收材料时的收料单（见表 6-4）、领发材料时的领料单（见表 6-5）、产品入库时的产品入库单（见表 6-6）。至于不能用来证明经济业务已经实际发生或完成的文件和单据，例如购货合同、材料请购单等都不能作为原始凭证。

表 6-4   收　料　单
供货单位　甲公司   2024 年 10 月 02 日   凭证编号：
发票号码　×××   收料仓库：

材料编号	材料规格及名称	计量单位	数　量		价格（元）	
			应收	实收	单价	金额
×××	A 种钢材	吨	50	50	500	25 000
备　注					合计	25 000

仓库负责人：　　记账：　　仓库保管：　　收料：

第二联

表 6-5   领　料　单
领料部门　一车间   2024 年 10 月 2 日   凭证编号：
用途　　　×××   收料仓库：

材料编号	材料规格及名称	计量单位	数　量		价格（元）	
			请领	实领	单价	金额
×××	A 种钢材	吨	2	2	500	1 000
备　注					合计	1 000

记账：　　发料：　　审批：　　领料：

第二联

表 6-6　　　　　　　　　　　产　品　入　库　单

编　号：

交库单位　　一车间　　　　2024 年 10 月××日　　　　　　　　　产品仓库：

产品编号	产品名称	规　格	单　位	交付数量	检验结果		实收数量	单价（元）	金额（元）
					合　格	不合格			
××	电动机	××	台	50	√		50	300	15 000
备　注									

第一联

记账：　　　　　　　检验：　　　　　　　仓库：　　　　　　　经手：

（二）按用途不同进行分类

原始凭证按其用途的不同可以分为通知凭证、执行凭证和计算凭证三种。

通知凭证是指要求、指示或命令企业进行某项经济业务的原始凭证，如罚款通知书、付款通知单、银行结算凭证（见表 6-7）。

表 6-7　　　　　　　　　××银行进账单（回单或收款通知）

第　号

收款人	全　称	甲公司	付款人	全　称	乙公司
	账　号	××		账　号	××
	开户银行	××		开户银行	××

人民币（大写）	叁仟伍佰元整	千	百	十	万	千	百	十	元	角	分
					¥	3	5	0	0	0	0

票据种类	支票
票据张数	壹张

单位主管　　　会计　　　复核　　　记账　　　　　　　收款人开户银行盖章

此联是收款人的回单或收款通知

收款人开户行交给收款人收账通知

执行凭证是证明某项经济业务已经完成的原始凭证，如销货发票、材料验收单、领料单等。

计算凭证是对已在进行或完成的经济业务进行计算而编制的原始凭证，如产品成本计算单、制造费用分配表、工资计算表等。

（三）按填制手续不同进行分类

原始凭证按其填制的手续不同可以分为一次凭证、累计凭证和汇总原始凭证。在实际工作中，还有对发生笔数较多的原始凭证进行汇总的原始凭证汇总表。

一次凭证是指填制手续一次完成的原始凭证，如现金收据、发票等外来原始凭证一般都属于一次凭证。累计凭证是指一定时期内，记载同类的重复发生的经济业务，经办人在一张凭证中经多次进行才能完成的原始凭证。累计凭证一般为自制原始凭证，如限额领料单（见表 6-8）。汇总原始凭证是指定期根据若干项同类性质经济业务的原始凭证，依据有关要求整理编制、汇总完成的一种原始凭证。如材料耗用汇总表、收发料凭证汇总表等。原始凭证汇总表是按多笔原始凭证汇总编制的汇总表，如"发料凭证汇总表"（见表 6-9）。

表 6-8　　　　　　　　　　　　　　限　额　领　料　单

领料部门：一车间　　　　　　　　　　　　　　　　　　　　　　　　　　凭证编号：×××
用　　途：电动机　　　　　　　　　2024 年 10 月　　　　　　　　　　　发料仓库：×××

材料类别	材料编号	材料名称及规格	计量单位	领用限额	实际领用	单　价	金　额	备　注
××	××	A 种钢材	吨	10	8	500	4 000	

供应部门负责人：　　　　　　　　　　　　　　　　　　　　　　生产计划部门负责人：

日期	数量		领料人签章	发料人签章	扣除代用数量	退料			限额结余
	请领	实发				数量	收料人	发料人	
2	1	1	×××	×××					9
5	2	2	×××	×××		1	×	×	8
20	6	6	×××	×××					2
合计	9	9				1			2

表 6-9　　　　　　　　　　　　　　发料凭证汇总表

2024 年 10 月 5 日　　　　　　　　　　　　　　　　　　　　　　　　　金额单位：元

会计科目	领料部门	领料单张数	原材料	燃料	××	合　计
生产成本	一车间	20	35 000			35 000
	二车间	10	15 000			15 000
	小　计	30	50 000			50 000
制造费用	一车间	10	20 000			20 000
	二车间	10	15 000			15 000
	小　计	20	35 000			35 000
合　计		50	85 000			85 000

会计主管：　　　　　　　记账：　　　　　　　复核：　　　　　　　制表：

（四）按用途种类不同进行分类

原始凭证按用途种类不同，可分为单用途的原始凭证和多用途的原始凭证。单用途的原始凭证是指只作一种用途的原始凭证。多用途的原始凭证是指同一凭证有多种用途，一般复写多联，如增值税专用发票、银行结算凭证等。

（五）按格式不同进行分类

原始凭证按其格式不同可以分为通用凭证和专用凭证两种。通用凭证是指在一定范围内具有统一格式和使用方法的原始凭证，如全国统一使用的银行承兑汇票、某一地区统一印制的收款收据等。专用凭证是指具有特定内容和专门用途的原始凭证，如增值税专用发票、差旅费报销单等。

以上不同类型的原始凭证是相互关联的，如现金收据有一式数联，一联作为出具收据单位的自制原始凭证，另一联则是接受凭证单位的外来原始凭证。同时它既是一次凭证，又是执行凭证，也是专用凭证。

综上所述，原始凭证分类见图 6-1。

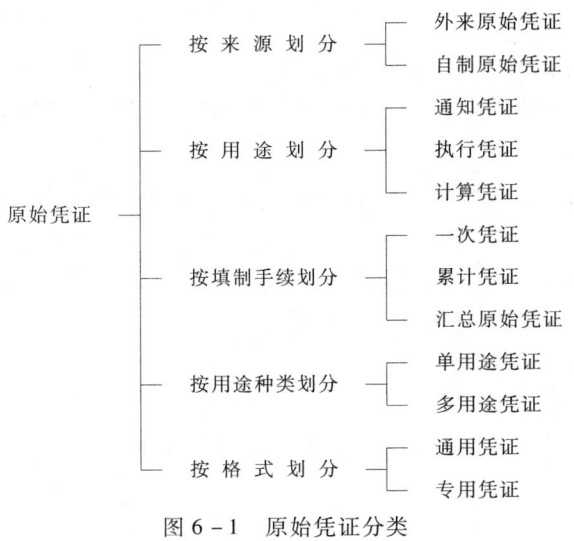

图 6-1 原始凭证分类

二、原始凭证的内容

作为客观反映经济业务的发生和完成情况，明确经济责任，并具备法律效力的各种原始凭证，都必须具备一些共同的基本内容，具体包括：

（1）原始凭证的名称；
（2）填制凭证的日期和凭证的编号；
（3）接收单位的单位名称或个人名称；
（4）经济业务的内容；
（5）经济业务的数量、计量单位、单价和金额；
（6）填制单位的公章和有关人员签章；
（7）经办人或责任人的签名或盖章。

随着经济的发展，企业之间多用性、复制式的凭证的应用日益增多，使原始凭证的内容逐步扩大。如银行结算凭证大多数就是凭证格式一式数联，可以同时为收款人、付款人和双方银行分别使用的原始凭证。这种凭证中不仅要增加一些必要的项目（如双方账号和关系行），而且要选择其中必填的项目。又如增值税专用发票（见表6-1），应用面很广，规定为一式四联，分别为存根联、发票联、税款抵扣联和记账联，税务总局还印发了增值税专用发票的使用规定，帮助使用人认真领会、正确填写，以防止偷税、漏税的发生。

三、原始凭证的填制方法和要求

（一）填制原始凭证的步骤和方法

填制原始凭证一般应采取以下步骤和方法：

1. 确定原始凭证的种类

各种原始凭证采用哪一种形式，应该由经济业务内容和采用的核算方法来决定。如材料入库、领用，应采用"收料单"或"领料单"。收料单是仓库保管人员根据材料验收人员验收时的实际情况填写的；"领料单"则是在经济业务发生之前由经办人员根据业务主管人员的要求填写的。如果单据使用错误，或者使用不当，例如不开单先发料等，往往会发生错误和弊端。

2. 严格按照原始凭证的基本要求如实填制

填制原始凭证必须做到内容完整、记录真实、书写清楚、填制及时。

3. 按照规定程序传递凭证

按规定程序传递凭证有利于建立会计业务工作的正常秩序，加强内部牵制。如销货发票规定由销售部门填列，由出纳部门办理收款结算手续，然后根据已盖章的"提货单"向仓库提货，并按已盖章的"出门证"放行。原始凭证按以上程序传递，才能保证有条不紊。如果制度混乱，允许先提货后付款，极易造成物资丢失。

4. 建立原始凭证保管制度

企业必须建立健全原始凭证保管制度，对空白凭证应编号登记，防止遗失。对已填好的原始凭证应严格审查，及时传递，防止错乱。对错误或取消的凭证应加盖"作废"戳记，注意保管，不得流失。

（二）填制原始凭证的基本要求

原始凭证的填写必须按照以下要求进行：

1. 真实可靠，手续完备

凭证上的日期、经济业务内容、数量单价和金额必须如实填写，真实可靠。经办人员必须签名或者盖章，以对凭证的真实性、正确性负责。从外单位取得的原始凭证，必须盖有填制单位的公章；从个人取得的原始凭证，必须有填制人员的签名或者盖章。自制原始凭证必须有经办单位领导人或其指定人员的签名或者盖章。对外开出的原始凭证，必须加盖本单位公章。

2. 内容完整，书写清楚

所有项目必须填写齐全，不得省略或漏填。凭证上文字要工整、清晰，易于辨认。阿拉伯数字要逐个填写，不得连写，大写数字和小写数字必须相符。填写各种银行票据、结算凭证，必须按规定做到标准化、规范化。一式多联的凭证，必须用双面复写纸套写，单页凭证必须用蓝、黑签字笔填写；凭证填写发生错误，应按规定的方法更正，不得任意涂改或刮挖擦改。

3. 妥善保管，及时流转

原始凭证不论是空白凭证或是已用过的凭证都必须连续编号、妥善保管，作废时应当加盖"作废"戳记，连同存根一起保存。原始凭证应及时填制，按规定程序流转，不拖拉、不积压。销货退回不得以退货发票代替收据，职工因公借款凭据在收回时不得退还原借款收据。经批准业务的必要文件应作为原始凭证附件，需单独归档的应注明名称、日期和字号。

4. 按规定填写票据和结算凭证

票据和结算凭证是银行、单位和个人凭以入账的会计凭证，因此必须填写齐全、正确、字迹清晰，做到标准化、规范化，防止涂改。

（1）中文大写金额数字应用正楷或行书填写，如壹、贰、叁、肆、伍、陆、柒、捌、玖、拾、佰、仟、万、亿、元、角、分、零、整（正）等字样。不得用一、二（两）、三、四、五、六、七、八、九、十、念、毛、另（或0）填写，不得自造简化字。

（2）中文大写金额数字到"元"或者"角"，在"元"字之后，应写"整"（或"正"）字，在"角"以后可以不写。

(3) 中文大写金额数字前应标明"人民币"字样,大写数字应紧接"人民币"字样填写。未印"人民币"字样的,应加填"人民币"三个字。在凭证大写金额栏内不得预印固定的"仟、佰、拾、万……"等字样。

(4) 阿拉伯小写金额数字前面,均应填写人民币符号"￥"(或￥的草写体),不得连写或分辨不清。

(5) 阿拉伯数字中间有"0"时,中文大写金额要写"零"字。如￥1 409.50,应写成"人民币壹仟肆佰零玖元伍角整";￥16 409.02,应写成"人民币壹万陆仟肆佰零玖元零贰分";￥325.04,应写成"人民币叁佰贰拾伍元零肆分"。

(6) 阿拉伯数字中间连续有几个"0"时,中文大写金额中间可以只写一个"零"字。如￥6 007.14应写成"陆仟零柒元壹角肆分"。但如果阿拉伯数字万位或元位是"0",但千位角位不是"0"时,中文大写金额中可以只写一个零字,也可以不写"零"字。如￥1 680.32,应写成"人民币壹仟陆佰捌拾元零叁角贰分",或者写成"人民币壹仟陆佰捌拾元叁角贰分";￥107 000.53应写成"人民币壹拾万柒仟元零伍角叁分",或者写成"人民币壹拾万零柒仟元伍角叁分"。

(7) 票据的出票日期必须使用中文大写。为防变造票据的出票日期,在填写月、日时,月为壹、贰和壹拾的,日为壹至玖和壹拾、贰拾和叁拾的,应在其前加"零";日为拾壹至拾玖的,应在其前加"壹"。如1月15日,应写成"零壹月壹拾伍日"。10月20日,应写成"零壹拾月零贰拾日"。

票据出票日期使用小写填写的,银行不予受理。大写日期未按规范填写的,银行可予受理,但由此造成损失时,由出票人自行承担。

根据以上要求,现以某公司于2024年10月15日开出转账支票1张,金额为人民币1 107 800.60元为例,填列转账支票的日期和金额两项内容,见表6-10。

表6-10

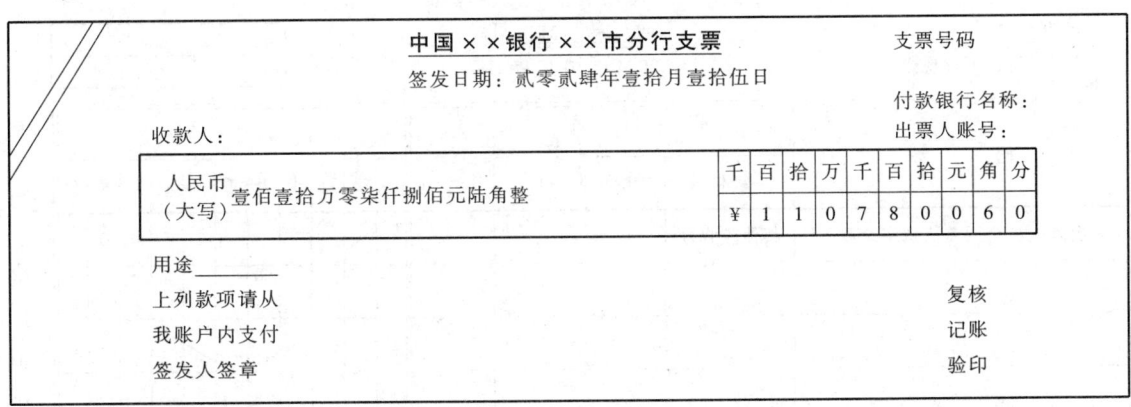

该支票的大写金额也可以写为:壹佰壹拾万零柒仟捌佰元零陆角整。

(三) 原始凭证的审核

为了正确反映经济业务的发生或完成情况,有效地发挥会计的监督作用,会计主管人员或其指定的审核人员必须严格、认真地审查原始凭证。审查内容主要包括以下两个方面:

1. 审核原始凭证的填制是否符合规定的要求

例如项目是否齐全;业务内容是否符合实际情况;数字是否正确、清晰;有关签名盖章等手续是否齐全等。

2. 审核原始凭证的填制是否合法、合规

经济业务内容是否符合政策、法规和计划、预算的要求;是否有违反法律、制度,弄虚作假或浪费开支等行为;是否按规定的审批权限和办事手续办理等。

审核原始凭证是一项严肃的工作,会计机构、会计人员应根据《中华人民共和国会计法》的规定,对不真实、不合法的原始凭证不予受理;对记载不准确、不完整的原始凭证予以退回,要求更正、补充;对违法的收支,应当制止和纠正,并向本单位领导汇报,以严肃法纪,提高会计核算的质量。

第三节 记 账 凭 证

一、记账凭证的种类

记账凭证可以按经济业务的类别、用途和填制方法的不同进行分类。

(一) 按经济业务类别的不同分类

记账凭证按经济业务的类别不同可以分为收款凭证、付款凭证和转账凭证三种。

收款凭证是用来反映现金收入和银行存款收入业务的记账凭证,又可分为现金收款凭证和银行存款收款凭证。它们是根据现金或银行存款收入的原始凭证填制的(见表6-11)。

表6-11 收 款 凭 证

应借科目:库存现金　　2024年10月15日　　总号 12　分号 现收字5

摘要	应贷科目		√	金　额										
	一级科目	二级或明细科目		亿	千	百	十	万	千	百	十	元	角	分
出差人员交回差旅费多余款	其他应收款	×××							2	5	0	0	0	
	合　计							¥	2	5	0	0	0	

财会主管:　　　记账:　　　出纳:　　　复核:　　　制单:

附件1张

付款凭证是用来反映现金支出和银行存款支出业务的记账凭证,又可分为现金付款凭证和银行付款凭证。它们是根据现金或银行存款付出的原始凭证填制的(见表6-12)。

表 6-12　　　　　　　　　　　　付 款 凭 证　　　　　总号　56　　分号　现付字 8

应贷科目：银行存款　　　　　　　2024 年 10 月 15 日

摘　要	应借科目		√	金　额
	一级科目	二级或明细科目		亿 千 百 十 万 千 百 十 元 角 分
向银行提现	库存现金			1 5 0 0 0 0
		合　计		￥　　　1 5 0 0 0 0

财会主管：　　　记账：　　　出纳：　　　复核：　　　制单：　　　领款人签章：

转账凭证是用于记录那些不涉及货币资金业务的记账凭证。它是根据有关转账业务的原始凭证编制的，作为登记有关账簿的依据（见表 6-13）。

表 6-13　　　　　　　　　　　　转 账 凭 证　　　　　凭证编号：转字第_____号

　　　　　　　　　　　　　　　　2024 年 10 月 15 日　　　　　附　件 ×　张

摘　要	会计科目		借 方 金 额	记账符号	贷 方 金 额	记账符号
	总账科目	明细科目	千 百 十 万 千 百 十 元 角 分		千 百 十 万 千 百 十 元 角 分	
购入原材料货款暂欠	原材料	××材料	2 0 0 0 0 0 0			
	应付账款	××公司			2 0 0 0 0 0 0	
	合　计		￥　　2 0 0 0 0 0 0		￥　　2 0 0 0 0 0 0	

会计主管：　　　记账：　　　复核：　　　制证：　　　出纳：

（二）按用途的不同分类

记账凭证按用途的不同可以分为分录凭证、汇总凭证和联合凭证三种。

分录凭证是直接根据原始凭证编制，载明会计科目、记账方向和金额的凭证。

汇总凭证是为了简化记账凭证的填制工作，对分录凭证加以汇总，据以登记分类账的记账凭证，如记账凭证汇总表（见表 6-14）。

表 6-14　　　　　　　　　　　记账凭证汇总表
2024 年 10 月 31 日　　　　　　　　　　　　　　　　　　　字第 × 号

会计科目	借方金额	记　账	贷方金额	记　账
库存现金	4 500			
应收账款	25 000			
短期借款			22 000	
……	……		……	
实收资本			200 000	
合　计	850 000		850 000	

附件 × 张

会计主管：　　　　　记账：　　　　　审核：　　　　　制表：

联合凭证是既有原始凭证或原始凭证汇总表的内容，同时又具备记账凭证内容的凭证。它在自制原始凭证或原始凭证汇总表上同时印有对应科目，作为记账的依据，如发料凭证汇总表（见表 6-15）。

表 6-15　　　　　　　　　　　发料凭证汇总表
2024 年 10 月　　　　　　　　　　　　　　　　　　　　总字第 × 号

| 日　期 | 领料单张数 | 贷方科目 | 借　方　科　目 | | |
		原 材 料	生产成本	制造费用	
5	50 张	85 000	50 000	35 000	
10	30 张	28 000	28 000		
15	20 张	10 000		10 000	
……	……	……	……	……	
合　计	200	250 000	180 000	70 000	

附件 × 张

会计主管：　　　　　记账：　　　　　审核：　　　　　制表：

（三）按填制方法的不同分类

记账凭证按填制方法不同可以分为复式记账凭证和单式记账凭证。

复式记账凭证是把经济业务所涉及的对应科目都集中填列在一张凭证上的记账凭证。上面所述的收款凭证、付款凭证和转账凭证都属于复式记账凭证（见表 6-16），其优点是便于了解有关经济业务全貌，减少凭证张数，但不便于汇总计算每一科目的发生额。

表 6-16　　　　　　　　　　　记 账 凭 证

2024 年 10 月 31 日　　　　　　　　　　　　　　　　　　　　编号

摘　要	一级科目	二级或明细科目	借方金额	贷方金额	记　账
购材料	原材料	A 材料	30 000		
	银行存款			30 000	
合　计					

会计主管：　　　　　记账：　　　　　审核：　　　　　出纳：　　　　　制单：

附件　张

单式记账凭证是把一项经济业务所涉及的每个会计科目分别填列凭证，在每一张凭证上只填列一个科目，其对方科目分别填制在另一张或另几张凭证上。借方科目填制借项记账凭证，贷方科目填列贷项记账凭证。其优点是便于汇总计算每一会计科目的发生额，便于分工记账，但制证工作量大，也不便于反映业务全貌（见表 6-17、表 6-18）。

表 6-17　　　　　　　　　　　借项记账凭证

对应科目：应付账款　　　　　2024 年 10 月 31 日　　　　　　　　编号 $1\frac{1}{2}$

摘　要	一级科目	二级或明细科目	金　额	记　账
购入原材料	原材料	××材料	2 000	
货款暂欠				

会计主管：　　　　　记账：　　　　　审核：　　　　　出纳：　　　　　制单：

附件 × 张

表 6-18　　　　　　　　　　　贷项记账凭证

对应科目：原材料　　　　　　2024 年 10 月 31 日　　　　　　　　编号 $1\frac{2}{2}$

摘　要	一级科目	二级或明细科目	金　额	记　账
购入原材料	应付账款	××公司	2 000	
货款暂欠				

会计主管：　　　　　记账：　　　　　审核：　　　　　出纳：　　　　　制单：

附件 × 张

总之，根据上述分类，绘制记账凭证分类图如图 6-2 所示。

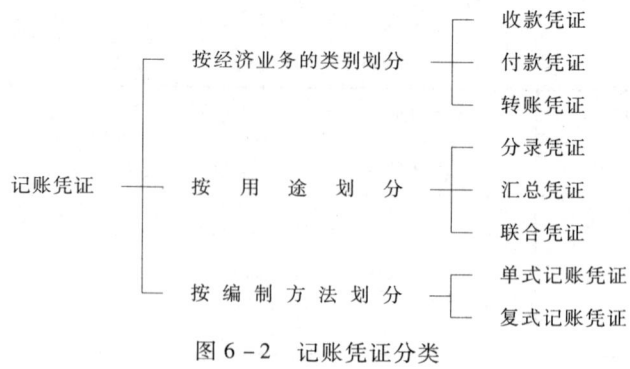

图 6-2 记账凭证分类

二、记账凭证的基本内容

记账凭证必须具备下列基本内容：

（1）记账凭证的名称；

（2）记账凭证的日期和编号；

（3）经济业务的内容摘要；

（4）会计分录，即应借应贷的会计科目（包括一级科目、二级或明细科目）的名称和金额；

（5）所附原始凭证的张数；

（6）会计主管人员、审核人员、制单人员和记账人员的签名或盖章以及出纳人员在收付款凭证上的签名或盖章。

三、记账凭证的填制方法和要求

（一）记账凭证的填制方法

1. 收款凭证的填制方法

收款凭证是根据有关现金和银行存款业务的原始凭证填制的。其"应借科目"栏应填写"现金"或"银行存款"科目；"应贷科目"栏应填写其相对应的一级科目和二级或明细科目；"摘要"栏应填写经济业务的简要内容；"金额"栏应填写收入金额。入账后要在"过账"栏划"√"符号，所附的原始凭证张数要在"附件张数"栏内记清。

2. 付款凭证的填制方法

付款凭证是根据有关现金和银行存款的付款业务的原始凭证填制的。其"应贷科目"栏应填写"现金"或"银行存款"科目；"应借科目"栏应填写相对应的一级科目和二级或明细科目；其他栏目的填制与收款凭证基本相同。对于现金和银行存款之间的相互划转业务，一般只填写银行存款或现金的付款凭证，以避免重复记账。

出纳人员根据收款凭证或付款凭证收款或付款后，应在凭证上加盖"收讫"或"付讫"戳记。只有盖章的凭证才能作为登记账簿的依据。

3. 转账凭证的填制方法

转账凭证是根据转账业务的原始凭证编制的，但也有的是根据账簿记录填制的，如内部转账和更正错误的账务。在转账凭证中，"借方金额"栏合计数应与"贷方金额"栏合计数相等。

4. 记账凭证汇总表的填制方法

记账凭证汇总表是定期（如天、旬、月）根据记账凭证按照同类经济业务进行汇总而编制的一种汇总凭证。它的特点是汇总后的借方金额和贷方金额都要定期经过计算平衡，才能据以登记账簿。

5. 单式记账凭证的填制方法

单式记账凭证只在一张凭证上填列一个会计科目。为了保持会计科目间的对应关系便于核对，每一套会计分录只编一个总号，再按凭证张数分编几个分号。如序号为2的经济业务涉及三个会计科目，则三张凭证的编号应分别为 $2\frac{1}{3}$、$2\frac{2}{3}$、$2\frac{3}{3}$。为便于区别，借项记账凭证和贷项记账凭证常用不同的颜色印制。

填制各种凭证必须做到记录真实、内容完整、填制及时、书写清楚并遵守各项基本要求。

(二) 填制记账凭证的基本要求

记账凭证的填写必须按照以下要求进行：

（1）按照统一规定的会计科目正确填写会计分录，不得任意简化或变动，不得只写科目编号，不写科目名称。应借应贷的会计科目应保持清晰的对应关系，有关的二级或明细科目要填写齐全，同时注明记账的借贷方向。

（2）记账凭证的摘要应当简明扼要，正确表达经济业务的主要内容。

（3）记账凭证应附有原始凭证并注明张数，除期末转账和更正错误的记账凭证可以没有原始凭证外，其他记账凭证都必须有原始凭证。如两张或两张以上的记账凭证依据相同的原始凭证，则应在未附原始凭证的记账凭证上注明："原始凭证×张，附于第××号凭证之后。"需要单独保管的经济合同、涉外文件等重要原始凭证，应当另编目录并在有关的记账凭证和原始凭证上注明日期和编号。

（4）记账凭证上必须有填制人员、审核人员、记账人员和会计主管的签章。收款和付款记账凭证还应当由出纳人员签名或者盖章。

（5）填制记账凭证后，必须连续编号，不得有漏号、错号或重号。如果一项经济业务需要填制两张转账凭证，可采用分数编号法。

（6）凭证填制完毕，应加计合计数并检查借贷双方的金额是否平衡。填制事项如有空行，应自金额栏最后一笔数字下划线注销，直至合计数之上。

（7）填制记账凭证时，字迹必须清晰、工整，如果在填制时发生错误，应当重新填制。阿拉伯数字及其大写金额应按规定填写（参照原始凭证填写方法）。已经登记入账的记账凭证，如在当年内发现填写错误，可以用红字填写一张与原内容相同的记账凭证，同时用蓝字填制一张正确记账凭证，分别注明原因。发现以前年度记账凭证错误，应当用蓝字填制一张更正的记账凭证。

（8）记账凭证应当及时传递，不得积压，传递程序应当科学、合理。

四、记账凭证的审核

记账凭证是登记账簿的依据。为了保证账簿记录的正确性，必须在记账前对已编制的记

账凭证由专人进行审核。记账凭证的审核内容主要有以下几个方面:

（1）记账凭证是否附有原始凭证,内容是否相符,金额是否相等,对某些需要单独保管的原始凭证和文件是否在凭证上加注了说明。

（2）凭证中使用的应借、应贷的会计科目是否准确,金额是否相符,对应关系是否清晰,一级、二级科目和明细科目是否齐全,是否符合会计制度的要求。

（3）凭证中所需填写的各个项目是否齐全,有关人员是否已签名或盖章,如有错误是否已按规定更正。

（4）凭证所记事项应符合法律和制度的规定,如发现有违法违纪事项,应追查清楚。

五、编制记账凭证实例

现根据上述方法和要求,列举下列经济业务作为编制记账凭证的实例:

【例6-1】 10月2日,从银行提取现金10 000元。(银付1号)

【例6-2】 10月2日,甲产品销售收入3 500元,增值税税率为13%,两者合计收到现金3 955元,全部存入银行。(现收1号,现付1号)

【例6-3】 10月3日,收到甲公司偿还前欠货款5 500元,存入银行。(银收1号)

【例6-4】 10月6日,业务人员××出差回来报销差旅费350元,交回现金50元。(转1号,现收2号)

【例6-5】 10月6日,以银行存款支付煤气费540元。(银付2号)

【例6-6】 10月7日,一车间领用甲材料15 000元,用以生产甲产品。(转2号)

【例6-7】 10月8日,向乙公司购入甲材料50 000元,增值税税费6 500元,货款暂欠。(转3号)

【例6-8】 10月9日,销售给丙公司乙产品25 000元,增值税税率为13%,货款暂欠。(转4号)

上述经济业务应编制的记账凭证及凭证格式,见表6-19至表6-28。

【例6-1】

表6-19　　　　　　　　　　银行存款付款凭证

贷方科目:银行存款　　　　　2024年10月2日　　　　　　　　　　银付1号

摘　要	借　方　科　目		记　账	金　额	附件
	一级科目	二级或明细科目			
提现	库存现金			10 000	×张
合　　　计				¥ 10 000	

会计主管:　　　　记账:　　　　出纳:　　　　审核:　　　　填制:

(说明:银行存款与现金账户对转时,只编制一张银行存款付款凭证。)

【例 6-2】

表 6-20　　　　　　　　　　　现金收款凭证

借方科目：库存现金　　　　　　2024 年 10 月 2 日　　　　　　　　　　现收 1 号

摘　要	贷方科目		记　账	金　额	附件×张
	一级科目	二级或明细科目			
销售产品	主营业务收入	甲产品		3 500	
应交增值税	应交税费	应交增值税（销项税额）		455	
		合　计		￥3 955	

会计主管：　　　　　　记账：　　　　　　出纳：　　　　　　审核：　　　　　　填制：

表 6-21　　　　　　　　　　　现金付款凭证

贷方科目：库存现金　　　　　　2024 年 10 月 2 日　　　　　　　　　　现付 1 号

摘　要	借方科目		记　账	金　额	附件×张
	一级科目	二级或明细科目			
现金存入银行	银行存款			3 955	
		合　计		￥3 955	

会计主管：　　　　　　记账：　　　　　　出纳：　　　　　　审核：　　　　　　填制：

【例 6-3】

表 6-22　　　　　　　　　　　银行存款收款凭证

借方科目：银行存款　　　　　　2024 年 10 月 3 日　　　　　　　　　　银收 1 号

摘　要	贷方科目		记　账	金　额	附件×张
	一级科目	二级或明细科目			
收回甲公司货款	应收账款	甲公司		5 500	
		合　计		￥5 500	

会计主管：　　　　　　记账：　　　　　　出纳：　　　　　　审核：　　　　　　填制：

【例 6-4】

表 6-23　　　　　　　　　　　转账凭证

　　　　　　　　　　　　　　　2024 年 10 月 6 日　　　　　　　　　　转 1 号

摘　要	一级科目	二级或明细科目	记　账	借方金额	贷方金额	附件×张
××报销差旅费	管理费用			350		
	其他应收款	××			350	
		合　计		￥350	￥350	

会计主管：　　　　　　记账：　　　　　　　　　审核：　　　　　　填制：

表 6-24   现金收款凭证
借方科目：库存现金   2024 年 10 月 6 日   现收 2 号

摘要	贷方科目		记账	金额
	一级科目	二级或明细科目		
××报销差旅费	其他应收款	××		50
收回现金				
合　　计				￥50

附件 × 张

会计主管：　　　　记账：　　　　审核：　　　　填制：

【例 6-5】

表 6-25   银行存款付款凭证
贷方科目：银行存款   2024 年 10 月 6 日   银付 2 号

摘要	借方科目		记账	金额
	一级科目	二级或明细科目		
交付煤气费	管理费用	煤气费		540
合　　计				￥540

附件 × 张

会计主管：　　　　记账：　　　　审核：　　　　填制：

【例 6-6】

表 6-26   转 账 凭 证
                       2024 年 10 月 7 日   转 2 号

摘要	一级科目	二级或明细科目	记账	借方金额	贷方金额
领用材料	生产成本	甲产品		15 000	
投入生产	原材料	甲材料			15 000
合　　计				￥15 000	￥15 000

附件 × 张

会计主管：　　　　记账：　　　　审核：　　　　填制：

【例 6-7】

表 6-27
转 账 凭 证
2024 年 10 月 8 日
转 3 号

摘 要	一级科目	二级或明细科目	记 账	借方金额	贷方金额
购入材料	原材料	甲材料		50 000	
货款暂欠	应交税费	应交增值税（进项税额）		6 500	
	应付账款	乙公司			56 500
		合　　计		¥ 56 500	¥ 56 500

附件 × 张

会计主管：　　　　　　　记账：　　　　　　　审核：　　　　　　　填制：

【例 6-8】

表 6-28
转 账 凭 证
2024 年 10 月 9 日
转 4 号

摘 要	一级科目	二级或明细科目	记 账	借方金额	贷方金额
销售产品	应收账款	丙公司		28 250	
货款暂欠	主营业务收入	乙产品			25 000
	应交税费	应交增值税（销项税额）			3 250
		合　　计		¥ 28 250	¥ 28 250

附件 × 张

会计主管：　　　　　　　记账：　　　　　　　审核：　　　　　　　填制：

第四节　会计凭证的传递和保管

一、会计凭证的传递

（一）正确组织传递的意义

会计凭证的传递是指会计凭证从取得和填制到归档保管的整个过程中，在本单位内部各有关部门和人员之间的传递程序和传递时间。正确组织会计凭证的传递对于及时、正确地反映监督各项经济业务，加强经济责任，合理地组织经济活动，具有重要的意义。

（1）正确组织会计凭证的传递，可以使会计资料及时传递到各个部门、各个环节直至财会部门，使各部门密切配合，及时、正确地反映各项经济业务的完成情况，有利于掌握时间、提高工作效率。

（2）正确组织会计凭证的传递，有利于凭证和物资按计划流转，有条不紊。例如，在一般情况下，不得先发货后收款，也不得不经验收先付款，以防止流转混乱，造成损失。

（3）会计凭证的传递在企业内部相互牵制、相互监督，有利于发挥会计的监督作用。

（二）如何组织传递工作

合理正确地组织会计凭证流转，必须做好以下三项工作：

（1）企业应根据本单位的业务情况，恰当地规定会计凭证流转的环节、凭证的份数和流转的次序，保证业务工作的及时顺利进行。

（2）企业应根据实际需要规定凭证在各个环节中的停留时间，以保证凭证的及时传递。

（3）会计凭证的传递办法应科学合理，并在调查的基础上，经各方协商制定，然后认真执行，以保证凭证能安全、完整和有效地运行。

二、会计凭证的装订

会计凭证是重要的经济档案和历史资料，必须妥善保管。为了防止散失，必须装订成册，既要保证凭证的安全完整，又便于随时查阅。会计凭证的查阅，主要分以下四个步骤：

（1）每月记账完毕，应由会计人员按记账凭证的种类、编号顺序查对齐全。要查明原始凭证是否齐全，记账凭证是否与编码单号数相符，是否连贯；对规定可以抽出利用的原始凭证应查对是否已在记账凭证上注明。

（2）对会计凭证应加以整理，折叠成册，循序排列。对某些业务性质相同为数过多的原始凭证（如领料单）可以单独装订，但必须在记账凭证上注明。

（3）将所有记账凭证和所附的原始凭证合并在一起，加上封面、封底装订成册，在装订线上加贴封签，并在封签处加盖装订人员的骑缝图章。

（4）封面上应填写：单位名称、年度和月份、记账凭证的种类、起讫日期、起讫号数以及记账凭证和原始凭证的张数。保管人员及会计人员均须在封面上盖章。其格式见表6-29。

表6-29　　　　　　　　　　　　会计凭证封面样式

年月份第册	（企 业 名 称）			
	年　　　月份　　共　　册　　第　　册			
	收款 付款　凭证第　　号至第　　号共　　张 转账			
	会计主管：	附：原始凭证　　张		保管人：

三、会计凭证的保管

会计凭证装订成册后，应由专人负责分类保管，具体有以下几点规定：

（1）会计凭证在归档后应按年分月妥善保管。在保管中应保证其安全和完整，防止霉烂破损、鼠咬虫蛀以及遗失、被窃。需要查阅和调用时，应事先得到批准并按规定办理一定的手续。

（2）原始凭证不得外借，其他单位如因特殊原因需要使用时，经本单位领导批准后，可以复制。提供时应在专设的登记簿上登记，并由提供人员和收取人员共同签名、盖章。

（3）会计凭证经整理装订后即应按照《会计档案管理办法》进行管理。会计档案的保管期限，根据其特点，分为永久、定期两类。年度财务会计报告，会计档案保管清册，会计档案销毁清册属于永久保管档案；其他属于定期保管档案，其保管期限分为10年、30年。

（4）会计凭证保管期满需要销毁时，必须开列清单，经本企业领导批准。批准后应填列《会计档案销毁目录》，将销毁档案的"案卷标题、起止日期、目录号、原凭证号、卷内文件张数"等逐项登记，交档案部门编入会计档案销毁清册，长期保管。档案销毁时应由档案部门和财会部门派人监销，销毁后有关监销人员要在销毁目录封面上签字、盖章。

 知识点小结

  1. 会计凭证包括原始凭证和记账凭证。
  2. 原始凭证按其取得的来源不同，可以分为自制原始凭证和外来原始凭证；原始凭证按照格式不同，可以分为通用凭证和专用凭证；原始凭证按填制手续及内容不同划分，可分为一次凭证、累计凭证和汇总凭证。
  3. 记账凭证按内容可分为收款凭证、付款凭证和转账凭证；记账凭证按填列方式可分为复式记账凭证和单式记账凭证。
  会计人员应当对记账凭证内容、项目、科目、金额、书写等进行审核。只有经过审核无误的记账凭证，才可以作为登记入账的依据。

 复习思考题

  1. 准确填制会计凭证有什么意义？
  2. 会计凭证有哪几类？常用的原始凭证有哪几种？记账凭证有哪几种？
  3. 原始凭证包括哪些内容？它的基本填写要求是什么？
  4. 收款凭证、付款凭证和转账凭证的用途各是什么？当现金转入银行存款时用什么凭证？为什么？
  5. 使用单式记账凭证和复式记账凭证各有什么利弊？
  6. 编制记账凭证的基本要求是什么？
  7. 会计凭证的保管应注意哪几点？

第七章 会计账簿

 学习目标

本章阐述了登记账簿方法的基础知识。通过学习,要求了解会计账簿的意义;明确会计账簿的设置和种类,登记账簿的一般规则和对账的基本内容;掌握和运用各种账簿的登记、错账更正和结账等方面的知识和技能。

本章重点:日记账和分类账的登记方法、登记规则;对账的基本内容;结账的方法。

第一节 会计账簿的意义和种类

会计账簿是以会计凭证为依据,全面、连续、系统地记录各项经济业务的簿籍。如上所述,会计凭证可以反映和监督各项经济业务的发生和完成情况,但会计凭证数量很多,又很分散,所提供的核算资料是零散的,不能全面反映全部经济活动情况,因此,有必要通过设置和登记账簿来解决这一问题。账簿的设置,对于加强经营管理,提高经济效益具有重要意义。

一、会计账簿的意义

设置和登记账簿的主要意义有以下三点:

(1) 登记账簿可以系统、完整地归纳和积累会计核算资料,将企业生产经营活动情况和财产购置使用情况全面系统地反映出来,有利于掌握企业全貌,加强经营管理。

(2) 通过账簿的核算资料,可以为会计检查提供依据,有利于检查核对和控制企业的财产和资金情况,确保物资安全和资金的合理使用。

(3) 登记账簿可以为编制会计报表提供依据。会计账簿记录是否真实完整,不仅直接影响会计报表的质量,而且通过账簿的核算资料,可以计算、分析企业的财务成果,为提高经济效益发挥作用。

二、会计账簿的种类

会计账簿的种类很多,通常分为按用途分类和按外表形式分类两种。

(一) 账簿按用途分类

账簿按其用途,可以分为日记账、分类账和备查簿。

1. 日记账

日记账也称序时账,是指按照经济业务发生的时间先后逐日逐笔地顺序登记经济业务的账簿。日记账有两种形式:一种是将全部经济业务的会计分录都按照时间顺序记录在账中,称为分录簿或普通日记账;另一种是将性质相同的经济业务分别登记下来,称为特种日记账。如常用的现金和银行存款,收付频繁,企业通常设置现金日记账和银行存款日记账以便加强对货币资金的管理。此外还有转账日记账等。

2. 分类账

分类账是指对全部经济业务按照总分类科目和明细分类科目进行分类核算和登记的账簿。因此,又可以分为总分类账和明细分类账两种。

总分类账简称总账,是按照总分类账户开设,用以分类反映和监督各种资产、负债、所有者权益、收入、费用和利润等总括核算资料的账簿。明细分类账简称明细账,是用来反映和监督明细核算资料的账簿。明细分类账的格式分为三栏式、数量金额式、多栏式和平行式四种。

在经济业务比较简单的企业中,日记账和分类账可以结合在一本账簿中登记,这种既进行序时登记,又进行分类登记的账簿称为联合账簿。

3. 备查簿

备查簿也称辅助账,是指对序时账和分类账等主要账簿未能记载或者记录不全的经济业务进行补充登记的账簿,如"租入固定资产登记簿""代销商品登记簿"等。这些账户只是一些补充账簿,与其他账簿之间不存在依存和钩稽关系。

(二) 账簿按外表形式分类

账簿按外表形式分类可分为订本账、活页账和卡片账三种。

1. 订本账

订本账是指在启用前就已经顺序编号并固定装订成册的账簿。现金日记账、银行存款日记账和总分类账一般采用这种形式。其优点是可以防止账页散失或被抽掉,其缺点是账页固定后,不能确定各账户应该预留多少账页,也不便于分工记账。

2. 活页账

活页账是指把账页装在活页账夹内,可以随时增添或重新排列的账簿,适用于一般明细分类账。其优点是使用灵活,便于分工记账,其缺点是账页容易散失和被抽换。因此,在使用时要求按账页顺序编号,在期末装订成册,加盖目录,并由有关人员盖章,以克服其弊端。

3. 卡片账

卡片账是指以分散的卡片组成,放在卡片箱中,可以随取随放的账簿。一般适用于"固定资产明细分类账"。其优缺点与活页账相同,但不需要每年更换。在使用时,要求在卡片上连续编号,并加盖有关人员印章存放于卡片箱中。

综上所述,会计账簿的种类如图 7-1 所示。

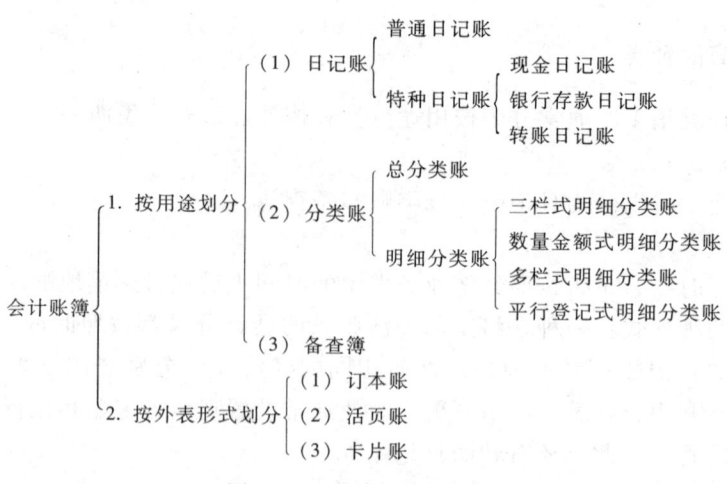

图 7-1 会计账簿的种类

第二节 会计账簿的设置和登记

会计账簿的设置包括确定账簿的种类，设计账簿的格式、内容和登记方法等事项。为了科学地记录和反映经济活动内容，必须根据各单位业务工作的特点设置账簿，必须保证能够全面系统地核算和监督经济活动情况，必须有科学严密的结构和简明实用的应用格式，以便科学地使用和保管。登记方法应根据不同账簿有所区别。

一、日记账的设置和登记

日记账分为普通日记账和特种日记账两种。普通日记账是两栏式日记账，是序时逐笔登记各项经济业务的账簿，逐笔登记每一分录的借方账户和贷方账户的名称和金额。其格式及内容举例说明见表 7-1。

表 7-1　　　　　　　普　通　日　记　账

第　　页

2024 年		凭证		会计科目	摘　要	借方金额	贷方金额	过　账
月	日	字	号					
3	1	转	1	材料采购	购入材料	15 000		
				应交税费	增值税	255		
				应付账款	××公司		15 255	

特种日记账一般设有"现金日记账"和"银行存款日记账"，有的单位还设置"转账日记账"等。

（一）现金日记账

现金日记账是指由出纳人员根据审核无误的现金收、付凭证，序时逐笔登记的账簿。有的企业则分别设置"现金收入日记账"和"现金付出日记账"。

"现金日记账"的基本结构分为借方、贷方、余额三栏。出纳人员每日在业务终了后逐笔登记现金收、付款项,并结出余额,与实存现金相核对。其格式举例说明见表7-2。

表7-2　　　　　　　　　　　　　现　金　日　记　账

第　页

2024年		凭证号码		摘　要	对方科目	借　方	贷　方	余　额
月	日	字	号					
5	1			月初余额				1 500
	2	银付	1	从银行提现	银行存款	500		2 000
	2	现付	2	预支差旅费	其他应收款		300	1 700
	5	现付	3	购买办公用品	管理费用		50	1 650
	6	现收	5	交回差旅款余额	其他应收款	18		1 668
	6	现收	6	出售废旧物资	营业外收入	20		1 688

"现金收入日记账"和"现金付出日记账"一般采用多栏式。现金收入应按对应科目的金额记入有关的"贷方科目"栏,并计算"收入合计"栏;现金支出应按对应科目的金额记入有关的"借方科目"栏,并计算"付出合计"栏。每日终了,应将现金付出日记账的支出合计数登入现金收入日记账的"支出合计"栏,并结出余额,填入"余额"栏。现将以上经济业务举例说明,见表7-3、表7-4。

表7-3　　　　　　　　　　　　　现　金　收　入　日　记　账

第　页

2024年		收款凭证		摘　要	贷　方　科　目			收入合计	支出合计	余　额
月	日	字	号		银行存款	其他应收款	营业外收入			
5	1			月初余额						1 500
	2	银付	1	从银行提现	500			500		2 000
	2			转记					300	1 700
	5			转记					50	1 650
	6	现收	5	交回差旅费余额		18		18		1 668
	6	现收	6	出售废旧物资			20	20		1 688

表7-4　　　　　　　　　　　　　现　金　付　出　日　记　账

第　页

2024年		付款凭证		摘　要	结算凭证		借　方　科　目		支出合计
月	日	字	号		种类	号数	其他应付款	管理费用	
5	2	现付	2	预支差旅费			300		300
	5	现付	3	购买办公用品				50	350

表7-3中所记5月2日从银行提现500元,为了防止重复,只填制银行存款付款凭证,不填制现金收款凭证,因而这笔现金收入是根据银行存款付款凭证登记的。

(二) 银行存款日记账

银行存款日记账应根据不同开户银行分别设置,通常由出纳人员根据审核后的各种银行存款收、付款凭证,逐日逐笔进行登记。对于现金存入银行的业务,由于只填现金付款凭证,故应根据现金付款凭证登记。每日逐笔登记完毕,应结出银行存款余额,月底与银行对账单进行核对,以检查各项收支是否记载正确。银行存款日记账的格式举例说明见表7-5。

表7-5　　　　　　　　　　　　银行存款日记账

第　页

2024年		凭证号码		摘　要	对方科目	借　方	贷　方	余　额
月	日	字	号					
6	1			月初余额				38 000
	2	现付	1	解入销货款	库存现金	2 500		40 500
	2	银付	1	材料采购款	材料采购		23 000	17 500
	2	银付	1	应交调节税	应交税费		391	17 109
	3	银收	1	收回应收款	应收账款	10 000		27 109
	4	银付	2	偿还欠款	应付账款		5 000	22 109

银行存款日记账也可以根据需要分为"银行存款收入日记账"和"银行存款付出日记账",其格式与表7-3、表7-4相似。

(三) 转账日记账

转账日记账是根据转账凭证登记除现金、银行存款收支业务以外的经济业务的一种序时账簿。设置转账日记账是为了便于集中反映转账业务的发生情况。但一般企业通常不单独设立转账日记账。该账采用两栏式,格式与普通日记账基本相同,可参照表7-1。

二、分类账的设置和登记

分类账是指对全部经济业务按照总分类科目和明细分类科目进行分类登记的账簿。按照总分类科目登记的分类账称为总分类账,按照明细科目登记的分类账称为明细分类账。

(一) 总分类账

总分类账能全面、总括地反映经济活动情况,并为编制会计报表提供可靠的依据。所以总分类账应按照会计科目的编码顺序设立账户,一般要求采用订本式账簿。

总分类账的格式一般采用借、贷、余三栏式账页,可以直接根据记账凭证按经济业务的先后顺序逐笔登记;也可以按不同的方法汇总后,分次或一次汇总登记。现分别列示见表7-6和表7-7。

表 7-6 总 分 类 账
(逐笔登记)

会计科目：原材料　　　　　　　　　　　　　　　　　　　　　　　　　　　　　　第　页

2024年		凭证号码	摘要	借方	贷方	借或贷	余额
月	日						
7	1		月初余额			借	50 000
	2	转1	材料验收入库	25 000		借	75 000
	5	转2	领用材料		30 000	借	45 000

表 7-7 总 分 类 账
(汇总登记)

会计科目：原材料　　　　　　　　　　　　　　　　　　　　　　　　　　　　　　第　页

2024年		凭证号码	摘要	借方	贷方	借或贷	金额
月	日						
7	1		月初余额			借	50 000
	5	×××	1～5日汇总	25 000	30 000	借	45 000
	10	×××	6～10日汇总	30 000	35 000	借	40 000

（二）明细分类账

明细分类账是按照二级科目或明细科目设立的。各明细分类账根据记账凭证和原始凭证的内容登记入账，可以提供有关企业经济活动的详细资料，并对总分类账所提供的总括资料作一定的补充。明细分类账的格式有三栏式、数量金额式、多栏式和平行式四种：

1. 三栏式明细分类账

其格式基本与总分类账相同，金额栏分为借、贷和余额三栏。这种格式一般只适用于不需要进行数量核算的债权、债务等结算科目。

2. 数量金额式明细分类账

其格式是在收入、发出和结存栏内分别设置数量、单价和金额栏目，分别登记实物的数量和金额，如"原材料"明细分类账、"库存商品"明细分类账。其基本格式见表 7-8。

表 7-8 原材料明细分类账

会计科目：原材料　　　　　　　　　　　　　　　　　　　　　　　　　　　　　　第　页
类别：钢材　　　　　　品名及规格：×××　　　　　　计量单位：千克　　　　　存放地点：××

2024年		凭证号码	摘要	收入			发出			结存		
月	日			数量	单价	金额	数量	单价	金额	数量	单价	金额
8	1		月初余额							1 000	100	100 000
	2	收1	购入	2 000	100	200 000				3 000	100	300 000
	5	转5					500	100	50 000	2 500	100	250 000

3. 多栏式明细分类账

其格式是根据管理需要而在一张账页内分设若干专栏，以集中反映有关明细项目的核算资料。这类账页适用于有关费用、成本、收入、成果等科目，如"制造费用"科目、"管理费用"科目等。其基本格式见表7-9。

表7-9　　　　　　　　　　　　制造费用明细分类账

第　页

2024年		凭证号码	摘要	借方					贷方	余额
月	日			职工薪酬	折旧费	修理费	办公费	水电费		
8	5	现付1	支付工资	3 500						3 500
	8	现付3	支修理费			500				4 000
	10	现付5	支办公费				350			4 350
	15	转10	支水电费					400		4 750
	30	转20	支付折旧		2 000					6 750
	31	转30	转入生产成本						6 750	0

4. 平行式明细分类账

平行式明细分类账也称横线登记式明细分类账。其特点是将前后密切相关的经济业务，于核销账项时在同一横格内进行登记，以检查每笔业务的完成及变动情况。如"材料采购"账户，当办理结算付款时，记入"材料采购"账户的借方，材料验收入库后，从"材料采购"账户的同一格内贷记这笔金额，由此可以查明哪几笔材料尚未验收入库。其基本格式见表7-10。

表7-10　　　　　　　　　　　　材料采购明细分类账

材料名称：钢材——×××

第　页

2024年		凭证号码	摘要	借方金额			贷方金额				结余金额
月	日			买价	采购费用	合计	月	日	凭证号码	金额	
8	1		月初余额								0
	3		购入	5 500	300	5 800	8	5		5 800	
	5	（略）	购入	7 200	400	7 600		7	（略）	7 600	
	6		购入	2 800	500	3 300		8		3 300	
	8		购入	1 000	200	1 200					
	10		结余额								1 200

三、登记账簿的程序和规则

记账是会计核算工作的重要环节。为了保证建立正常的会计工作秩序，加强会计基础工作，记账时必须严格遵守以下规则：

（一）账簿启用的规则

启用账簿时应在账簿的扉页上填列"账簿启用和经管人员一览表"。其内容包括启用日期、账簿页数、记账人员和会计机构负责人、会计主管人员姓名，并加盖名章和单位公章。记账人员或者会计机构负责人、会计主管人员调动工作时，应当注明交接日期、接办人员或者监交人员姓名，并由交接双方人员签名或者盖章。启用订本式账页，其账页应顺序编号，不得跳页、缺号。使用活页式账页，其账页应在装订后再按实际使用的顺序编写页码，另加目录，载明每个账户的名称和页次。"账簿启用和经管人员一览表"的格式见表7-11。

表7-11　　　　　　　　　　　账簿启用和经管人员一览表

账簿名称_____　　　　　　　　　　　　　　　　　　　　单位名称_____
账簿编号_____　　　　　　　　　　　　　　　　　　　　账簿册数_____
账簿页数_____　　　　　　　　　　　　　　　　　　　　启用日期_____
会计主管（签章）　　　　　　　　　　　　　　　　　　　记账人员（签章）

移交日期			移交人		接管日期			接管人		会计主管	
年	月	日	姓名	盖章	年	月	日	姓名	盖章	姓名	盖章

（二）账簿登记的规则

（1）为了保证账簿记录的准确、整洁，应当根据审核无误的会计凭证登记会计账簿。登记时，应将会计凭证日期、编号、业务内容摘要、金额和其他有关资料逐项登记入账，书写的文字和数字上面要留有适当空格，一般应占格距的二分之一。发生错误时应按规定的方法进行更正，不得刮、擦、挖、补，随意涂改或用褪色药水更改字迹，务求数字准确、摘要清楚、登记及时、字迹工整。

（2）为了使账簿记录清晰有效，登记账簿要用蓝黑墨水笔书写，不得使用圆珠笔或者铅笔书写。用红色墨水笔记账的只限于下列情况：

①按照红字冲账的记账凭证，冲销错误记录；

②在不设借贷等栏的多栏式账页中，登记减少数；

③在三栏式账户的余额栏前，如未印明余额方向的，在余额栏内登记负数余额；

④统一会计制度规定的其他内容。

（3）各种账簿按页次顺序连续登记，不得跳行或隔页登记。如果发生跳行、隔页，应将空行、空页划线注销；或者注明"此行空白""此页空白"字样，并由记账人员在更正处盖章。对各种账簿的账页不得任意抽掉或撕毁，以防舞弊。

（4）账簿登记完毕后，应在"过账"栏内注明账簿的页数或作出"√"符号，表示已经登记入账，并在记账凭证上签名或盖章。

（5）各账户结出余额后，应在"借或贷"栏内写明"借"或"贷"。没有余额的账户在"借或贷"栏内写"平"字，在"余额"栏内写"0"。

（6）每一账页登记完毕，应在账页的最末一行加计本页发生额及余额，并在摘要栏内注明"过次页"，同时在新账页的首行记入上页加计的发生额和余额，并在摘要栏内注明"承前页"。如果不需要结计累计额的，可以只将每页末的余额结转至次页。

对需要结计本月发生额的账户，结计"过次页"的本页合计数应当为本月初起至本页止的发生额合计数；对需要结计本年累计发生额的账户，结计"过次页"的本页合计数应当为自年初起至本页末止的累计数。

（7）会计账簿的各项记录应定期与有关账簿、凭证和实物相核对并定期进行结账。具体要求在本节（四）中另行说明。

(三) 错账更正方法

记账发生错误，必须按规定的方法进行更正。常用的方法有划线更正法、红字更正法和补充登记法三种。

1. 划线更正法

划线更正法是指在记账凭证无误的前提下发生登账错误，应将账簿中错误的文字或数字用一条红线划去，然后在红线上空白处填写正确的文字或数字，并在更正处加盖私章，以示负责。划线时要注意将全部的数字或文字划去，并使原来的字迹可以辨认，不能只划去和更改个别数字。如张×在记账过程中发现账簿记录中有金额数字"650"误写为"560"，更改时应将"560"用单条红线全部划去，再在红线上用蓝笔书写"650"字样，并在旁加盖私章，如 $\frac{650}{560}$ 张×章。不能只划去"56"两字，把它改为"65"，如 $\frac{65}{560}$ 张×章。

2. 红字更正法

红字更正法是指在已经入账的记账凭证中发现应记科目、借贷方向和金额发生错误，用红字冲正错误的更正方法。更正时，先用红字金额填制一张内容与错误记账凭证完全相同的记账凭证，并在摘要中写明"更正第×号错误凭证"，据以入账，以冲销原来的错误记录，然后重填一张蓝字的正确的记账凭证登记入账。

例如：企业提取一笔固定资产折旧费用，在编制记录凭证时误将应属于管理费用的行政部门折旧费 5 500 元列入制造费用，并已登记入账。更正顺序如下：

（1）原错误凭证：

借：制造费用　　　　　　　　　　　　　　　　　　　5 500
　　贷：累计折旧　　　　　　　　　　　　　　　　　　　5 500

（2）为冲正这笔错误，应填制一张红字记账凭证，冲销原分录：

借：制造费用　　　　　　　　　　　　　　　　　　　5 500
　　贷：累计折旧　　　　　　　　　　　　　　　　　　　5 500

（3）再填制一张正确的记账凭证：

借：管理费用　　　　　　　　　　　　　　　　　　　5 500
　　贷：累计折旧　　　　　　　　　　　　　　　　　　　5 500

更正后的账簿记录如图 7-2 所示。

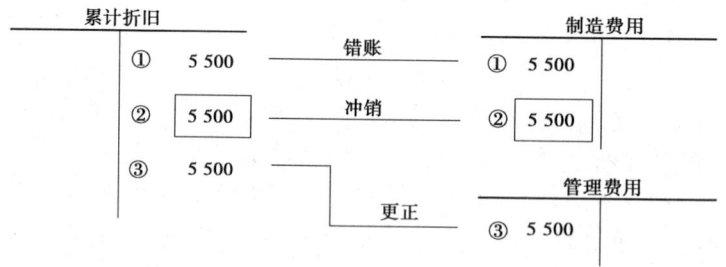

图 7-2

红字更正法也可用于冲减多计金额的错误。如上例，假设会计科目、借贷方向都未发生错误，但金额计算错误，应将制造费用改为 5 000 元。在这种情况下，只要填制一张 500 元的红字金额记账凭证，并在摘要栏内注明"冲转第 × 号凭证多计数"字样，据以入账即可。更正顺序如下：

（1）原错误凭证：
借：制造费用　　　　　　　　　　　　　　　　　　　　　　　　　5 500
　　贷：累计折旧　　　　　　　　　　　　　　　　　　　　　　　　　　5 500
（2）更正错误凭证：
借：制造费用　　　　　　　　　　　　　　　　　　　　　　　　　500
　　贷：累计折旧　　　　　　　　　　　　　　　　　　　　　　　　　　500

更正后的账簿记录，如图 7-3 所示。

图 7-3

3. 补充登记法

补充登记法是指在记账后发现会计科目、记账方向都正确，但金额小于正确金额的错误更正方法。在更正时可以用蓝字填制一张金额为差额的记账凭证，在摘要栏内注明"补记第 × 号凭证少计数"字样，入账后就补充了原来少填的金额。如上例，若制造费用的金额应为 6 000 元，则只要用蓝字填制一张 500 元（6 000 - 5 500）的补充记账凭证，就可以将错误更正。更正后的账簿记录，如图 7-4 所示。

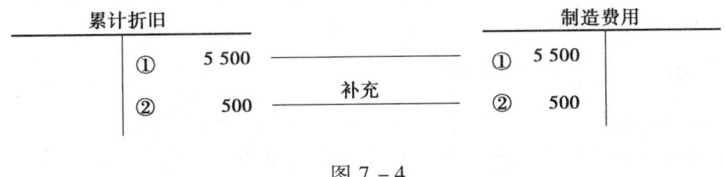

图 7-4

（四）对账的基本内容和结账的方法

记账、对账和结账是会计核算不可分割的工作环节。对账就是对账簿记录的有关数据加以检查和核对；结账就是在一定时期内，把全部登记入账的账务结出并记录其本期发生额和期末余额，据以编制会计报表。所以在做好记账工作的基础上，认真做好对账和结账工作是提高会计核算质量的重要保证。

1. 对账的基本内容

对账的基本内容包括账证核对、账账核对、账实核对。通过对账以求做到账证、账账、账实相符。

（1）账证核对。账证核对是指各种账簿记录与有关的原始凭证和记账凭证相核对。这种核对是账务核对的基础工作。一般要求会计人员在编制凭证和记账过程中认真进行复核，在复查中也要重点进行核对，以保证账证相符。

（2）账账核对。账账核对是指各种账簿之间有关数字的核对。主要包括：①总分类账中全部账户的月末借方余额合计数应与月末贷方余额合计数相符；②现金日记账、银行存款日记账的月末余额以及各种明细分类账的月末余额合计数应该同总分类账中各有关账户的月末余额核对相符；③各种财产物资明细分类账期末余额应该同财产物资保管和使用部门的有关财产物资明细账的储存数核对相符。

（3）账实核对。账实核对是指各种财产物资和结算款项的账面余额与其实存的数额核对相符。包括：①现金日记账的账面余额与现金实存数核对相符；②银行存款日记账的账面余额与银行对账单核对相符；③各种应收应付款项明细分类账的账面余额与有关单位或个人核对相符；④各种财产物资明细分类账的账面余额，定期与实存数额核对相符。

账实核对的具体方法，将在本书第八章中作具体说明。

2. 结账的程序和方法

企业把一定时期内发生的经济业务全部登记入账以后，必须定期计算和登记本期发生额和期末余额，据以编制会计报表，以总结某一时期内的经济活动情况和经营成果，这就是结账。结账分为月度结账、季度结账和年度结账三种。具体程序和方法如下：

首先，在结账以前，应先检查本期所发生的经济业务是否都已登记入账；本期内应转账的业务包括应收、应付账项，收入、成本结转，财产物资盘点盈亏等是否都已编制凭证登记入账。

其次，应检查各种成本、收入账户的余额是否已按规定进行结转并计算出本期的成本、利润（亏损）以及利润的分配。

再次，经过上述账务处理后，应分别结出各种日记账、总分类账、明细分类账的本期发生额和期末余额，并按规定在账簿上作出结账的手续。

最后，在每一会计年度结束后，应按会计准则规定，对账簿进行更换。

月度、季度、年度的结账手续有以下几个方面：

第一，月度结账时，在各账户的最后一笔数字下，结出本月借方发生额、贷方发生额和期末余额；在摘要栏内注明"本月合计"或"本月发生额及期末余额"字样，并在数字的上端和下端各划一根红线。对需要逐月结转累计发生额的账户，在计算本月发生额及期末余额后，应在下一行增加"本年累计发生额"，然后在数字下端划一红线。

第二，季度结账时，结出本季度发生额合计数，记入月结下一行内的借方和贷方栏内，并在摘要栏内注明"本季累计"字样，并在该行下划一道红线。

第三，年度结账时，结出本年四个季度的发生额合计数，记入第四季度季结的下一行，在摘要栏内注明"本年累计"字样，并在该行下划双道红线，表示封账。

年度结账后，应将各账户的年末余额过入新账簿。年初可将旧账簿中各账户的余额直接记入新账簿有关账户新账页的第一行"余额"栏内，同时在"摘要"栏内加盖"上年结转"戳记。将旧账页最后一行数字下的空格，划一条红线注销，并在旧账页最后一行"摘要"栏内加盖"结转下年"戳记。双方转记金额时不必填制凭证。各项账簿除个别变动不多的，如"固定资产明细账"等外，一般都应按规定更换新账簿，见表7-12。

表 7-12　　　　　　　　　　　应 收 账 款

2024年		凭证字号	摘要	借方	贷方	借或贷	余额
月	日						
1	1		年初余额			借	35 000
～	～	～	～	～	～	～	～
12	31		本月合计	25 000	15 000	借	45 000
	31		本季累计	95 000	85 000	借	45 000
	31		本年累计	295 000	185 000	借	145 000
			结转下年				

注："-------"表示红线。

知识点小结

1. 会计账簿是以会计凭证为依据，全面、连续、系统地记录各项经济业务的簿籍。登记账簿，是编制财务报表的基础，是连接会计凭证和财务报表的中间环节。

（1）账簿按用途可划分为日记账、分类账和备查账。

（2）账簿按其外部形式可划分为订本账、活页账和卡片账三种。

（3）账簿（明细账）按账页格式可划分为三栏式、多栏式、数量金额式和平行登记式账簿。

2. 登记账簿的规则包括账簿启用的规则和账簿登记的规则。

3. 错账更正方法有三种：划线更正法、红字更正法和补充登记法。

4. 对账包括：账证核对、账账核对和账实核对三方面的内容。

复习思考题

1. 为什么要设立账簿？记好账有什么意义？

2. 日记账和分类账有什么区别？特种日记账有哪些类型？明细分类账有哪些类型？

3. 记账时应遵守哪些规则？在什么情况下才可以用红笔登记账簿？

4. 记账发生错误时应采取哪些方法更正？举例说明各种方法的应用。

5. 对账的主要内容包括哪些方面？其中账账核对包括哪些方面？

6. 月度、季度、年度的结账手续各有几个方面？举例说明年度结账的格式。

第八章 财产清查

 学习目标

　　财产清查是会计核算的方法之一。本章概括地阐明了进行财产清查的一般基础知识。通过学习，要求了解财产清查的意义和作用，理解财产清查的必要性和重要性，明确财产清查前的准备工作，掌握财产清查的方法和盘存制度等方面的知识和技能。
　　本章重点：财产清查的意义和作用；实物、货币资金、往来款项的清查方法；财产清查结果的账务处理。

第一节　财产清查的意义和种类

一、财产清查的意义

　　财产清查是指通过对各项财产的盘点核对以确定其账存数与实存数是否相符的一种专门方法。根据财产管理的要求，一切单位都必须通过账簿记录来反映财产的增减变动和结存情况，并通过物资管理，保证账簿记录与实物、款项相符。但客观情况十分复杂，往往由于各种原因，使两者发生差异，主要可归纳为三个方面：一是由于客观上受到自然条件的影响或计量的尾差所发生的数量或质量的变化；二是由于制度不严或工作人员的疏忽，造成的计算差错、登记错误或霉烂变质损失；三是由于营私舞弊、贪污盗窃或非法侵占等不法行为造成的损失。有鉴于此，《中华人民共和国会计法》第二十五条明确规定：单位内部会计监督制度应当明确财产清查的范围、期限和组织程序。
　　财产清查对于保证会计核算资料的准确和真实，保护企业财产的安全，挖掘企业物资潜力，促进企业健全制度和遵守财经纪律等方面有着重要作用。
　　(1) 可以促使账实相符，保证会计核算资料的准确和真实。遇有差错，通过查明原因和责任，可以加强管理责任制度。
　　(2) 可以加强物资管理，保护企业财产的安全与完整。在财产清查过程中，往往会发现财产损坏、丢失、被非法挪用，或被贪污盗窃等情况。这就必须查明各种财产的收发和保管制度的执行情况，采取措施，堵塞漏洞，以保护企业财产的安全和完整。在清查债权、债务过程中，也可以通过清理悬账悬案，加强资金结算和催收制度，避免坏账损失。

（3）可以加强资金的利用，挖掘财产物资的潜力。当前财产物资被废弃、闲置的情况很普遍，在清查过程中必然对各种财产物资的储备和利用情况加以核实，或采取措施，或重新组合，以充分挖掘财产物资的利用潜力。

（4）可以促进企业建立和健全规章制度，遵守财经纪律。通过财产清查，企业可以对资金结算、账务核对、财产验收保管以及债权、债务、资本金的管理等方面存在的问题，有针对性地进行调查研究，找出原因，及时采取措施，健全各项管理制度，并促使企业认真执行制度，严格遵守财经纪律。

二、财产清查的种类

（一）按照清查的对象和范围划分，财产清查可分为全面清查和局部清查

1. 全面清查

全面清查是指对企业所有的财产、物资和往来款项等进行全面地盘点和查询。全面清查的范围很广，原则上讲，应包括全部资产、负债和所有者权益的有关项目。以工业企业为例，重点应包括以下各项：

（1）各种机器设备、房屋、建筑物等所有的固定资产。
（2）各种原材料、产成品、半成品等流动资产。
（3）各种现金、银行存款、其他货币资金和银行借款。
（4）各种应收、应付、预收、预付等往来款项。
（5）接受或委托其他单位加工保管的材料和物资。
（6）各种实收资本、资本公积等有关所有者权益项目。

全面清查的内容多、范围广、投入的人力多，因此一般适用于年终决算前的一次性清查。在某种特殊情况下，也要进行全面清查。如企业破产、合并、改变隶属关系或清产核资时，为了明确经济责任或核定资金，也需要进行全面清查，而且要根据不同需要进行明确资产的归属关系和重新估价等工作。这部分内容将在有关课程中另行介绍。

2. 局部清查

局部清查是指对企业部分财产、物资和往来款项等进行的盘点和查询。局部清查的办法有项目清查、部门清查、轮流清查、重点清查、临时清查、突击抽查等多种。制度规定，库存现金应由出纳人员于每日终了自行盘点一次，银行存款应由会计人员每月与银行对账单核对一次。对于流动性较大和易于发生损耗、短缺的物资，除了年终全面清查外，还可以分部门清查、轮流清查或重点清查，以保证财产物资的准确性。

全面清查与局部清查对比见表 8-1。

表 8-1　　　　　　　　　　　　全面清查与局部清查比较表

项目、种类	全面清查	局部清查
含义	对本单位的全部财产进行全面盘点和核对	根据管理的需要或依据有关规定，对本单位的部分财产物资进行盘点和核对

续表

项目、种类	全面清查	局部清查
特点	内容多、范围广。需要投入的人力、物力多，花费的时间长	内容少、范围小、参与人少、时间短、专业性强
清查范围	（1）年终结算之前 （2）单位撤销、合并或改变隶属关系时 （3）开展全面资产评估、清产核资等活动时 （4）清查的对象一般包括固定资产、材料、在产品、产成品、库存现金、银行存款、往来款项、在建工程、各种代管物资和外购商品等	（1）对于流动性较大的物资，如存货等，年内要轮流盘点或重点抽查 （2）对于各种贵重物资，每月应清查盘点一次 （3）对于库存现金，每日终了，应由出纳清点 （4）对于银行存款和银行借款，每月要同银行核对一次 （5）对于债权、债务，每年至少要核对一次至两次

（二）按照清查的时间划分，可分为定期清查和不定期清查

1. 定期清查

定期清查是指按预先确定的时间对财产所进行的清查，一般在年末、季末、月末结账时进行。年末清查一般是全面性清查，季末、月末清查一般是局部性清查，目的是及时发现账实不符的情况，据以调整错误，核实损益，保证会计报表资料的真实性。

2. 不定期清查

不定期清查是指事先没有规定清查时间，而是根据特殊的需要进行的临时性清查。不定期清查主要是在以下几种情况下发生的：

（1）为了明确经济责任，在财产、物资或现金的保管人员发生变动时，对其经管的那部分财产进行的清查。

（2）上级或国家有关部门决定对本单位会计或业务进行审查时，根据审查的要求和范围对财产物资进行的清查。其目的往往是验证该单位会计资料的可靠性。

（3）企业进行兼并、破产或转移所有权时，对企业财产进行的清查。目的是摸清企业的家底。

（4）发生自然灾害或贪污盗窃时对受损的财产物资进行的清查。目的是查清损失情况。

上述不定期清查可以是全面清查，也可以是局部清查，根据实际需要来确定。

三、财产清查的准备工作

财产清查工作量大、涉及面广、细致复杂，事前应作充分准备，以保证清查的质量。主要应从以下三个方面做好准备。

1. 组织工作准备

一般应由单位领导人员研究制订财产清查的计划，确定工作进度、人员配备和方式方法，还要安排好对清查工作的检查和督促，随时解决清查中出现的问题，并研究和分析清查的结果，提出处理意见，上报领导或有关部门审批。

2. 账务工作准备

财会部门应将截至清查开始以前发生的一切经济业务全部入账，并结出总账和明细账的余额。出纳人员应将已收款未入账或已付款未入账的收款、付款凭证全部登记入账，分清白条顶库和代保管现金。对银行存款及银行借款应取得银行的对账单进行核对。

3. 业务工作准备

业务、保管部门应事先准备好必要的度量衡器具，并仔细进行检查、核正，以保证计量的可靠性。对截至清查日止的所有经济业务，应办好凭证手续，全部登记入账并结出余额。对所保管的各项财产物资，应进行整理排列，以便盘点核对。

第二节 财产清查的方法

企业的财产品种繁多，占用的形态、体质、重量和堆放形式各有不同，应当采用不同方法进行清查。下面分别就实物、货币资金和往来结算款项三个方面加以说明。

一、实物的清查

实物清查包括对原材料、在产品、产成品及固定资产等财产物资的清查。对这些物资的清查，不仅要从数量上核对账面与实物是否相符，而且要查明实物的质量是否完好，查明是否有毁损、变质等情况。其清查盘点方法如下：

（一）确定财产物资账面结存数的方法

企业对实物的盘存方法，在会计核算中有实地盘存制和永续盘存制两种。

1. 实地盘存制

实地盘存制是指企业对各项财产物资只在账簿中登记其收入数，不登记其发出数，期末通过对实物的实地盘点来确定财产物资的结余数，然后采取推算的方法，倒挤出本期发出数的盘存制度。其计算公式为：

$$期初结存数 + 本期收入数 - 期末实存数 = 本期发出数$$

采用这个计算办法，平时只登记收入数，期末只要根据盘点出来的实存数就可以计算出本期发生额，核算工作比较简单。但是在实际工作中，由于期末实存数没有确实控制办法，其数字是否准确，难以预见，致使期末结存数的可靠性也存在问题。所以在工业企业只适用于少数低价、零星的物料用品的管理。

例如，某工厂甲种物料用品，价格低，用量次数多，如用专人管理则成本高，计数、记账的工作量也很大，因此可采用实地盘存制。购进时按进价入账，月底实地盘点存货，班组领用时只用登记簿记录，作为参考之用。本月发生数根据上述计算公式倒挤。比如1月份该甲种物料的期初结存数为18 500元，本月购入26 000元，月末实地盘点存货为15 500元，则本期发出数为：18 500 + 26 000 - 15 500 = 29 000（元）。账簿格式见表8 - 2。

表8 - 2　　　　　　　　材料明细分类账户

明细科目：甲材料　　　　　　　　　　　　　　　　　　　　　　　　　　　　　　计量单位：件

| 2024 | | 凭证字号 | 摘 要 | 单 价 | 收 入 | | 发 出 | | 结 存 | |
月	日				数量	金额	数量	金额	数量	金额
1	1		月初结存	10					1 850	18 500
	10		购　入	10	2 600	26 000				
	31		本月领用				2 900	29 000		
	31		本月发生额及余额	10	2 600	26 000	2 900	29 000	1 550	15 500

本例可对甲材料发出数进行控制的凭证，实际上是领用时的登记记录，但因为数量零星分散，无人复核，所以只能作为参考之用。

在商业企业中，有些零售商品品种繁多，且不规定统一使用发票，计数困难，因此也使用实地盘存制。平时对"库存商品明细账"按售价记账，只有金额控制，没有数量指标，也只有通过盘点才能确定实际数量。

2. 永续盘存制

永续盘存制是指企业对各项财产物资的收入和发出的数量和金额都必须根据原始凭证和记账凭证在有关账簿中进行连续登记，并随时结出库存账面余额的一种盘存制度。其计算公式为：

$$期初结存数 + 本期收入数 - 本期发出数 = 期末结存数$$

本公式与实地盘存制的公式内容相同，但次序不同。前者根据期末实存数结出本期发出数，而后者则是减去本期实际发生数后结出期末实存数。后者手续比较严密，会计账簿起到了实际控制财产物资收、付、存的作用，有利于加强财产的管理，因此为大多数企业所应用。

该方法虽然实际记录了财产物资的收、付数量和金额，但账簿记录与实际盘存的内容，仍然有发生差异的可能。因为本章开头第一节所述的发生差异的三个因素仍然存在，因此，即使采用永续盘存制，也必须定期进行财产清查。由于永续盘存制对财产物资的发出逐笔都有记录，且有原始凭证为依据，容易追查差错的来龙去脉，也容易控制差错和非法行为的发生，所以是控制差错和制止非法行为的有效措施。

（二）清查财产物资的方法

企业的财产物资繁多，对不同的财产物资可以分别采取以下几种盘点方式：

（1）对于成件堆放、包装完整的财产物资，可以按大件清点，必要时可以抽查细点。

（2）对于散装分散的物资，可以采取移位盘点、过称或分处盘点，防止漏盘或重盘。

（3）对于大量成堆、露天存放又难以在短期内查清的物资，可以采取量方、计尺等技术方法来推算。如露天堆放的煤、木材等，可以采取这种方法。但也不能长期滚存下去，应该采取划段分期出清的办法，控制其存量。有些物资在确定计量时，还要考虑其自然损溢，调整其实有数量。

（4）对房屋及机器设备等不仅要盘点其数量和附属部件，而且要查明其使用情况，以发现其利用和保管上存在的问题。

在清查过程中，实物负责人必须在场并参加盘点，以明确经济责任。清查盘点结果，应如实登记在"盘存单"上并由盘点人和实物负责人签章。"盘存单"格式见表 8-3。为了查明实存数与账存数是否一致，应根据"盘存单"和账簿记录编制"实存账存对比表"，填列账实不符的财产物资，作为分析差异原因和经济责任的依据。"实存账存对比表"的格式见表 8-4。

表 8-3 盘 存 单

单位名称：　　　　　　　　　　　　　　　　　　　　　　　　编号：
盘点时间：　　　　　　　　财产类别：　　　　　　　　存放地点：

编号	名称	计量单位	数量	单价	金额	备注

盘点人签章_____　　　　　　　　　　　　　　　实物保管人签章_____

表 8-4　　　　　　　　　　　　　实存账存对比表

单位名称：　　　　　　　　　　　　　年　月　日

编号	类别及名称	计量单位	单价	实存		账存		差异				备注
								盘盈		盘亏		
				数量	金额	数量	金额	数量	金额	数量	金额	

主管人员：　　　　　　　　　　会计：　　　　　　　　　　制表：

对于清查出来的残损变质物资、伪劣产品应另行编制检查盘存情况表，写明损失程度、损失金额，经盘点小组研究决定后提出处理意见。凡情节比较严重的应作专案说明。"残损变质物资、伪劣产品情况表"格式见表 8-5。

表 8-5　　　　　　　　　　残损变质物资、伪劣产品情况表

年　月　日

名称规格	单位	原价	账面记录		报废		报损		残损伪劣		处理意见
			数量	金额	数量	金额	数量	金额	数量	金额	
合计											

主管人员：　　　　　　　　　　会计：　　　　　　　　　　制表：

如有委托外单位加工或保管的材料、物资，应用函证的方法进行核对，必要时应派人专门核对。

二、货币资金的清查

货币资金包括现金、银行存款和其他货币资金。对货币资金的清查主要是清查库存现金和银行存款。

（一）库存现金的清查

一般由盘点人员和出纳人员共同进行。清点时，要求出纳人员将全部现金的收付凭证登记入账，结出库存现金余额并填列现金清点清单，以便查证账实是否相符。对于尚未入账的临时性借条及暂未领取的代保管现金均不得点入实存数中。对存放在不同地点的现金备用金应同时盘点。盘点后编制"库存现金盘点报告表"，其格式见表 8-6。

表 8-6　　　　　　　　　　　库存现金盘点报告表

单位名称：　　　　　　　　　　　年　月　日

实存金额	账存金额	对比结果		备注
		盘盈	盘亏	

盘点人（签章）：　　　　　　　　　　　　　　　　　　　　　　　出纳员（签章）：

盘点以后，对发现的差错应查明原因，等待处理。对白条顶库、坐支现金和库存现金超过限额等情况，应在备注栏中说明。

有价证券主要包括国家债券、其他金融债券、公司债券、公司股票基金等。其清查方法与现金相同。

（二）银行存款的清查

银行存款的清查主要是将银行存款对账单与本企业的银行存款日记账账面余额相核对，查明账实是否相符。由于银行存款的记账凭证很多，企业和银行入账时间又各不相同，往往会发生两种情况：一是一方或双方记账错误，如错记、漏记、串户记账等；二是未达账项，即一方已入账而另一方尚未入账。这两种情况都会造成双方账户余额不同，必须经过双方的账户核对、调整才会一致。

如果发现某一笔账目的记录有差错，如属于企业方面的差错，应立即改正；如属于银行方面的差错，应通知银行改正。在核对账目中，对一些"未达账项"应同时进行调节，以检查银行存款余额是否正确。

未达账项是指企业与银行之间，由于收、付款结算凭证的传递及双方入账时间不一致，一方已入账而另一方因不能及时收到有关结算凭证而尚未入账的款项。企业与银行之间的未达账项有四种情况：

（1）银行已经收款入账，而企业尚未收款入账的款项。例如，企业委托银行代收的款项，银行已办妥收款手续并入账，而企业则因收款通知尚未到达没有入账。

（2）银行已经付款入账，而企业尚未付款入账的款项。例如，企业应付银行的借款利息，银行已办妥付款手续并入账，而企业则因付款通知尚未到达没有入账。

（3）企业已经收款入账，而银行尚未收款入账的款项。例如，企业已将收到的其他单位开出的转账支票送存银行并已入账，而银行因尚未办妥转账收款手续而没有入账。

（4）企业已经付款入账，而银行尚未付款入账的款项。例如，企业开出的转账支票已经入账，但因收款单位尚未到银行办理转账手续或因银行没有办妥转账付款手续而未入账。

由于上述四种未达账项的存在，企业与银行双方的账面余额会出现差异。为了检查双方账目是否一致，企业应将根据"对账单"逐笔核对的结果，对未达账项进行调节。调节的方法很多，通常用的有余额调节法和差额调节法两种。

现举例说明两种调节方法的运用：

某企业收到银行对账单（见表8-7）与银行存款日记账（见表8-8）进行核对，发现未达账项如下：

①银行已收账，而企业未入账的收款7 000元；
②银行已付账，而企业未入账的付款19 200元；
③企业已收账，而银行未入账的收款5 590元；
④企业已付账，而银行未入账的付款18 500元。

表 8-7　　　　　　　　中国工商银行××市分行（　　　　）对账单

2024 年　　　　　　　户名　　××公司　　　　　　　　　第　×　页

账号×××××××××××

日　期		交易号码	操作页号	支票号	借（付）方	贷（收）方	余　额
4	2	（略）	（略）				112 000
4	3	（略）	（略）			30 800	142 800
4	4	（略）	（略）	转支 2 586	16 480		126 320
4	4	（略）	（略）	现支 3 140	800		125 520
4	4	（略）	（略）			33 000	158 520
4	5	（略）	（略）	转支 2 587	25 000		133 520
4	5	（略）	（略）			26 800	160 320
4	6	（略）	（略）	现支 3 141	1 000		159 320
4	8	（略）	（略）			7 000	166 320
4	10	（略）	（略）	委托收款 1 234	19 200		147 120

表 8-8　　　　　　　　　　　　银行存款日记账

2024 年		凭证号数	对方科目	摘　要	√	收入（借方）金额	付出（贷方）金额	结存金额
月	日					千百十万千百十元角分	千百十万千百十元角分	千百十万千百十元角分
4	2			承前页				1 1 2 0 0 0 0 0
4	3	11		存入货款		3 0 8 0 0 0 0		1 4 2 8 0 0 0 0
4	4	15		支付货款			1 6 4 8 0 0 0	1 2 6 3 2 0 0 0
4	4	18		提取现金			8 0 0 0 0	1 2 5 5 2 0 0 0
4	4	20		存入货款		3 3 0 0 0 0 0		1 5 8 5 2 0 0 0
4	5	24		支付货款			2 5 0 0 0 0 0	1 3 3 5 2 0 0 0
4	5	29		存入货款		2 6 8 0 0 0 0		1 6 0 3 2 0 0 0
4	6	30		收回外单位欠款		5 5 9 0 0 0		1 6 5 9 1 0 0 0
4	6	35		提取现金			1 0 0 0 0 0	1 6 4 9 1 0 0 0
4	10	37		支付货款			1 8 5 0 0 0 0	1 4 6 4 1 0 0 0

首先，介绍余额调节法的运用。

余额调节法是在企业和银行双方账面余额的基础上，各自加上对方已收账而本方未收账的款项，减去对方已付账而本方未付账的款项，然后计算双方余额是否一致的一种调节方法。调节公式如下：

$$\begin{aligned}&\text{企业银行存款} \\ &\text{日记账余额}\end{aligned} + \text{银行已收而企业未收的款项} - \text{银行已付而企业未付的款项}$$

$$= \text{银行对账单余额} + \text{企业已收而银行未收的款项} - \text{企业已付而银行未付的款项}$$

根据上例，编制银行存款余额调节表，见表 8-9。

表 8-9　　　　　　　　　　　银行存款余额调节表

项　目	金　额	项　目	金　额
银行存款日记账余额	146 410	银行对账单余额	147 120
加：		加：	
银行已收款，企业未收款项	7 000	企业已收款，银行未收款项	5 590
减：		减：	
银行已付款，企业未付款项	19 200	企业已付款，银行未付款项	18 500
调整后余额	134 210	调整后余额	134 210

其次，介绍差额调节法的运用。

差额调节法是计算企业和银行双方账面余额的差额与双方未达账项收付相抵后的结果是否一致的一种调节方法。调节公式如下：

$$\begin{pmatrix}银行对账\\单余额\end{pmatrix} - \begin{pmatrix}企业银行存款\\日记账余额\end{pmatrix} = \begin{pmatrix}银行已收而企业\\未收的款项\end{pmatrix} - \begin{pmatrix}银行已付而企业\\未付的款项\end{pmatrix}$$
$$- \begin{pmatrix}企业已收而银行\\未收的款项\end{pmatrix} - \begin{pmatrix}企业已付而银行\\未付的款项\end{pmatrix}$$

仍以上例为例，用差额调节法进行调节：

$$147\ 120 - 146\ 410 = (7\ 000 - 19\ 200) - (5\ 590 - 18\ 500)$$
$$= (-12\ 200) - (-12\ 910) = 710(元)$$

通过用以上两种方法进行调节以后，双方余额相等或者双方账面余额差额同双方未达账项收付相抵的结果一致，即可证明企业与银行双方账面记录是完全一致的。对于银行已入账而企业尚未入账的未达账项，企业应在结算凭证到达以后据以进行账务处理。

三、往来结算款项的清查

往来结算款项主要包括应收款、应付款、暂收款等款项。各项往来款项的清查一般也是采取与对方单位核对账目的方法，主要分以下三个步骤：

第一步，将本单位的往来账款核对清楚，确认总分类账与明细分类账的余额相等，各明细分类账的余额相符。

第二步，向对方单位填发对账单。对账单的格式一般为一式两联，其中一联作为回单，对方单位如核对相符，应在回单上盖章后退回。如发现数字不符，应在回单上注明，作为进一步核对的依据。其格式见表 8-10。

表 8－10　　　　　　　　　　　函　证　信

××公司：

本公司与贵单位的业务往来款项有下列各项目，为了清对账目，特函请查证，是否相符，请在回执联中注明后盖章寄回。此致敬礼。

往来结算款项对账单

单位：_____　　　地址：_____　　　编号：_____

会计科目名称	截 止 日 期	经济事项摘要	账 面 余 额

　　　　　　　　　　　　　　　　　　　　　　　　　　××公司（公章）

　　　　　　　　　　　　　　　　　　　　　　　　　　　年　月　日

第三步，收到回单后，应填制"往来款项清查表"，并及时催收该收回的账款，积极处理呆账悬案。其格式见表 8－11。

表 8－11　　　　　　　　　　　往来账项清查表

总分类账户名称：　　　　　　　　　　2024 年 4 月 17 日

明细分类账户		清　查　结　果		核对不符原因分析			备 注
名　称	账面余额	核对相符金额	核对不符金额	未达账项金额	有争议款项金额	其他	

对企业其他项目的清查，可以参照以上各点办理。

四、查找错账的技术方法

为了保证会计核算资料的真实准确，首先要做到账账相符、账表相符和账实相符。在对账过程中，由于种种原因，往往会发现许多差错，如多计、少计、漏记、记账方向相反和数字颠倒等，给对账人员带来很多麻烦。现介绍常用的且简便有效的查找错账的技术方法，便于在清查财产中应用。

（一）局部检查法

局部检查法即对差错的部分进行局部的检查。例如，总账与明细分类账的差额只有 2.18 元，其差错范围只涉及元、角、分位数。查账时只要查对有尾数的数据，对大额数据就不必逐一查对，减小了对账范围。

（二）重账、漏账检查法

重账、漏账检查法即根据差额的金额，检查是否有同等金额重记或漏记入账。如差额是 3.5 万元，则检查是否有 3.5 万元的账项重记了或漏记了。这种有针对性的查找方法易于发现差错。

（三）记账方向相反检查法

记账方向相反检查法即检查借贷方向是否有错的方法。检查时只要把差错金额除以二，再查对此金额有无错记记账方向。如差额为 5 万元，则检查 2.5 万元（5÷2）的金额是否记入相反的方向。如有，则其差额正好是 5 万元。

（四）数字错位或颠倒检查法

发生这种差错的原因往往是记账时记错了位数（如把 850 元误记为 85 元）或把相邻的两个数字颠倒了位置（如把 85 元误记为 58 元）。检查时只要把差错金额除以 9，就可以发现差错所在。如前例，$\frac{850-85}{9}$ = 85（元），说明记账时把 850 元误记为 85 元，可按这笔数据查找差错；后例，$\frac{85-58}{9}$ = 3（元），说明 8 与 5 字颠倒了位置，两个数位的差额是 3，可在这一差额的数据内找寻差错。

与这个方法相同的中间数颠倒和首尾数字颠倒都可以用同样方法检查。例如：

（1）将 7 428 误为 7 248（中间颠倒），可用差额 180（7 428 – 7 248）除以 9，得出 20，说明是中间两位数字颠倒了（本例为 2 与 4 颠倒了）。

（2）将 7 428 误为 4 728（开头颠倒），可用差额 2 700（7 428 – 4 728）除以 9，得出 300，说明是开头两位数字颠倒了（本例为 7 与 4 颠倒了）。

这种方法简便易行，常为有经验的人员所运用。

第三节 财产清查结果的处理

财产清查结束以后，应根据发现的问题认真分析研究，按照法规和制度的规定，从业务和账务两个方面进行严肃处理。

一、业务处理

（一）分析差异原因，提出处理意见

清查小组应根据财产清查中发现的问题和账账、账实之间的差异，认真地进行调查和分析。在查明原因，分清责任，提出处理意见后报上级审批。凡是查出来的问题，必须按政策办事，件件有着落。不能只查不清，有错不改。对违反法律、制度的行为，应按审批权限和程序严肃处理。

（二）积极处理积压物资，认真清理债权债务

对清查中发现的多余积压物资，应发动群众积极处理。对各种悬账悬案，应指定专人负责限期催收，力求消除积压，加速周转。要认真总结经验教训，建立和健全财产管理制度。

二、账务处理

对各项清查出的差异和损失应及时进行账务调整。凡是已经查明的财产盘盈、盘亏和坏账损失应先根据原始凭证按规定调整实物账户，使之账实相符。对有关损溢数额转入"待处理财产损溢"账户，经批准后转销。

（一）账户设置

"待处理财产损溢"账户是资产类账户，用来核算企业在清查财产过程中查明的各种财产物资的盘盈、盘亏和毁损的专用账户。"待处理财产损溢"账户的借方登记发生的待处理财产盘亏和毁损数以及结转已批准处理的财产盘盈数，处理前的借方余额，表示尚待批准处理的财产盘亏和毁损数；该账户的贷方登记发生的待处理财产盘盈数和转销已批准处理的财产盘亏和毁损数，处理前的贷方余额，表示尚待批准处理的财产盘盈数，处理后本账户无余额。该账户可按盘盈、盘亏的资产种类和项目进行明细核算。

（二）核算方法

1. 财产盘盈的核算

如上所述，盘盈的财产应先按规定调整实物账户，然后核销"待处理财产损溢"账户。如：盘盈的固定资产，应借记"固定资产"账户，贷记"累计折旧"和"待处理财产损溢"账户；盘盈的各种材料应借记"原材料"账户，贷记"待处理财产损溢"账户。待批准后，借记"待处理财产损溢"账户，贷记"营业外收入"账户。举例说明如下：

【例8-1】 某企业在财产清查中，盘盈账外机器1台，估计重置价值为3 500元。（按小企业会计准则处理）

在审批前，根据"实存账存对比表"，先将固定资产入账，会计分录如下：

①借：固定资产　　　　　　　　　　　　　　　　　　　　　3 500
　　　贷：待处理财产损溢　　　　　　　　　　　　　　　　　　　3 500

经审批，同意该项固定资产作为增加营业外收入处理，会计分录如下：

②借：待处理财产损溢　　　　　　　　　　　　　　　　　　　3 500
　　　贷：营业外收入——固定资产盘盈　　　　　　　　　　　　　3 500

上例的账务处理见图8-1。

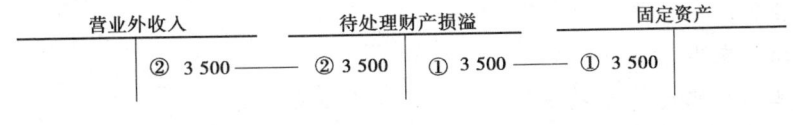

图8-1

【例8-2】 某企业在财产清查中，盘盈材料1批，计1 000元。

根据"实存账存对比表"作为库存材料的盘盈数。会计分录如下：

①借：原材料　　　　　　　　　　　　　　　　　　　　　　1 000
　　　贷：待处理财产损溢　　　　　　　　　　　　　　　　　　　1 000

上述材料查明系平时计量误差所致，经批准作为冲减管理费用处理。会计分录如下：

②借：管理费用　　　　　　　　　　　　　　　　　　　　　1 000
　　　贷：待处理财产损溢　　　　　　　　　　　　　　　　　　　1 000

上例的账务处理见图8-2。

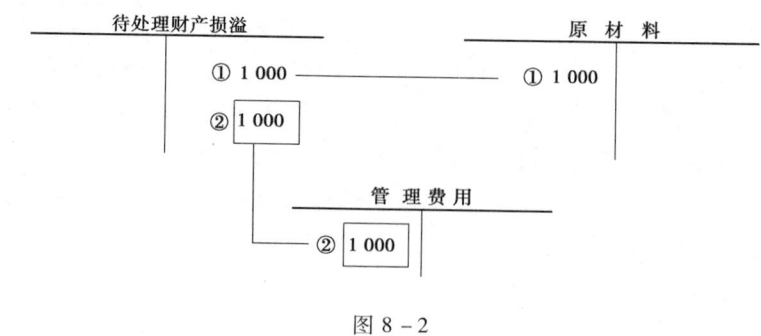

图 8-2

2. 财产盘亏的核算

盘亏的固定资产和盘亏、毁损的各种材料，在会计核算上借记"待处理财产损溢"和"累计折旧"账户，贷记"固定资产""原材料"等账户。按照规定程序批准转销时，属于固定资产盘亏的，借记"营业外支出"账户，贷记"待处理财产损溢"账户。属于流动资产的盘亏、毁损，先扣除残料价值，然后贷记"原材料"等账户，借记"待处理财产损溢"账户。剩余的净损失，属于非常损失部分，借记"营业外支出——非常损失"账户，贷记"待处理财产损溢"账户；属于一般经营损失部分，借记"管理费用"账户，贷记"待处理财产损溢"账户。现以材料盘亏为例，举例说明如下：

【例 8-3】 某企业在财产清查中，盘亏某种材料 1 500 元。

根据"实存账存对比表"，在审批前作为材料的盘亏数入账，会计分录如下：

① 借：待处理财产损溢　　　　　　　　　　　　　　　　　　　1 500
　　　贷：原材料　　　　　　　　　　　　　　　　　　　　　　　　　1 500

经审批，上述盘亏材料属于定额范围以内的自然损耗 500 元，作为"管理费用"计入本期损益；属于非常损失 800 元，作为"营业外支出"；属于保管人员过失造成的损失 200 元，由过失人赔偿，作为"其他应收款"处理。会计分录如下：

② 借：管理费用　　　　　　　　　　　　　　　　　　　　　　　500
　　　营业外支出　　　　　　　　　　　　　　　　　　　　　　　800
　　　其他应收款——×××　　　　　　　　　　　　　　　　　　200
　　　贷：待处理财产损溢　　　　　　　　　　　　　　　　　　　　　1 500

上例的账务处理见图 8-3。

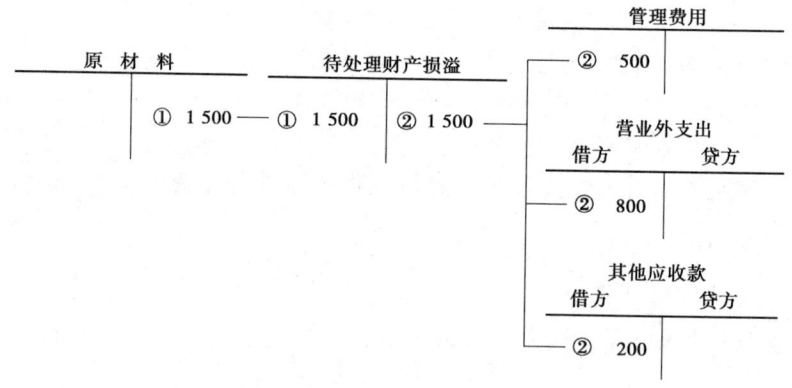

图 8-3

根据增值税会计处理办法的规定，企业购进的原材料等发生非正常损失及因改变用途等原因所发生的损溢，其进项税额应相应转入有关账户。如本例进项税税额为195元（1 500×13%），应先借记"待处理财产损溢"195元，贷记"应交税费——应交增值税"195元。待损失审批以后，分别转入有关账户，借记"管理费用"65元，"营业外损失"104元，"其他应收款"26元，贷记"待处理财产损溢"195元。

3. 坏账损失核销的记账方法

坏账损失是指企业无法收回的应收款项。企业的各项应收款项可能会因种种原因而无法收回，从而发生坏账损失，按《企业会计准则》规定，对这部分坏账损失应采用一定的方法按期估计提取"坏账准备"计入管理费用，待坏账损失实际发生时冲销已提取的坏账准备和相应的应收账款。因此，企业在清查财产中发现的无法收回的往来款项，经审查批准后直接冲减"坏账准备"账户。"坏账准备"账户是资产类账户，是"应收账款"账户的抵减账户，用来核算坏账准备的提取和转销情况，借方登记冲减数，贷方登记计提数，其期末贷方余额表示已计提但尚未转销的坏账准备，在核销前不必通过"待处理财产损溢"账户。现举例说明如下：

【例8-4】 某企业在财产清查中查明应收某工厂的货款500元，因长期拖欠，企业停产无法收回，报经批准，作为坏账损失处理，会计分录如下：

借：坏账准备　　　　　　　　　　　　　　　　　　　　　　　500
　　贷：应收账款　　　　　　　　　　　　　　　　　　　　　　500

知识点小结

1. 财产清查是通过对各项财产的盘点核对以确定其账存数与实存数是否相符一种专门方法。

2. 按财产清查按清查的范围划分，可分为全面清查和局部清查；按清查的时间划分，可分为定期清查和不定期清查。

3. 实地盘存制是指平时在账簿中只登记财产物资的增加数，不登记减少数，到月末结账时，根据实地盘点的实存数来倒挤本月的减少数，并据以登记有关账簿。

采用实地盘存制，核算工作比较简单，但手续不太严密。

4. 永续盘存制是指平时对各项财产物资的增加数和减少数，都要根据会计凭证连续记入有关账簿，并随时结出账面结存数额。

采用永续盘存制，可随时反映出财产物资的收入、支出和结余情况，从数量和金额上进行双重控制，加强了对财产物资的管理，但是在财产物资品种复杂、繁多的企业，其明细分类核算工作量较大。

5. 未达账项，是指开户银行和本单位之间，对于同一款项的收付业务，由于凭证传递时间和记账时间的不同，发生一方已经入账而另一方尚未入账的款项。

企业与开户银行之间的未达款项，有以下四种情况：

①企业已收，银行未收。

②企业已付，银行未付。

③银行已收,企业未收。
④银行已付,企业未付。

6. 企业在财产清查中查明的各种财产盘盈、盘亏的账务处理应通过"待处理财产损溢"账户进行处理,财产损溢必须在期末结账前处理完毕,"待处理财产损溢"账户结转后无余额。

 复习思考题

1. 为什么要进行财产清查?
2. 什么是实地盘存制?什么是永续盘存制?为什么实行永续盘存制的企业到年底还要进行财产盘点?
3. 财产清点以前要进行哪些准备工作?
4. 实物清查有哪几种盘点方式?为什么实物盘点要有实物负责人在场?
5. 什么叫未达账项?有哪些情况会发生未达账?
6. 财产清查结果如有差异,在账务上应如何处理?

第九章 财务报告

 学习目标

编制财务报告这一会计核算专门方法是其他各种会计核算专门方法运用的最终成果，也是会计核算工作的最终产物。通过学习，要求了解财务报告的概念和作用，明确财务报表的分类和编制财务报表的要求，掌握财务报表的结构内容和编制方法以及财务分析考核指标的计算和运用等方面的知识和技能。

本章重点：财务报告的作用；财务报表的编制要求；资产负债表、利润表、所有者权益变动表和现金流量表的结构内容和编制方法；财务分析考核指标的计算和运用等。

第一节 财务报告的含义和作用

一、财务报告的含义

财务报告是企业向财务报告使用者提供与企业财务状况、经营成果和现金流量等有关会计信息，反映企业管理层受托责任履行情况的书面报告。财务报告分为年度财务报告和中期财务报告。中期是指短于一个完整的会计年度的报告期间，包括半年度、季度和月度。年度、半年度财务报告内容至少包括资产负债表、利润表、现金流量表、所有者权益变动表及其附注和其他应当在财务报告中披露的相关信息和资料。季度、月度财务报告通常仅指财务报表。小企业编制的财务报表不包括所有者权益变动表。

会计报表附注是指对在会计报表中列示的主要项目所作的进一步说明，以及对未能在这些报表中列示项目的说明等，是财务报表的重要组成部分，会计报表附注的详细内容见本章第六节。

因此，编制财务报告是对会计核算工作的全面总结，也是及时提供合法、真实、准确、完整会计信息的重要环节，特别是在市场经济发展的条件下，与企业的会计信息使用者（包括企业内外有关部门和有关人员）有着密切的关联。

二、财务报告的作用

（一）对企业本身来说

财务报告所提供的资料，可以反映企业管理层受托责任履行情况，帮助企业领导和管理人员分析、检查企业的经营活动是否符合会计准则、制度规定；考核企业资金、成本、利润等计划指标的完成情况。运用财务报告资料，可以分析、评价企业经营管理中的成绩和不足，以便企业采取措施，提高经济效益。企业对财务报告的资料和其他资料进行分析，可为编制下期计划提供依据。同时，企业将财务报告在本企业职工代表大会上公布，可以进一步发挥职工的主人翁作用，从各方面提出改进建议，促进企业提高经济效益措施的落实。

（二）对主管部门来说

利用财务报告，主管部门可以考核所属单位的经营业绩以及各项经济政策的贯彻执行情况；并通过对所属单位同类指标的对比分析，总结成绩，推广先进经验，发现问题，分析原因，采取措施，克服薄弱环节。同时，通过财务报告汇总所提供的资料，可以在一定范围内反映国民经济计划执行情况，为国家宏观管理提供依据。

（三）对财政、税收、银行和审计等部门来说

利用财务报告所提供的资料：①财税部门可以了解企业资金筹集和运用是否合理，检查企业税收、利润计划的完成与解缴情况，以及有无违反税法和财经纪律的现象，以更好地发挥财政、税收的监督职能；②银行部门可以考查企业流动资金的使用情况，分析企业银行借款的物质保证程度，研究企业资金的正常需要量，了解银行借款的归还以及信贷纪律的执行情况，充分发挥银行的经济监督和经济杠杆作用；③审计部门可以了解企业的财务状况、经营情况及财经政策、法令和纪律的执行情况，从而为财务审计和经济效益审计提供必要的资料。

（四）对投资人、债权人和其他利害相关人来说

财务报告可以提供企业财务状况和偿债能力，作为投资、贷款和贸易的决策依据。

第二节　财务报表的分类及编制要求

一、财务报表的分类

财务报表是企业"财务报告"的主要组成部分。根据《企业会计准则第30号——财务报表列报》，财务报表的内容应当包括资产负债表、利润表、现金流量表、所有者权益变动表及其附注等。财务报表可以根据不同标准进行分类，以区别其性质和内容。

（一）财务报表按反映的经济内容划分

按财务报表反映的经济内容可分为三种类型：
(1) 反映一定日期企业资产、负债及所有者权益等财务状况的报表，如资产负债表。
(2) 反映一定时期内企业经营成果的报表，如利润表。
(3) 反映一定时期内企业财务状况变动情况的报表，如现金流量表、所有者权益变

动表。

以上三类报表可以划分为静态报表和动态报表，前者为资产负债表，后者为利润表、现金流量表和所有者权益变动表。

(二) 财务报表按提供对象划分

按财务报表提供的对象可分为对外提供的财务报表和内部财务报表。对外提供的财务报表主要是资产负债表、利润表、现金流量表、所有者权益变动表及其附注，其格式和内容有统一规定；内部财务报表是为了满足企业内部管理的需要，其内容由企业自行规定。但两者都必须遵守会计核算的基本原则，保证会计信息的真实、可靠。

(三) 财务报表按编报的时期划分

按财务报表编报的时期可分为年度财务报表和中期财务报表。资产负债表和利润表一般均报送中期报表和年度报表；现金流量表、所有者权益变动表、附注及各种有关附表均为年度报表。

(四) 财务报表按编报的单位划分

按财务报表编报的单位可分为个别报表、汇总报表和合并财务报表。其中，个别报表是指独立核算的基层企业的财务报表；汇总报表是指上级企业或上级单位对所属企业汇总编制的财务报表；合并报表是指反映母公司及其全部子公司形成的企业集团的整体财务状况、经营成果和现金流量的财务报表。其合并范围应以一个企业能拥有被投资单位半数以上的表决权，能决定其财务和经营政策，并能从其经营活动中获取利益的权力为参考。在编制合并报表时，应当按照比例合并方法进行合并。本章重点是阐述独立核算企业编制个别财务报表。

根据《企业会计准则——应用指南》，一般企业财务报表的分类格式见表 9-1 至表 9-4。

表 9-1   资产负债表   会企 01 表

编制单位：   2024 年 12 月 31 日   单位：元

资产	期末余额	上年年末余额	负债及所有者权益	期末余额	上年年末余额
流动资产：			流动负债：		
货币资金			短期借款		
交易性金融资产			交易性金融负债		
衍生金融资产			衍生金融负债		
应收票据			应付票据		
应收账款			应付账款		
应收款项融资			预收款项		
预付款项			合同负债		
其他应收款			应付职工薪酬		
存货			应交税费		
合同资产			其他应付款		
持有待售资产			持有待售负债		
一年内到期的非流动资产			一年内到期的非流动负债		
其他流动资产			其他流动负债		
流动资产合计			流动负债合计		

续表

资　产	期末余额	上年年末余额	负债及所有者权益	期末余额	上年年末余额
非流动资产：			非流动负债：		
债权投资			长期借款		
其他债权投资			应付债券		
长期应收款			其中：优先股		
长期股权投资			永续债		
其他权益工具投资			租赁负债		
其他非流动金融资产			长期应付款		
投资性房地产			预计负债		
固定资产			递延收益		
在建工程			递延所得税负债		
生产性生物资产			其他非流动负债		
油气资产			非流动负债合计		
使用权资产			负债合计		
无形资产			所有者权益（或股东权益）：		
开发支出			实收资本（或股本）		
商誉			其他权益工具		
长期待摊费用			其中：优先股		
递延所得税资产			永续债		
其他非流动资产			资本公积		
非流动资产合计			减：库存股		
			其他综合收益		
			专项储备		
			盈余公积		
			未分配利润		
			所有者权益合计		
资产总计			负债和所有者权益总计		

表9-2　　　　　　　　　　　　　　　利　润　表　　　　　　　　　　　　　　会企02表

编制单位：　　　　　　　　　　　　　2024年12月　　　　　　　　　　　　　　单位：元

项　目	本期金额	上期金额
一、营业收入		
减：营业成本		
税金及附加		
销售费用		
管理费用		
研发费用		
财务费用		
其中：利息费用		
利息收入		
加：其他收益		
投资收益（损失以"-"号填列）		
公允价值变动收益（损失以"-"号填列）		
信用减值损失（损失以"-"号填列）		
资产减值损失（损失以"-"号填列）		
资产处置收益（损失以"-"号填列）		
二、营业利润（亏损以"-"号填列）		
加：营业外收入		
减：营业外支出		

续表

项目	本期金额	上期金额
三、利润总额（亏损总额以"-"号填列）		
减：所得税费用		
四、净利润（净亏损以"-"号填列）		
（一）持续经营净利润（净亏损以"-"号填列）		
（二）终止经营净利润（净亏损以"-"号填列）		
五、其他综合收益的税后利润		
六、综合收益总额		
七、每股收益：		
（一）基本每股收益		
（二）稀释每股收益		

表 9-3　　　　　　　　　　　　　现金流量表　　　　　　　　　　　　　会企 03 表

编制单位：　　　　　　　　　　　　2024 年度　　　　　　　　　　　　　　单位：元

项目	行次	本期金额	上期金额
一、经营活动产生的现金流量：	略		
销售商品、提供劳务收到的现金			
收到的税费返还			
收到的其他与经营活动有关的现金			
经营活动现金流入小计			
购买商品、接受劳务支付的现金			
支付给职工以及为职工支付的现金			
支付的各项税费			
支付的其他与经营活动有关的现金			
经营活动现金流出小计			
经营活动产生的现金流量净额			
二、投资活动产生的现金流量：			
收回投资收到的现金			
取得投资收益收到的现金			
处置固定资产、无形资产和其他长期资产收回的现金净额			
处置子公司及其他营业单位收到的现金净额			
收到的其他与投资活动有关的现金			
投资活动现金流入小计			
购建固定资产、无形资产和其他长期资产支付的现金			
投资支付的现金			
取得子公司及其他营业单位支付的现金净额			
支付的其他与投资活动有关的现金			
投资活动现金流出小计			
投资活动产生的现金流量净额			
三、筹资活动产生的现金流量：			
吸收投资收到的现金			
取得借款收到的现金			
收到的其他与筹资活动有关的现金			
筹资活动现金流入小计			
偿还债务支付的现金			
分配股利、利润和偿付利息支付的现金			
支付其他与筹资活动有关的现金			
筹资活动现金流出小计			
筹资活动产生的现金流量净额			

续表

项目	行次	本期金额	上期金额
四、汇率变动对现金及现金等价物的影响			
五、现金及现金等价物净增加额			
加：期初现金及现金等价物余额			
六、期末现金及现金等价物余额			
补　充　资　料			
1. 将净利润调节为经营活动现金流量：			
净利润			
加：资产减值准备			
固定资产折旧			
无形资产摊销			
长期待摊费用摊销			
处置固定资产、无形资产和其他长期资产的损失（收益以"－"号填列）			
固定资产报废损失（收益以"－"号填列）			
公允价值变动损失（收益以"－"号填列）			
财务费用（收益以"－"号填列）			
投资损失（收益以"－"号填列）			
递延所得税资产减少（增加以"－"号填列）			
递延所得税负债增加（减少以"－"号填列）			
存货减少（增加以"－"号填列）			
经营性应收项目的减少（增加以"－"号填列）			
经营性应付项目的增加（减少以"－"号填列）			
其他			
经营活动产生的现金流量净额			
2. 不涉及现金收支的投资和筹资活动：			
债务转为资本			
一年内到期的可转换公司债券			
融资租入固定资产			
3. 现金及现金等价物净变动情况：			
现金的期末余额			
减：现金的期初余额			
加：现金等价物的期末余额			
减：现金等价物的期初余额			
现金及现金等价物净增加额			

所有者权益（股东权益）变动表

表 9-4
编制单位：　　　　　　　　　　　　　　　　　　　　　　　　年度　　　　　　　　　　　　　　　　　　　　　　　　　　　会企 04 表
　　单位：元

项目	本年金额										上年金额									
	实收资本（或股本）	其他权益工具			资本公积	减：库存股	其他综合收益	专项储备	盈余公积	未分配利润	所有者权益合计	实收资本（或股本）	其他权益工具			资本公积	减：库存股	其他综合收益	专项储备	盈余公积	未分配利润	所有者权益合计
		优先股	永续债	其他									优先股	永续债	其他							
一、上年末余额																						
加：会计政策变更																						
前期差错更正																						
其他																						
二、本年年初余额																						
三、本年增减变动金额（减少以"-"号填列）																						
（一）综合收益总额																						
（二）所有者投入和减少资本																						
1.所有者投入普通股																						
2.其他权益工具持有者投入资本																						
3.股份支付计入所有者权益的金额																						
4.其他																						
（三）利润分配																						
1.提取盈余公积																						
2.对所有者（或股东）的分配																						
3.其他																						
（四）所有者权益内部结转																						
1.资本公积转增资本（或股本）																						
2.盈余公积转增资本（或股本）																						
3.盈余公积弥补亏损																						
4.设定受益计划变动额结转留存收益																						
5.其他综合收益结转留存收益																						
6.其他																						
四、本年末余额																						

二、编制财务报表的要求

（一）财务报表列报的基本要求

1. 列报基础

（1）企业应在持续经营基础上编报财务报表。

（2）企业正式决定或被迫在当期或将在下一个会计期间进行清算或停止营业的，应采用其他基础编报财务报表，并在附注中声明未以持续经营为基础列报的原因。

2. 重要性判断

（1）判断项目性质的重要性，应考虑项目的性质是否属于企业日常活动等因素。

（2）判断金额大小的重要性，应通过单项金额占资产总额、负债总额、所有者权益总额、营业收入总额、营业成本总额、净利润总额等直接相关项目金额的比重加以确定。

3. 正常营业周期

判断流动资产、流动负债所指的一个正常营业周期，通常是指企业从购买用于加工的资产起至实现现金或现金等价物的期间。

正常营业周期通常短于1年，也有长于1年的。如正常营业周期不能确定的，应当以1年（12个月）作为正常营业周期。

（二）财务报表编制的质量要求

为了充分发挥财务报表在经营管理中的重要作用，必须保证财务报表的质量。在编制财务报表时，应做到以下四点：

1. 数字真实

企业应当根据真实、正确、完整的会计资料，按照国家统一的会计准则、制度规定编制财务报表，以保证财务报表的真实性。不能用估计数代替实际数，更不能弄虚作假，篡改数字，隐瞒谎报。

账簿记录是编制财务报表的主要依据，在编制财务报表时，必须做到：

（1）按期结账。在结账之前，所有已经发生的收入、支出、债权、债务，应当摊销或预提的费用以及其他已经完成的经营活动和财务收支事项，都应全部登记入账。

（2）认真对账和进行财产清查。对于各种账簿记录，在编制报表之前，必须认真地审查和核对，对有关财产物资进行盘点和清查，对应收、应付款项和银行存（借）款进行查询核对，以达到账证相符、账账相符、账实相符、账款相符。在清查中应对财务报表中各项会计要素进行合理的确认和计量，不得随意更改。

（3）在结账、对账和财产清查的基础上，通过编制总分类账户本期发生额试算平衡表以验算账目有无错漏，为正确编制会计报表提供可靠的数据。在编报以后，还必须认真复核，做到账表相符，报表与报表之间有关数字衔接一致。

2. 内容完整

每个单位都必须按照国家统一规定的报表种类、格式和内容编制财务报表，以保证其完整性。对不同的会计期间（月、季、半年、年）应当编报的各种财务报表，必须编报齐全；应当填列的报表指标，无论是表内项目，还是补充资料，必须全部填列；应汇总编制的所属各单位的会计报表，必须全部汇总，不得漏编、漏报。

3. 说明清楚

财务报表中需要加以说明的项目，在会计报表附注中用简要的文字和数字加以说明。对财务报表中主要指标的构成和计算方法，本报告期发生的特殊情况，如经营范围变化、经营结构变更以及本报告期经济效益影响较大的各种因素都必须加以说明。

4. 报送及时

财务报表必须按照国家或上级主管部门规定的期限和程序，及时编制，及时报送，以保证报表的及时性。要保证财务报表编报及时，必须加强日常的核算工作，认真做好记账、算账、对账和财产清查，调整账面工作，同时加强会计人员的配合协作。但不能为赶编财务报表而提前结账，更不应为了提前报送而影响报表质量。

此外，财务报表应当由单位负责人和主管会计工作的负责人、会计机构负责人签名并盖章，设置总会计师的单位还须由总会计师签名并盖章，分别对财务报表的真实性、合法性负责。单位负责人是本单位会计行为的第一责任人，对本单位财务报表的真实性、合法性负责；有关会计负责人员也应承担相应的责任。

以上各点必须同时做到，才能发挥财务报表应有的作用。

第三节 资产负债表的编制

一、资产负债表的格式和内容

资产负债表是反映企业在某一特定日期的财务状况的报表。企业须按月、按季、按半年、按年编制资产负债表，及时为有关部门和有关人员提供企业会计信息，作为企业投资人、债权人、国家管理部门和各级管理人员投资、信贷及经营决策的依据。

资产负债表的格式一般有两种：一种是账户式，其结构分为左、右两方，左边列示资产项目，右边列示负债及所有者权益项目，根据会计平衡公式，左、右两方的总额是相等的；另一种格式是报告式，其结构分为上、下两方，上方列示资产项目，下方列示负债及所有者权益项目，上、下两方的合计数相等。我国会计准则、制度规定，企业一律采用账户式格式，账户的两方分别列示"资产""负债和所有者权益"的项目名称，以及各项目对应的"期末余额""年初余额"。"年初余额"栏内各项数字，应根据上年末资产负债表"期末余额"栏内所列数字填列。如果本年度项目的名称和内容与上年度不一致时，应将上年末的名称和数字按本年度的规定进行调整。

资产负债表的内容主要根据"资产＝负债＋所有者权益"平衡公式设置，分为资产、负债和所有者权益三类，各类项目分别列示。

资产类项目按流动性强弱列示，一般分为流动资产和非流动资产。流动资产是指预计在1年或超过1年的一个正常营业周期内变现或耗用的资产，主要包括货币资金、交易性金融资产、衍生金融资产、应收票据、应收账款、预付款项、其他应收款、存货等。非流动资产是指流动资产以外的资产，应予归类并按其性质分类列示，主要包括债权投资、长期应收款、长期股权投资、固定资产、无形资产、长期待摊费用等。

负债类项目按偿还期长短列示，一般分为流动负债和非流动负债。流动负债是指预计在1年或超过1年的一个正常营业期中偿还的负债，主要包括短期借款、交易性金融负债、衍生金融负债、应付票据、应付账款、预收款项、应付职工薪酬、应交税费等。非流动负债是指流动负债以外的负债，应予归类并按其性质分类列示，主要包括长期借款、应付债券、长期应付款等。

所有者权益项目按永久性程度列示，一般分为实收资本、资本公积、盈余公积和利润分配等。

资产负债表的这种列示方式比较清楚地反映了企业资产的流动性和负债的变现性，以及所有者权益的构成情况，可用于分析企业的财务状况和偿债能力。

二、资产负债表的编制

资产负债表中的数据主要来自会计账簿记录，有的可以根据相关账户的期末余额填列，有的应按有关账户合并分析或调整后填列。资产负债表各项目的"年初余额"应按上年各有关项目"年末余额"填列，各项目的"期末余额"应根据相关账户的期末余额填列，具体方法表述如下：

（一）根据总账账户期末余额直接填列

采用此类方法的资产方的项目有："其他权益工具投资""长期待摊费用""商誉""递延所得税资产"等。负债及所有者权益方的项目有："短期借款""交易性金融负债""应付票据""持有待售负债""递延收益""递延所得税负债""实收资本（或股本）""库存股""资本公积""其他综合收益""专项储备""盈余公积"等项目。

（二）根据同类总账账户期末余额合并计算填列

货币资金项目，应根据"库存现金""银行存款""其他货币资金"账户的期末余额合计数计算填列。

又如，存货项目，应根据"材料采购""原材料""在途物资""库存商品""周转材料（包装物、低值易耗品）""委托加工物资""生产成本"等账户的期末余额合计数，减去"存货跌价准备"账户期末余额后的金额填列。材料采用计划成本核算以及库存商品采用售价核算的企业，还应加或减"材料成本差异""商品进销差价"账户余额后再填列。如果期末结账后，有关账户账面金额为："材料采购"借方 80 000 元，"原材料"借方 600 000 元，"库存商品"借方 900 000 元，"周转材料"借方 300 000 元，"存货跌价准备"贷方 100 000 元，则资产负债表中"存货"项目的金额应为：

80 000 + 600 000 + 900 000 + 300 000 − 100 000 = 1 780 000（元）

（三）根据总账账户余额减去其备抵账户后的净额填列

例如，无形资产项目根据"无形资产"账户期末余额减去"累计摊销""无形资产减值准备"备抵账户余额后的净额填列；"长期股权投资"项目根据其期末余额减去"长期股权投资减值准备"账户余额的净额填列；"固定资产"项目根据其期末余额减去"累计折旧""固定资产减值准备"账户余额后的净额填列等。如果期末结账后，有关账户账面金额为："固定资产"借方 500 000 元，"累计折旧"贷方 100 000 元，"固定资产减值准备"贷方 50 000 元，则资产负债表中"固定资产"项目的金额为：

500 000 − 100 000 − 50 000 = 350 000（元）

（四）根据结算账户的有关明细账户的期末余额调整填列

例如，"应收账款"所属明细账户的期末余额在贷方时，应调整为"预收账款"账户的贷方余额，填入"预收款项"项目；如"预付账款"所属明细账户的期末余额在贷方时，应调整为"应付账款"账户的贷方余额，填入"应付账款"项目；如"应付账款"所属各明细账户的期末余额在借方时，应调整为"预付账款"账户的借方余额，填入"预付款项"项目等。如期末结账后有关所属明细账账户金额见表9-5。

表9-5　　　　　　　　　　　　　明细账　　　　　　　　　　　　　单位：元

	借方	贷方
应收账款	400 000	50 000
预付账款	200 000	20 000
应付账款	100 000	500 000
预收账款	200 000	600 000

则资产负债表中相关的项目金额为：

"应收账款"项目 = 400 000 + 200 000 = 600 000（元）

"预付款项"项目 = 200 000 + 100 000 = 300 000（元）

"应付账款"项目 = 20 000 + 500 000 = 520 000（元）

"预收款项"项目 = 600 000 + 50 000 = 650 000（元）

为准确反映企业的财务状况，编制资产负债表时应注意报表的各项数额必须核对相符，包括：总计数与合计数相加之和相符；合计数与各项目之和相符；资产总计与负债和所有者权益总计相符等；编表期内重要项目的变动，应在附注栏内加以说明。

三、资产负债表编表举例

甲公司2024年年末有关账户余额资料见表9-6（年初余额略）。

表9-6　　　　　　　　　　　甲公司年末有关账户余额表　　　　　　　　　　　单位：元

账户名称	借方余额	贷方余额	账户名称	借方余额	贷方余额
库存现金	70 000		短期借款		235 000
银行存款	250 000		应付票据		220 000
其他货币资金	205 000		应付账款		500 000
应收票据	35 000		预收账款		20 000
应收股利	35 000		应付职工薪酬		135 000
交易性金融资产	125 000				
应收账款	356 000		应交税费		45 000
坏账准备		6 000	其他应付款		155 000
预付账款	60 000		长期借款		500 000
其他应收款	20 000		实收资本		1 500 000
原材料	300 000		资本公积		89 000
库存商品	165 000		盈余公积		256 000
周转材料	50 000		利润分配		125 000
生产成本	185 000				
长期股权投资	390 000				
长期股权投资减值准备		20 000			

续表

账户名称	借方余额	贷方余额	账户名称	借方余额	贷方余额
固定资产	2 000 000				
累计折旧		650 000			
在建工程	120 000				
无形资产	90 000				
合计	4 456 000	676 000	合计		3 780 000

说明:

经查明,以上各账户中有三个账户应在列表时按规定予以调整:在"应收账款"账户中有明细账贷方余额10 000元;在"应付账款"账户中有明细账借方余额20 000元;在"预付账款"账户中有明细账贷方余额5 000元。

现将上述资料经归纳分析后填入资产负债表如下:

(1) 将"库存现金""银行存款""其他货币资金"账户余额合并列入"货币资金"项目,共计525 000元(70 000 + 250 000 + 205 000)。

(2) 将"坏账准备"项目6 000元从"应收账款"项目中减去;将"应收账款"明细账中的贷方余额10 000元列入"预收款项"项目。则"应收账款"项目的余额为360 000元(356 000 - 6 000 + 10 000);"坏账准备"项目为0;"预收款项"项目为30 000元(20 000 + 10 000)。

(3) 将"应付账款"明细账中的借方余额20 000元列入"预付款项"项目;将"预付账款"账户明细账中的贷方余额5 000元列入"应付账款"项目。则"预付款项"项目的余额为85 000元(60 000 + 20 000 + 5 000),"应付账款"项目的余额为525 000元(500 000 + 20 000 + 5 000)。

(4) 将"原材料""库存商品""周转材料""生产成本"账户余额合并为"存货"项目,共计700 000元(300 000 + 165 000 + 50 000 + 185 000)。

(5) 从"长期股权投资"账户中减去"长期股权投资减值准备"20 000元,则"长期股权投资"项目的余额为370 000元(390 000 - 20 000)。

(6) 从"固定资产"账户中减去"累计折旧",则"固定资产"项目的余额为1 350 000元(2 000 000 - 650 000)。

(7) 其余各项目按账户余额表列数字直接填入报表。

现试编资产负债表(见表9-7)。

表9-7　　　　　　　　　　　资　产　负　债　表

编制单位:甲公司　　　　　　　2024年12月31日　　　　　　　会企01表　　单位:元

资　产	期末余额	年初余额	负债和所有者权益(或股东权益)	期末余额	年初余额
流动资产:			流动负债:		
货币资金	525 000		短期借款	235 000	
交易性金融资产	125 000		交易性金融负债		
衍生金融资产			衍生金融负债		
应收票据	35 000		应付票据	220 000	
应收账款	360 000		应付账款	525 000	

续表

资 产	期末余额	年初余额	负债和所有者权益（或股东权益）	期末余额	年初余额
预付款项	85 000		预收款项	30 000	
			应付职工薪酬	135 000	
			应交税费	45 000	
其他应收款	55 000				
存货	700 000				
一年内到期的非流动资产			其他应付款	155 000	
其他流动资产			一年内到期的非流动负债		
流动资产合计	1 885 000		其他流动负债		
非流动资产：			流动负债合计	1 345 000	
			非流动负债		
			长期借款	500 000	
长期应收款			应付债券		
			租赁负债		
长期股权投资	370 000		长期应付款		
投资性房地产					
固定资产	1 350 000		预计负债		
			递延收益		
在建工程	120 000		递延所得税负债		
			其他非流动负债		
			非流动负债合计	500 000	
生产性生物资产			负债合计	1 845 000	
油气资产			所有者权益（或股东权益）：		
使用权资产					
无形资产	90 000		实收资本（或股本）	1 500 000	
			其他权益工具		
			其中：优先股		
			永续债		
开发支出			资本公积	89 000	
商誉			减：库存股		
			其他综合收益		
			专项储备		
长期待摊费用			盈余公积	256 000	
递延所得税资产			未分配利润	125 000	
其他非流动资产			所有者权益（或股东权益）合计	1 970 000	
非流动资产合计	1 930 000				
资产总计	3 815 000		负债和所有者权益（或股东权益）总计	3 815 000	

第四节 利润表及所有者权益变动表的编制

一、利润表

（一）利润表的结构和内容

利润表是反映企业在一定会计期间经营成果的会计报表。当前国际上常用的利润表格式有单步式和多步式两种。单步式是将当期收入总额相加，然后将所有费用总额相加，一次计算出当期收益的方式，其特点是所提供的信息都是原始数据，便于理解；多步式是将各种利润分多步计算求得净利润的方式，便于报表使用者对企业经营情况和营利能力进行比较和分析。当前我国采用的是多步式利润表，其结构内容为：

营业利润 = 营业收入 − 营业成本 − 税金及附加 − 销售费用 − 管理费用 − 财务费用 − 资产减值损失 + 公允价值变动收益 + 投资收益

利润总额 = 营业利润 + 营业外收入 − 营业外支出

净利润 = 利润总额 − 所得税费用

上列计算公式中：营业收入包括主营业务收入和其他业务收入；营业成本包括主营业务成本和其他业务成本；资产减值损失包括企业计提的各项减值准备所形成的损失；公允价值变动收益是企业交易性金融资产等公允价值变动所形成的当期损益；投资收益包括企业对外投资所取得的收益。

（二）利润表各项目的填列方法

利润表分为本期金额和上期金额两栏。"本期金额"栏反映各项目的本期实际发生数；"上期金额"栏反映上年实际发生数；如果上期利润表与本期利润表的项目名称和内容不一致，应将上期利润表项目的名称和数字按本年度的规定进行调整，填入"上期金额"栏。

"本期金额"栏应根据"主营业务收入""主营业务成本""其他业务收入""其他业务成本""税金及附加""销售费用""管理费用""财务费用""投资收益""营业外收入""营业外支出""所得税费用"等账户的发生额分析计算填列。"营业利润""利润总额""净利润"等项目，如分析计算结果为损失或亏损时，应以"−"号填列。

（三）利润表编表举例

例如，甲公司2024年度利润表有关账户的累计发生额见表9−8。

表9−8　　　　利润表有关账户累计发生额

账户名称	借方发生额	贷方发生额
主营业务收入		12 500 000
其他业务收入		230 000
投资收益		3 200 000
补贴收入		
营业外收入		2 850 000
主营业务成本	8 320 000	
税金及附加	550 000	

续表

账户名称	借方发生额	贷方发生额
其他业务成本	180 000	
销售费用	200 000	
管理费用	1 050 000	
财务费用	1 000 000	
营业外支出	2 000 000	
所得税费用	1 370 000	

根据上列资料，计算各项目内容如下：

（1）营业收入 = 12 500 000 + 230 000 = 12 730 000（元）

（2）营业成本 = 8 320 000 + 180 000 = 8 500 000（元）

（3）营业利润 = 12 730 000 - 8 500 000 - 550 000 - 200 000 - 1 050 000 - 1 000 000 + 3 200 000 = 4 630 000（元）

（4）利润总额 = 4 630 000 + 2 850 000 - 2 000 000 = 5 480 000（元）

（5）净利润 = 5 480 000 - 5 480 000 × 25% = 5 480 000 - 1 370 000 = 4 110 000（元）

现编制利润表见表9-9。

表9-9　　　　　　　　　　　　　利 润 表　　　　　　　　　　　　　会企02表

编制单位：甲公司　　　　　　　　2024年12月　　　　　　　　　　　　单位：元

项　　目	本期金额	上期金额
一、营业收入	12 730 000	12 250 000
减：营业成本	8 500 000	8 200 000
税金及附加	550 000	500 000
销售费用	200 000	180 000
管理费用	1 050 000	980 000
研发费用		
财务费用	1 000 000	940 000
其中：利息费用		
利息收入		
资产减值损失	—	—
加：其他收益		
投资收益（损失以"-"号填列）	3 200 000	2 000 000
公允价值变动收益（损失以"-"号填列）	—	
信用减值损失（损失以"-"号填列）		
资产减值损失（损失以"-"号填列）		
资产处置收益（损失以"-"号填列）		
二、营业利润（亏损以"-"号填列）	4 630 000	3 450 000
加：营业外收入	2 850 000	800 000
减：营业外支出	2 000 000	700 000
其中：非流动资产处置损失		
三、利润总额（亏损总额以"-"号填列）	5 480 000	3 550 000
减：所得税费用	1 370 000	887 500
四、净利润（净亏损以"-"号填列）	4 110 000	2 662 500
（一）持续经营利润（净亏损以"-"号填列）		
（二）终止经营利润（净亏损以"-"号填列）		
五、其他综合收益的税后利润		
六、综合收益总额		
七、每股收益：	—	

续表

项　目	本期金额	上期金额
（一）基本每股收益		
（二）稀释每股收益		

二、所有者权益变动表

（一）所有者权益变动表的结构和内容

所有者权益变动表是反映所有者权益的各个部分当期增减变动的报表，包括实收资本、资本公积、盈余公积和未分配利润的当期增减情况。此表也是一张动态报表。

所有者权益变动表是由净利润、直接计入所有者权益的利得和损失、所有者投入和减少资本、利润分配以及所有者权益内部结转五部分。

（二）所有者权益变动表各项目的填列

（1）本年年初余额 = 各项目上年年末余额 + 会计政策变更和前期差错调整

（2）本年年末余额 = 本年年初余额 ± 本年增减变动金额

（3）本年增减变动金额 = 净利润 + 直接计入所有者权益的利得和损失 + 所有者投入和减少资本 + 利润分配 + 所有者权益内部结转

所有者权益变动表的格式见表9-4。

第五节　现金流量表的编制

现金流量表是指反映企业在一定会计期间的现金和现金等价物流入和流出的财务报表，是一张动态报表。在资产负债表和利润表已经反映企业财务状况和经营成果信息的基础上，现金流量表进一步说明企业现金进出的整体情况，提供财务状况的变动信息，以便于企业的投资者、债权人和其他财务报表使用者了解企业运用经济资源创造现金流量的能力、运用资金产生现金流量的能力，以及筹资获得现金流量的能力，从而评价企业支付能力、偿债能力和周转能力，准确预测企业未来的现金流量，分析企业收益质量及影响现金净流量的因素。

一、现金流量表的结构和内容

现金流量表所指的现金一般包括现金及现金等价物。其中，现金是指企业库存现金以及可以随时用于支付的银行存款和其他货币资金；现金等价物是指企业持有的期限短、流动性强、易于转换为已知金额现金、价值变动风险很小的投资。例如，从购买日起3个月内到期的可以在市场流通的短期债券投资等。凡不能随时支付的定期存款和长期性投资均不能作为现金。企业的现金流量是指某一时期内现金流入、流出的数量。

现金流量表的结构包括基本报表和补充资料（在附注中披露）。

（一）基本报表

基本报表的内容有六项：经营活动产生的现金流量、投资活动产生的现金流量、筹资活动产生的现金流量、汇率变动对现金及现金等价物的影响、现金及现金等价物净增加额、期末现金及现金等价物余额。

（二）补充资料

补充资料有三项：一是将净利润调节为经营活动现金流量；二是不涉及现金收支的重大投资和筹资活动；三是现金及现金等价物净变动情况。

基本报表与补充资料两者的关系如下：一是基本报表中的第一项经营活动产生的现金流量净额与补充资料中的第一项经营活动产生的现金流量净额，应当核对相符；二是基本报表中的第五项与补充资料中的第三项存在钩稽关系，金额应当一致；三是基本报表中的数字是现金流入与现金流出的差额，补充资料中的数字是现金与现金等价物期末数与期初数的差额，其计算依据不同，但结果应当一致，两者应核对相符。

二、现金流量表的编制方法

现金流量表的编制方法有直接法和间接法两种。

直接法通过现金收入和支出的主要类别，直接根据企业有关账户的会计记录分析填列，反映来自企业经营活动的现金流量。

间接法则是根据利润表中的净收益，调整为现金流量，将权责发生制下的收入、成本和费用转换为现金基础，即从净收益中加上未支付现金的支出，如折旧、摊销等，再减去未收到现金的销货应收款等项目；将资产负债表和现金流量表中的投资、筹资项目，反映为投资和筹资活动的现金流量；将利润表中有关投资和筹资方面的收入和费用列入现金流量表的投资、筹资现金流量中去，求出实际的现金流量，对当期业务进行分析并对有关项目进行调整。

《企业会计准则第31号——现金流量表》要求企业采用直接法报告经营活动的现金流量，同时要求在补充资料中用间接法来计算现金流量。现简要介绍现金流量表主要项目的填列方法。

（一）基本报表的编制

1. 经营活动产生的现金流量

（1）"销售商品、提供劳务收到的现金"，该项目一般应包括当期销售商品或提供劳务所收到的现金收入（包括增值税销项税额）；当期收到前期销售商品、提供劳务的应收账款或应收票据；当期的预收账款；当期因销货退回而支付的现金或收回前期核销的坏账损失。当前收到的货款和应收、应付账款，原规定不包括应收增值税销项税额，现为简化手续，将收到的增值税销项税款并入"销售商品、提供劳务收到的现金"及应收、应付项目中，并对报表有关项目作相应修改。

例如，甲公司本期收到商品销售收入现金120万元；支付客户退货价款5万元；应收账款期初余额为10万元，期末余额为8万元；应收票据期初余额为15万元，期末余额为6万元（均包括增值税额）。以上各项目计算结果，该公司销售商品、提供劳务收到的现金应为126万元。其计算过程如下：

$$120 + (10 - 8) + (15 - 6) - 5 = 126（万元）$$

（2）"收到的税费返还"，该项目包括收到的增值税、消费税、所得税、关税和教育费附加的返还等。

例如，甲公司本期收到出口产品增值税退还50 000元，收到消费税退还20 000元。

（3）"收到其他与经营活动有关的现金"，该项目反映企业除了上述各项以外收到的其他与经营活动有关的现金流入。

(4)"购买商品、接受劳务支付的现金",该项目一般包括当期购买商品、接受劳务支付的现金;当期支付前期的购货应付账款或应付票据(均包括增值税进项税额);当期预付的账款,以及购货退回所收到的现金。

例如,甲公司当期购买原材料支付现金30万元;当期支付前期进货应付账款20万元;当期预付购货款3万元(均包括增值税额)。甲公司当期"购买商品、接受劳务支付的现金"为53万元(30+20+3)。

(5)"支付给职工以及为职工支付的现金",该项目包括本期实际支付给职工的工资、奖金、各种津贴和补贴等,以及经营人员的养老金、保险金和其他各项支出。

例如,甲公司支付给经营人员的工资、奖金等支出5万元,应列入"支付给职工以及为职工支付的现金"项目。

(6)"支付的各项税费",该项目反映企业按规定支付的各项税费,包括本期发生并支付的税费,以及本期支付以前各期发生的税费和预缴的税款。

例如,甲公司当期向税务机关缴纳各项税款42万元。

(7)"支付其他与经营活动有关的现金",该项目反映企业除了上述各项以外的其他与经营活动有关的现金流出。例如,甲公司当期支付的其他与经营活动有关的现金10万元。

根据以上有关项目的例题计算,甲公司经营活动所产生的现金流入为133万元(126+7),现金流出110万元(53+5+42+10);经营活动所产生的现金流量净额为23万元(133-110)。

2. 投资活动产生的现金流量

(1)"收回投资收到的现金",该项目反映企业因出售转让或到期收回除现金等价物以外的短期投资、长期股权投资而收到的现金,以及因收回长期债权投资本金而收到的现金,按实际收回的投资额填列。

例如,甲公司出售权益性投资本金为20万元,收回的投资金额为25万元,本项目应按25万元填列。

(2)"取得投资收益收到的现金",该项目反映企业因股权性投资和债权性投资而取得的现金股利、利息,以及从子公司、联营企业或合营企业分回利润而收到的现金。到期收回的本金应在"收回投资收到的现金"项目中反映。

例如,甲公司收回到期债券本金20万元;债券利息为6万元。收回的现金应列入"收回投资收到的现金"20万元;"取得投资收益收到的现金"6万元。

(3)"处置固定资产、无形资产和其他长期资产收回的现金净额",该项目反映企业为处置这些资产所取得的现金,扣除为处置这些资产而支付的有关费用后的净额。

例如,甲公司出售设备1台,收到价款5万元,支付设备拆卸等费用0.5万元。收到处置固定资产的现金净额为4.5万元(5-0.5)。

(4)处置子公司及其他单位收到的现金净额。

(5)"收到其他与投资活动有关的现金",该项目反映企业除了上述各项以外收到的其他与投资活动有关的现金流入。

(6)"购建固定资产、无形资产和其他长期资产支付的现金",该项目包括企业购买、建造固定资产,取得无形资产和其他长期资产所支付的现金,不包括为购建固定资产而发生的借款利息资本化的部分以及融资租赁租入固定资产所支付的租金和利息。

例如，甲公司购入机器 1 台，支付价款 30 万元（含增值税额），则"购建固定资产、无形资产和其他长期资产支付的现金"为 30 万元。

（7）"投资支付的现金"，该项目反映企业进行权益性投资和债权性投资支付的现金，包括短期股票、短期债券、长期股权和债权投资支付的现金及佣金、手续费等附加费用。

（8）取得子公司及其他营业单位支付的现金净额。

（9）"支付其他与投资活动有关的现金"，该项目反映企业除上述各项以外，支付的其他与投资活动有关的现金流出。

根据以上有关项目的例题计算，甲公司投资活动所产生的现金流入为 55.5 万元（25 + 20 + 6 + 4.5），现金流出为 30 万元，现金流量净额为 25.5 万元（55.5 - 30）。

3. 筹资活动产生的现金流量

筹资活动是指导致企业资本及债务规模和构成发生变化的活动。

（1）"吸收投资收到的现金"，该项目反映企业收到的投资者投入的资金，包括发行股票、债券所实际收到的款项净额（发行收入减去支付的佣金等发行费用后的净额）。在一般，企业中，发行股票、债券的业务比较少，这里不另举例。

（2）"取得借款收到的现金"，该项目是指企业举借各种短期、长期借款所收到的现金，根据收入时的实际借款金额计算。企业因借款而发生的利息列入"分配股利、利润或偿付利息支付的现金"。

例如，甲公司向银行借入长期借款所收到的现金为 20 万元，应列入"取得借款收到的现金"。

（3）"收到其他与筹资活动有关的现金"，该项目是指企业除上述各项目外，收到的其他与筹资活动有关的现金流入，如接受现金捐赠等。

（4）"偿还债务支付的现金"，该项目包括归还金融企业借款，偿付企业到期的债券等，按当期实际支付的偿债金额填列。

例如，甲公司归还部分金融企业借款 10 万元，偿付利息 3.5 万元。甲公司应列入"偿还债务支付的现金" 10 万元，列入"分配股利、利润或偿还债券支付的现金" 3.5 万元。

（5）"分配股利、利润或偿付利息支付的现金"，该项目是指企业实际支付的现金股利和付给其他投资单位的利润以及支付的债券利息、借款利息等。

（6）"支付其他与筹资活动有关的现金"，该项目是指企业除上述各项外，支付的其他与筹资活动有关的现金流出，如捐赠现金支出及融资租入固定资产所支付的租赁费等。

根据以上有关项目举例中的数字计算，甲公司筹资活动所产生的现金流入为 20 万元，现金流出为 13.5 万元（10 + 3.5），现金流量净额为 6.5 万元（20 - 13.5）。

4. 汇率变动对现金及现金等价物的影响

这是指企业的外币现金流量以及境外子公司的现金流量折算为人民币时，所采用的现金流量发生日的汇率或平均汇率折算的人民币金额，与"现金及现金等价物净增加额"中外币现金净增加额按期末汇率折算的人民币金额之间的差额。

5. 现金及现金等价物净增加额

这是指经营活动产生的现金流量净额、投资活动产生的现金流量净额、筹资活动产生的现金流量净额三项之和。根据以上举例，现金及现金等价物净增加额即为 55 万元（23 + 25.5 + 6.5）。

现试编现金流量表,见表9-10。

表9-10 现金流量表 会企03表
编制单位: 2024年度 单位:元

项目	本期金额	上期金额
一、经营活动产生的现金流量		
销售商品、提供劳务收到的现金	1 260 000	
收到的税费返还	70 000	
收到其他与经营活动有关的现金		
经营活动现金流入小计	1 330 000	
购买商品、接受劳务支付的现金	530 000	
支付给职工以及为职工支付的现金	50 000	
支付的各项税费	420 000	
支付其他与经营活动有关的现金	100 000	
经营活动现金流出小计	1 100 000	
经营活动产生的现金流量净额	230 000	
二、投资活动产生的现金流量		
收回投资收到的现金	450 000	
取得投资收益收到的现金	60 000	
处置固定资产、无形资产和其他长期资产收回的现金净额	45 000	
处置子公司及其他营业单位收到的现金净额		
收到其他与投资活动有关的现金		
投资活动现金流入小计	555 000	
购建固定资产、无形资产和其他长期资产支付的现金	300 000	
投资支付的现金		
取得子公司及其他营业单位支付的现金净额		
支付其他与投资活动有关的现金		
投资活动现金流出小计	300 000	
投资活动产生的现金流量净额	255 000	
三、筹资活动产生的现金流量		
吸收投资收到的现金		
取得借款收到的现金	200 000	
收到的其他与筹资活动有关的现金		
筹资活动现金流入小计	200 000	
偿还债务支付的现金	100 000	
分配股利、利润或偿付利息支付的现金	35 000	
支付的其他与筹资活动有关的现金		
筹资活动现金流出小计	135 000	
筹资活动产生的现金流量净额	65 000	
四、汇率变动对现金及现金等价物的影响		
五、现金及现金等价物净增加额	550 000	
加:期初现金及现金等价物余额	100 000	
六、期末现金及现金等价物余额	650 000	

（二）补充资料的披露内容

补充资料的披露内容见表 9-11。

表 9-11　　　　　　　　　　　　补　充　资　料　　　　　　　　　　　　单位：元

补 充 资 料	本期金额	上期金额
1. 将净利润调节为经营活动现金流量：		
净利润		
加：资产减值准备		
固定资产折旧		
无形资产摊销		
长期待摊费用摊销		
处置固定资产、无形资产和其他长期资产的损失（收益以"-"号填列）		
固定资产报废损失（收益以"-"号填列）		
公允价值变动损失（收益以"-"号填列）		
财务费用（收益以"-"号填列）		
投资损失（收益以"-"号填列）		
递延所得税资产减少（增加以"-"号填列）		
递延所得税负债增加（减少以"-"号填列）		
存货的减少（增加以"-"号填列）		
经营性应收项目的减少（增加以"-"号填列）		
经营性应付项目的增加（减少以"-"号填列）		
其他		
经营活动产生的现金流量净额		
2. 不涉及现金收支的重大投资和筹资活动：		
债务转为资本		
一年内到期的可转换公司债券		
融资租入固定资产		
3. 现金及现金等价物净变动情况：		
现金的期末余额		
减：现金的期初余额		
加：现金等价物的期末余额		
减：现金等价物的期初余额		
现金及现金等价物净增加额		

用间接法在现金流量表附注中披露将利润调节为经营活动现金流量的信息。

1. "将净利润调节为经营活动现金流量"

该项目通过债权、债务变动，存货变动，应计及递延项目变动，与投资和筹资现金流量相关的收益和费用项目的计算，将净利润调节为经营活动的现金流量。

调节的公式根据现金流量表"补充资料1"所列各项数据之和计算。其中净利润数额与所列各项目之和即为经营活动产生的现金流量净额。

2. "不涉及现金收支的重大投资和筹资活动"

该项目是指一定期间内影响资产或负债但不形成该期现金收支的所有投资和筹资活动，如债务转为资本、融资租入固定资产等。

3. "现金及现金等价物净变动情况"

该项目通过对符合现金含义的"库存现金""银行存款""其他货币资金"账户以及现金等价物的期末余额与期初余额比较所得，其增加额应与"现金流量表"中"五、现金及现金等价物净增加额"的金额相等。

第六节 会计报表附注的内容和格式

附注是会计报表的主要组成部分，企业应当按照规定披露附注信息，其主要内容包括六个方面。

一、企业的基本情况

（一）企业注册地、组织形式和总部地址

（二）企业的业务性质和主要经营活动

（三）公司名称

（四）财务报告的批准者和批准报出日期

二、财务报表的编制基础

企业应在持续经营基础上进行财务报表列报。

三、遵循企业会计准则的声明

企业应声明编制财务报表符合企业会计准则的要求，真实、完整地反映了企业的财务状况、经营成果和现金流量等有关信息。

四、重要会计政策和会计估计

企业应当披露重要会计政策的确定依据和财务报表项目的计量基础，以及会计估计中所采用的关键假设和不确定因素。

五、会计政策和会计估计变更以及差错更正的说明

六、报表重要项目的说明

企业应按资产负债表、利润表、现金流量表、所有者权益变动表及其项目列示的程序，采用文字和数字描述的方式进行披露，报表重要项目的明细金额合计，应当与报表项目金额相衔接。

按《企业会计准则——应用指南》的规定，一般企业的财务报表的重要项目说明包括

以下内容：

（一）交易性金融资产的披露
（二）应收款项
（三）存货
（四）其他流动资产
（五）债权投资
（六）其他债权投资
（七）长期股权投资
（八）投资性房地产
（九）固定资产
（十）生产性生物资产和公益性生物资产
（十一）油气资产
（十二）无形资产
（十三）商誉的形成来源，账面价值的增减变动情况
（十四）递延所得税资产和递延所得税负债
（十五）资产减值准备的披露
（十六）所有权受到限制的资产
（十七）交易性金融负债的披露
（十八）职工薪酬
（十九）应交税费
（二十）其他流动负债
（二十一）短期借款和长期借款
（二十二）应付债券
（二十三）长期应付款
（二十四）营业收入
（二十五）公允价值变动收益
（二十六）投资收益
（二十七）资产减值损失
（二十八）营业外收入
（二十九）营业外支出
（三十）所得税费用
（三十一）企业取得政府补助的种类及金额
（三十二）每股收益
（三十三）按费用性质分类的利润表
（三十四）非货币性资产交换
（三十五）股份支付
（三十六）债务重组
（三十七）借款费用
（三十八）外币折算

（三十九）企业合并

（四十）租赁

（四十一）终止经营

（四十二）分部报告

以上四十二项重要项目的内容包括了一般企业所有经营活动的内容，对于部分企业，特别是目前尚不执行《企业会计准则——应用指南》的企业，其经营活动不一定会全部涉及，现择其涉及的主要项目格式和内容列示如下以供学习。

1. 交易性金融资产的披露格式（见表9-12）

表 9-12

项　　目	期末公允价值	年初公允价值
1. 交易性债券投资		
2. 交易性权益工具投资		
3. 指定为以公允价值计量且其变动计入当期损益的金融资产		
4. 衍生金融资产		
5. 其他		
合　　计		

2. 应收款项

（1）应收账款按账龄结构披露的格式（见表9-13）。

表 9-13

账 龄 结 构	期末账面余额	年初账面余额
1年以内（含1年）		
1年至2年（含2年）		
2年至3年（含3年）		
3年以上		
合　　计		

注：有应收票据、预付账款、长期应收款、其他应收款的，比照应收账款进行披露。

（2）应收账款按客户类别披露的格式（见表9-14）。

表 9-14

客 户 类 别	期末账面余额	年初账面余额
客户1		
……		
其他客户		
合　　计		

注：有应收票据、预付账款、长期应收款、其他应收款的，比照应收账款进行披露。

3. 长期股权投资的披露格式（见表9-15）

表9-15

被投资单位	期末账面余额	年初账面余额
1.		
……		
合　计		

4. 存货

（1）存货的披露格式（见表9-16）。

表9-16

存货种类	年初账面余额	本期增加额	本期减少额	期末账面余额
1. 原材料				
2. 在产品				
3. 库存商品				
4. 周转材料				
5. 消耗性生物资产				
……				
合　计				

（2）说明消耗性生物资产的期末实物数量，并按下列格式披露金额信息（见表9-17）。

表9-17

项　目	年初账面余额	本期增加额	本期减少额	期末账面余额
一、种植业				
1.				
……				
二、畜牧养殖业				
1.				
……				
三、林业				
1.				
……				
四、水产业				
1.				
……				
合　计				

(3) 存货跌价准备的披露格式（见表 9-18）。

表 9-18

存货种类	年初账面余额	本期计提额	本期减少额		期末账面余额
			转回	转销	
1. 原材料					
2. 在产品					
3. 库存商品					
4. 周转材料					
5. 消耗性生物资产					
6. 建造合同形成的资产					
……					
合　　计					

5. 固定资产的披露格式（见表 9-19）

表 9-19

项　　目	年初账面余额	本期增加额	本期减少额	期末账面余额
一、原价合计				
其中：房屋、建筑物				
机器设备				
运输工具				
……				
二、累计折旧合计				
其中：房屋、建筑物				
机器设备				
运输工具				
……				
三、固定资产减值准备累计金额合计				
其中：房屋、建筑物				
机器设备				
运输工具				
……				
四、固定资产账面价值合计				
其中：房屋、建筑物				
机器设备				
运输工具				
……				

6. 无形资产

（1）各类无形资产的披露格式（见表9-20）。

表9-20

项　　目	年初账面余额	本期增加额	本期减少额	期末账面余额
一、原价合计				
1.				
……				
二、累计摊销额合计				
1.				
……				
三、无形资产减值准备累计金额合计				
1.				
……				
四、无形资产账面价值合计				
1.				
……				

（2）计入当期损益和确认为无形资产的研究开发支出金额。

7. 职工薪酬

（1）应付职工薪酬的披露格式（见表9-21）。

表9-21

项　　目	年初账面余额	本期增加额	本期支付额	期末账面余额
一、工资、奖金、津贴和补贴				
二、职工福利费				
三、社会保险费				
其中：1. 医疗保险费				
2. 基本养老保险费				
3. 年金缴费				
4. 失业保险费				
5. 工伤保险费				
6. 生育保险费				
四、住房公积金				
五、工会经费和职工教育经费				
六、非货币性福利				
七、因解除劳动关系给予的补偿				
八、其他				
其中：以现金结算的股份支付				
合　　计				

（2）企业本期为职工提供的各项非货币性福利形式、金额及其计算依据。

8. 应交税费的披露格式（见表9-22）

表9-22

税 费 项 目	期末账面余额	年初账面余额
1. 增值税		
……		
合　　计		

9. 短期借款和长期借款

（1）借款的披露格式（见表9-23）。

表9-23

项　目	短期借款		长期借款	
	期末账面余额	年初账面余额	期末账面余额	年初账面余额
信用借款				
抵押借款				
质押借款				
保证借款				
合　计				

（2）对于期末逾期借款，应分别贷款单位、借款金额、逾期时间、年利率、逾期未偿还原因和预期还款期等进行披露。

10. 营业收入的披露格式（见表9-24）

表9-24

项　　目	本期发生额	上期发生额
1. 主营业务收入		
2. 其他业务收入		
合　　计		

11. 投资收益

（1）投资收益的披露格式（见表9-25）。

表9-25

产生投资收益的来源	本期发生额	上期发生额
1.		
……		
合　　计		

（2）按照权益法核算的长期股权投资，直接以被投资单位的账面净损益计算确认投资损益的事实及原因。

12. 营业外收入的披露格式（见表 9-26）

表 9-26

项 目	本期发生额	上期发生额
1. 非流动资产处置利得合计		
其中：固定资产处置利得		
无形资产处置利得		
……		
合　　计		

13. 营业外支出的披露格式（见表 9-27）

表 9-27

项 目	本期发生额	上期发生额
1. 非流动资产处置损失合计		
其中：固定资产处置损失		
无形资产处置损失		
……		
合　　计		

14. 所得税费用

（1）所得税费用（收益）的组成，包括当期所得税、递延所得税。

（2）所得税费用（收益）与会计利润的关系。

第七节　会计资料的分析利用

会计资料的分析利用是指根据会计报表的有关指标资料，对企业的生产经营过程和结果进行分析的一种方法，它是财务报告的重要组成部分。通过会计资料分析，可以评价企业的财务状况和经营成果、预测企业的发展前景。

一、会计资料分析的作用

对会计资料进行分析利用，其目的主要在于动态地使用会计报表，满足企业内部和外部投资者对会计信息的特定要求。其作用主要有三个方面。

（一）为企业管理者提供财务状况分析信息，促进企业内部管理

对企业管理者来说，通过财务状况分析资料，能了解企业财务状况，规范企业财务行为，评价各种投资方案，测定管理效率，预测经济效益，指导企业生产经营的开发。

（二）为企业外部投资者提供决策依据

对企业外部投资者来说，包括潜在的和现在的投资者、融资者，通过财务状况分析资

料，能了解有关企业经营成果和财务状况等方面的信息，帮助有关投资者进行投资分析和选择，从而有利于作出正确的决策。

（三）为社会提供企业财务信息，促进证券市场正常运行

企业经营的优劣，投资风险的大小，盈利的高低等因素，对证券市场颇有影响，通过股票上市公司定期地向社会公布企业财务状况分析资料，及时、真实地反映企业经营成果和财务状况，从而稳定证券投资者的心态，促进证券市场的正常运转。

二、会计资料分析指标及其计算

在社会主义市场经济条件下，企业由产品经营转向资本经营，会计资料分析的内容应围绕企业的资本结构、资金运用、获利能力、偿债能力和发展能力几个方面，其主要分析指标如下：

（一）企业偿债能力的分析指标

企业偿债能力是指企业偿付各种债务的能力。如果企业到期不能偿付债务，则表示企业财务状况不佳。

1. 流动比率

流动比率是企业流动资产与流动负债的比率。即企业能用以偿付每元流动负债所具有的流动资产额。它是衡量企业短期偿债能力的常用指标。其计算公式为：

$$流动比率 = \frac{流动资产}{流动负债}$$

例如：某企业2024年12月31日流动资产总额为180万元，流动负债总额为100万元。其流动比率为：

$$流动比率 = \frac{180}{100} = 1.8$$

评价流动比率的标准，一般以2∶1较好。流动比率过高，虽然表示企业的资金流动性大，有足够的变现资产来偿债，但并不说明有足够的现金可以还债，也可能存货积压、应收账款增多，因此还要结合现金流量进行分析；流动比率过低，则说明企业资金不足，偿债能力低下。

2. 速动比率

速动比率是企业速动资产与流动负债之比。即企业用以偿付每元流动负债所具有的速动资产额。它是衡量企业近期偿债能力的比率。其计算公式为：

$$速动比率 = \frac{速动资产}{流动负债}$$

速动资产是企业在较短时间内能变为现金的流动资产，但不包括存货，因为存货是要通过销售经应收款后才能变现，其流动性相对较差。

例如：仍以上例为例，设流动资产总额180万元中，存货为75万元。其速动比率为：

$$速动比率 = \frac{180-75}{100} = 1.05$$

对速动比率的评价，一般认为其等于1时较好，表示企业有较好的偿债能力。该比率过高，资金往往滞留在应收款项形态上；而该比率过低，则又表示企业偿债能力不足。

3. 资产负债率

资产负债率是负债总额与资产总额的比率，即每元资产所承担的负债数额。它是衡量企业清算时，保护债权人利益的程度。其计算公式为：

$$资产负债率 = \frac{负债总额}{资产总额} \times 100\%$$

例如：某企业的负债总额为 100 万元，资产总额为 180 万元。其资产负债率为：

$$资产负债比率 = \frac{100}{180} \times 100\% = 56\%$$

资产负债率反映了企业总资产中债权人所提供的比重。因此，该比率越大，说明在企业总资产中由债权人提供的部分越多，企业负债就越多，举债就越困难。如果该比率较小，说明企业总资产中由债权人提供的部分越少，企业财力较强，债权保障程度较高。一般认为，评价这个指标，一般以其等于 50% 为好。

4. 产权比率

产权比率又称负债权益比率，是指企业负债总额与所有者权益之比。它反映了债权人提供的资本与所有者提供的资本的相对关系，说明企业的财务结构与债权人投入的资本受所有者权益的保障程度。其计算公式如下：

$$产权比率 = \frac{负债总额}{所有者权益}$$

例如：某公司 2024 年负债总额为 300 万元，所有者权益为 240 万元。其产权比率为：

$$产权比率 = \frac{300}{240} = 1.25$$

产权比率越低，表明企业的长期偿债能力越强，债权人就越有安全感；反之，产权比率越高，企业长期偿债能力越弱，债权人越不安全。这个指标的评价标准，一般应小于 1。此例表示借款比重较大，债权人受所有者权益保障程度较低。

5. 已获利息倍数

已获利息倍数是指企业在一定时期内利润总额加上利息费用与利息之比。该指标衡量企业偿付借款利息的承担能力和保证程度，同时也反映了债权人投资的风险程度。其计算公式如下：

$$已获利息倍数 = \frac{利润总额 + 利息费用}{利息费用}$$

计算公式中的"利润总额"是指税后利润加上所得税，即税前利润，"利息费用"是指支付的全部利息，包括计入费用的利息和计入固定资产的利息。

例如：某公司 2024 年税前利润为 8 万元，利息为 2 万元，其已获利息倍数为：

$$已获利息倍数 = \frac{8+2}{2} = 5$$

对这个指标的评价标准，要看行业水平或企业历史水平，一般按利润较低的水平评价。这个指标的倍数越高，说明企业承担利息的能力越强。如果倍数小于 1，则表示企业的获利能力无法承担举债经营的利息支出。此例，该企业已获利息倍数为 5 倍，假如行业平均水平或企业历史水平为 6 倍，则该公司弥补利息费用的安全程度较低，债权人的投资风险也较大。

（二）营运能力的分析指标

营运能力是指企业经营的效率高低。即资金周转速度快慢及其有效性。分析评价营运能力的主要指标有：

1. 流动资产周转率（次数）

企业的经营效率一般用流动资产周转率来表示其速度的快慢及利用效率。

流动资产周转率（次数）是营业收入与流动资产之比，是指一定时期内流动资产可以周转的次数。其计算公式为：

$$流动资产周转率 = \frac{营业收入净额}{平均流动资产总额}$$

这个指标的周转次数越多，说明流动资产周转速度越快，流动资产利用效率越高。

分析评价企业流动资产周转率还可以用"流动资产周转期"指标，它是指流动资产周转一次所需要的时间。

$$流动资产周转期（天数）= \frac{平均流动资产总额}{日营业收入净额}$$

这个指标表明流动资产周转一次的天数。天数越少，说明速度越快，利用效果越好。

例如：某企业2024年营业收入为1 800万元，平均流动资产为450万元。其流动资产周转次数和天数分别为：

$$流动资产周转率（次数）= \frac{1\ 800}{450} = 4（次）$$

$$流动资产周转期（天数）= \frac{450}{1\ 800 \div 360} = 90（天）$$

在使用这个指标时，对平均流动资产的计算，一般为"（期初+期末）÷2"，企业内部使用时，应按月、按旬平均计算。

2. 存货周转率

在分析流动资产周转率，了解企业流动资产总的周转速度的基础上，要进一步分析流动资产中个别项目的周转速度，其中的"存货周转率"尤为重要，因为存货在流动资产中占有较大的比重。

存货周转率是衡量企业销售能力及存货管理水平的综合性指标。它是营业成本与平均存货的比率。

$$存货周转率（次数）= \frac{营业成本}{平均存货}$$

同流动资产周转率一样，存货周转率越高，表明存货周转速度越快，利用效果越好，反之越差。

分析存货周转速度也可以用存货周转期来表示。其计算公式为：

$$存货周转期（天数）= \frac{平均存货}{日销售成本}$$

存货周转期越短，存货周转速度越快，存货的利用效率也就越好。

虽然评价存货周转速度快慢取决于周转次数和周转天数的多少，周转次数越多，周转天数越少，存货的周转速度就越快。但不等于说周转次数越多越好，周转天数越少越好。因为出现这种情况，可能是存货太少或库存经常不足所致。这样就会导致商品脱销，丧失销售机会。因此，对存货周转率的评价应注意两点：一是要注意存货的结构，是否存在积压、滞销的存货；二是要注意其他企业和行业水平。

在使用和计算存货周转率指标时要注意：在一个年度内，存货的计价方法（加权平均法、先进先出法、个别计价法）必须保持一致，只能用一种计价方法，不能更换，否则会掩盖成本的真相。

此外，生产企业的存货包括原材料、在产品、产成品等，也可以分别加以计算。其计算公式如下：

$$原材料周转率（次）= \frac{耗用原材料成本}{平均原材料存货}$$

$$在产品周转率（次）= \frac{制造成本}{平均在产品存货}$$

$$产成品周转率（次）= \frac{产品销售成本}{平均产成品存货}$$

3. 应收账款周转率

应收账款是企业流动资产中除存货外的另一重要项目。应收账款周转率是企业在一定时期内赊销净收入与平均应收账款余额之比。它是衡量企业应收账款周转速度及管理效率的指标。其计算公式如下：

$$应收账款周转率（次数）= \frac{赊销收入净额}{平均应收账款余额}$$

一般说来，应收账款周转率越高越好，它表明收回货款的速度快，资产流动性强，可以减少和避免坏账损失。

（三）盈利能力的分析指标

盈利能力是企业获取利润的能力。它是衡量企业经营效果的重要指标。其分析评价的主要指标有：

1. 总资产报酬率

总资产报酬率是指以投资报酬为基础来分析评价企业获利能力，是企业投资报酬与投资总额之间的比率。企业的投资报酬是指企业支付利息和缴纳所得税之前的利润之和；投资总额即当期平均资产总额。其计算公式为：

$$总资产报酬率 = \frac{税前利润 + 利息支出}{平均资产总额} \times 100\%$$

例如：某企业 2024 年税前利润为 25 万元，利息支出为 5 万元，年平均资产总额为 200 万元，其总资产报酬率为：

$$总资产报酬率 = \frac{25+5}{200} \times 100\% = 15\%$$

对总资产报酬率的评价，其比值越高越好，说明资产营利能力越强，资产利用效果越好。

2. 资本收益率

资本收益率是指企业一定时期的净利润与平均资本（即资本性投入及其资本溢价）之比，它是衡量投资者投入资本的获利能力与企业管理水平的综合指标。其计算公式为：

$$资本收益率 = \frac{净利润额}{平均资本额} \times 100\%$$

例如：某企业 2024 年的净利润为 36 万元，实收资本为 300 万元，其资本收益率为：

$$资本收益率 = \frac{36}{300} \times 100\% = 12\%$$

3. 销售利润率

销售利润率是企业利润与销售额之间的比率。它是以销售收入为基础分析企业获利能力，反映销售收入收益水平的指标，即每元销售收入所获得的利润。其计算公式为：

$$销售利润率 = \frac{销售利润额}{销售净收入额} \times 100\%$$

一般来说，销售利润率越高，企业的获利能力越强，销售收入的收益水平也越高。

（四）企业发展能力分析的指标

分析企业发展能力，主要是观察其经营规模、资本增值、支付能力和财务成果等增长情况，其主要指标有三个。

1. 销售增长率

销售增长率是企业本年销售收入增长额同上年销售收入总额之比。本年销售增长额为本年销售收入减去上年销售收入的差额。销售增长率是分析企业成长状况和发展能力的基本指标。其计算公式如下：

$$销售增长率 = \frac{本年销售增长额}{上年销售收入总额} \times 100\%$$

例如：某企业产品销售收入上年为 5 000 万元，本年为 5 750 万元，其销售增长率为：

$$销售增长率 = \frac{5\,750 - 5\,000}{5\,000} \times 100\% = 15\%$$

销售增长率指标值越高，表明销售收入增长速度越快，市场前景越好。如果该指标小于0，则表明销售收入下降，产品滞销，市场份额萎缩。

2. 资本积累率

资本积累率是企业年末所有者权益的增长额同年初所有者权益总额之比。本年所有者权益增长额为本年所有者权益的年末数减去年初数的差额，它是分析企业当年资本积累能力和发展能力的主要指标。其计算公式如下：

$$资本积累率 = \frac{本年所有者权益增长额}{年初所有者权益总额} \times 100\%$$

例如：某企业年初所有者权益为 1 000 万元，年末为 1 100 万元。其资本积累率为：

$$资本积累率 = \frac{1\,100 - 1\,000}{1\,000} \times 100\% = 10\%$$

资本积累率指标体现了企业当年资本积累情况及资本的保全性和增长性，指标值越高表示资本积累增长越多，资本保全性就越强，如果该指标值小于0，则说明资本流失。

3. 总资产增长率

总资产增长率是指企业本年总资产增长额同年初资产总额之比。本年总资产增长额是资产总额年末数减去年初数的差额。它反映了企业本年资产规模的扩展速度，是分析企业发展能力的补充指标。其计算公式为：

$$总资产增长率 = \frac{本年总资产增长额}{年初资产总额} \times 100\%$$

总资产增长率指标表明企业本年内资产经营规模的扩张速度，该指标值越高，说明扩张速度越快；反之，如果该指标小于0，则表明资产减少，规模缩小。

第八节 财务报告的报送和汇总

为了充分发挥财务报告的作用,各个单位在编完报表后应按规定的期限和程序及时报送上级主管部门和其他有关单位。上级主管部门对上报的财务报告应及时组织审查和汇总。由于各单位隶属关系不同、业务活动性质不同及经济管理要求不同,其对于财务报告的报送、审批和汇总的办法也有差别。

一、财务报告的报送

企业在报送财务报告之前,必须由本单位会计主管人员和企业负责人进行认真复核,主要是复核报表的项目是否填列齐全,补充资料填列是否完整,是否附有必要的编制说明,报表与报表的有关指标是否衔接一致。复核无误后,应将财务报告依次编定页数,加具封面,装订成册,加盖公章。封面上应注明企业的名称、地址、开业年份、报表所属年度月份、送出日期等。企业财务报告必须由企业领导、总会计师(或代行总会计师职权的人员)和会计主管人员签名、盖章。外商投资企业、股份有限公司等财务报告还须经注册会计师鉴证。

财务报告报送的单位,主要是根据企业管理体制,同时考虑国家综合平衡工作需要以及增强财政、信贷监督的要求而定。基层企业一般报送上级主管部门、财税部门、开户银行以及投资人。财政、审计、税务、银行、证券监管等部门应依照有关法规规定的职责,对有关单位的会计资料实施监督检查。

财务报告报送的期限,一方面应考虑需要财务报告的有关单位对报表的需要程度,另一方面又要考虑编报单位的机构、组织形式、编报工作量大小以及编报单位所在地的交通条件等因素,正确规定财务报告的报送期限。这样有利于各编表单位如期报送,便于及时汇总和利用财务报告,以发挥其应有的作用。根据企业会计准则、制度规定,月报应于月份终了后6天内报出,半年报应于年度中期结束后60天内报出,年报于年度终了后4个月内报出。

二、财务报告的审核

财务报告应当根据经过审核的账簿记录和有关资料编制,并符合我国《会计法》和国家统一的会计准则、制度的规定,上级主管部门单位对财务报告的审核包括:①审核财务会计报告的编制是否符合会计准则、制度的有关规定,如报表的种类、份数是否按规定报送,报表的项目、指标是否填列齐全,报表的编制人员和企业领导、总会计师、会计主管人员是否已经签章,相关的报表及相关的项目之间的勾稽关系是否衔接一致等;②审核财务报告的内容,主要是查明财务报表所提供的各项指标是否真实可靠,查明企业在编制会计报表前是否全面清查财产、核实账务,对发现的问题是否按会计准则、制度的规定进行处理,是否按照会计核算的一般原则进行确认和计量。审查各项计划指标的完成情况,查明完成或未完成的原因,检查有无违反国家法令和财经纪律等情况。

经过审核,如果发现财务报告填报错误或手续不全,应通知编报单位更正或补办手续。如果发现违反国家法令和财经纪律,应查明原因,严肃处理。

三、财务报表的合并与汇总

（一）合并财务报表

合并财务报表是指反映母公司与其全部子公司形成的企业集团整体财务状况、经营成果和现金流量的财务报表。

母公司是指拥有一个或一个以上子公司的企业。子公司是指被母公司控制的企业。合并财务报表的基础是"控制"，即一个企业能决定另一个企业的财务和经营政策，并据以从其经营活动中获取利益。

合并财务报表由母公司编制，至少包括合并的资产负债表、利润表、现金流量表、所有者权益变动表四张会计报表及其附注等内容。编制时应抵销母公司与子公司相互之间发生的内部交易对企业集团资产、负债、所有者权益、利润、现金流量等方面变动的影响，从而可以对外提供母、子公司组成的企业集团的整体经营情况的会计信息。

（二）汇总财务报表

汇总财务报表是指各级企业主管部门对所属单位逐级编报的财务报表汇总编制的财务报表。

各级主管部门在汇编时，必须注意汇编的单位是否齐全，对所属各单位的财务报告必须全面地加以汇编，不得漏编、漏报。在汇编以前还必须对所属企业财务报告进行审核，经审核无误后才能据以汇编。

汇总财务报表是根据所属各企业财务报表和汇编单位本身的财务报表加以整理、汇总而成的。

汇总财务报表的编制方法基本上与前述编制方法相同。大部分项目都可以按照所属单位的报表资料加以汇总，但有一部分项目不能简单地加计总数，而应在日常核算资料的基础上重新计算分析。

 知识点小结

1. 财务报告是企业向财务报告使用者提供与企业财务状况、经营成果和现金流量等有关会计信息，反映企业管理层受托责任履行情况的书面证明。

2. 财务报表一般包括资产负债表、利润表、现金流量表、所有者权益变动表及附注等。

3. 资产负债表是指反映企业在某一特定日期的财务状况的报表。左方反映各项资产的数额，分为流动资产和非流动资产；右方反映各项负债的数额以及所有者权益的数额，分为流动负债、非流动负债和所有者权益。

4. 利润表是指反映企业在一定会计期间的经营成果的报表。具体包括营业收入、营业利润、利润总额和净利润等几个部分内容。

5. 现金流量表是指反映企业在一定会计期间的现金和现金等价物流入和流出的报表。

6. 所有者权益变动表是反映所有者权益的各个部分当期增减变动的报表，包括实收资本、资本公积、盈余公积和未分配利润的当期增减情况。

7. 资产负债表是静态报表，利润表、现金流量表、所有者权益变动表是动态报表。

 复习思考题

1. 什么是财务报告？财务报告有什么作用？
2. 编制财务报告有哪些要求？为什么？
3. 资产负债表、利润表和现金流量表各有哪些用途？它们之间有哪些区别？
4. 资产负债表有哪些主要内容？资产负债表上的各个项目是根据什么原则排列的？为什么？
5. 利润表上的净利润是根据什么公式计算出来的？企业实现的净利润是怎样进行分配的？
6. 汇总报表与合并报表有什么区别？它们适用的对象各有什么不同？
7. 简述资产负债表、利润表和现金流量表的编制方法。

第十章 会计核算程序

 学习目标

会计核算程序是指从取得原始凭证到编制会计报表的一系列会计核算工作的步骤和方法。通过学习，要求了解会计核算程序的意义和组织会计核算程序的要求，明确各种核算程序的基本内容、核算步骤和适用范围，掌握按单位具体情况设置会计核算程序的基础知识和技能。

本章重点：会计核算程序的意义和组织会计核算程序的要求；记账凭证核算程序的核算步骤，优缺点和适用范围；科目汇总表核算程序的核算步骤和适用范围；汇总记账凭证核算程序的核算步骤和适用范围。

第一节 会计核算的基本程序

一、会计核算程序的意义

会计核算程序是指账簿的组织形式和记账的步骤，也称会计核算形式。所谓账簿的组织形式是指设置账簿的种类、格式及其相互之间的关系；记账的步骤是指填制会计凭证、登记各种账簿和编制会计报表的过程和步骤。由于不同单位的生产和经营情况不同、规模不同，对经营管理的要求不同，因此不可能使用一套完全一致的凭证、账簿和记账程序，而应当根据各自的具体条件，设计出一套适应本单位规模和特点，能全面及时正确地提供核算资料，并尽可能简化会计核算手续的账务处理程序，以满足本单位和主管部门的管理需要。

科学合理的会计核算程序对提高经济管理具有重要意义：

（1）有利于及时、正确地提供全面系统的核算资料，保证会计核算的质量。

（2）有利于加强会计核算的分工协作，提高会计核算的效率，节省核算工作的人力和物力消耗。

（3）有利于及时掌握资金运动现状，以便有效地促进企业经营，提高经济效益。

二、组织会计核算程序的要求

各单位会计核算程序不尽相同,但基本模式总是不变的。其基本模式如图10-1所示:

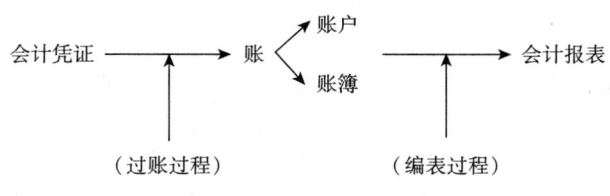

图10-1 会计核算程序基本模式

从上述基本模式出发,根据单位的实际情况,可选择适当的过账过程和编表过程的步骤和方法。

会计核算程序的确定,一般应符合以下三项要求:

(1) 要与本单位的性质、规模和业务的繁简等相适应,以保证会计核算的顺利进行。

(2) 要使提供的会计核算资料既及时、准确,又系统、全面,以有利于及时掌握资金运动现状,有效地参与经营决策。

(3) 在保证核算资料及时、准确的基础上,要力求提高会计核算的效率,节省核算费用。

按照各种会计核算程序登记总账的依据和方法的不同,可以分为记账凭证核算程序、汇总记账凭证核算程序、科目汇总表核算程序、多栏式日记账核算程序和日记总账核算程序。

第二节 记账凭证核算程序

一、记账凭证核算程序的核算要求

记账凭证核算程序是会计核算中最基本的一种会计核算程序。其基本特点是根据记账凭证逐笔登记总分类账。

采用记账凭证账务处理程序时,一般设置现金日记账、银行存款日记账、总分类账和明细分类账。除明细分类账可根据需要用三栏式、数量金额式或多栏式外,其他均可采用三栏式和通用格式。

这种处理程序是根据记账凭证逐笔登记总分类账的,所以反映内容比较详细,但工作量较大,也不便于分工,一般只适用于规模不大、经济业务比较简单的单位。

二、记账凭证核算程序的核算步骤

记账凭证核算程序的核算步骤如图10-2所示。

三、案例说明

现对记账凭证会计核算程序简要举例如下:

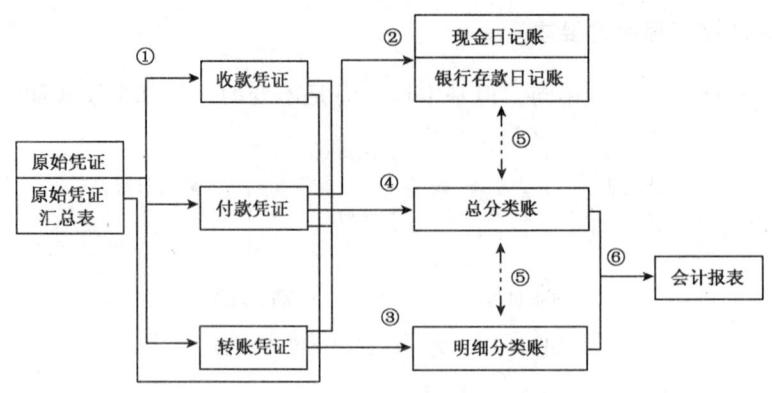

图 10-2 记账凭证核算程序图

──────→ 表示填制凭证、过账和编表
←┈┈┈→ 表示账账核对

图中：
①根据原始凭证或原始凭证汇总表填制记账凭证；
②根据收款凭证、付款凭证逐笔登记现金日记账、银行存款日记账；
③根据记账凭证和原始凭证（或原始凭证汇总表）逐笔登记各种明细分类账；
④根据记账凭证逐笔登记总分类账；
⑤月终，现金日记账、银行存款日记账的余额，及各种明细分类账余额的合计数，分别与总分类账中有关账户的余额核对相符；
⑥月终，根据总分类账和明细分类账编制会计报表。

本例按本书第六章第三节"五、编制记账凭证实例"，对 2024 年 10 月上旬 8 笔经济业务的记账凭证，作出核算程序，并作重点说明见表 10-1。

1. 某公司 2024 年 9 月末资产负债表内容如下：

表 10-1   单位：元

资产		负债和所有者权益	
库存现金	1 200	短期借款	10 000
银行存款	25 000	应付账款	44 100
应收账款	38 500	应交税费	2 000
原材料	20 000	累计折旧	20 000
自制半成品	10 000	实收资本	150 000
库存商品	50 000	盈余公积	16 000
其他应收款	1 400	未分配利润	4 000
固定资产	100 000		
合　计	246 100		246 100

2. 根据 2024 年 10 月上旬发生的经济业务编制记账凭证（答案见第六章实例解答）。为便于对照，现按经济业务顺序编制会计分录见表 10-2。

表 10-2 单位：元

2024年		记账凭证号数	摘要	借方		贷方	
月	日			账户名称	金额	账户名称	金额
10	2	银付1	从银行提取现金	库存现金	10 000	银行存款	10 000
	2	现收1	销售收入及增值税	库存现金	3 955	主营业务收入	3 500
						应交税费	455
	2	现付1	现金存入银行	银行存款	3 955	库存现金	3 955
	3	银收1	收到甲公司偿还欠款	银行存款	5 500	应收账款	5 500
	6	转1	××报销差旅费	管理费用	350	其他应收款	350
	6	现收2	收回现金	库存现金	50	其他应收款	50
	6	银付2	支付煤气费	管理费用	540	银行存款	540
	7	转2	一车间领用材料	生产成本	15 000	原材料	15 000
	8	转3	购入甲材料	在途物资	50 000	应付账款	56 500
				应交税费	6 500		
	9	转4	销货及增值税	应收账款	28 250	主营业务收入	25 000
						应交税费	3 250

3. 逐笔序时登记现金日记账和银行存款日记账，见表10-3、表10-4。

表 10-3 现金日记账 单位：元

2024年		凭证号数	摘要	对方科目	收入	支出	结余
月	日						
10	1		期初余额				1 200
	2	银付1号	提现	银行存款	10 000		11 200
	2	现收1号	销售产品收入	主营业务收入	3 500		14 700
				应交税费	455		15 155
	2	现付1号	解入银行	银行存款		3 955	11 200
	6	现收2号	收回差旅费余额	其他应收款	50		11 250

表 10-4 银行存款日记账 单位：元

2024年		凭证号数	摘要	对方科目	收入	支出	余额
月	日						
10	1		期初余额				25 000
	2	银付1号	提现	库存现金		10 000	15 000
	2	现付1号	解入银行	库存现金	3 955		18 955
	3	银收1号	收回货款	应收账款	5 500		24 455
	6	银付2号	支付煤气费	管理费用		540	23 915

4. 根据记账凭证逐笔登记总分类账（或先登记明细分类账），见表10-5至表10-15。

表10-5

账户名称：库存现金　　　　　　　　　　　　　　　　　　　　　　　　　　　单位：元

2024年		凭证号数	摘要	借方	贷方	借或贷	余额
月	日						
10	1		期初余额			借	1 200
	2	银付1号	提现	10 000		借	11 200
	2	现收1号	销售产品收入	3 955		借	15 155
	2	现付1号	解入银行		3 955	借	11 200
	6	现收2号	收回差旅费余额	50		借	11 250

表10-6

账户名称：银行存款　　　　　　　　　　　　　　　　　　　　　　　　　　　单位：元

2024年		凭证号数	摘要	借方	贷方	借或贷	余额
月	日						
10	1		期初余额			借	25 000
	2	银付1号	提现		10 000	借	15 000
	2	现付1号	解入银行	3 955		借	18 955
	3	银收1号	收回货款	5 500		借	24 455
	6	银付2号	支付煤气费		540	借	23 915

表10-7

账户名称：应收账款　　　　　　　　　　　　　　　　　　　　　　　　　　　单位：元

2024年		凭证号数	摘要	借方	贷方	借或贷	余额
月	日						
10	1		期初余额			借	38 500
	3	银收1号	收回甲公司货款		5 500	借	33 000
	9	转4号	丙公司货款	28 250		借	61 250

表10-8

账户名称：原材料　　　　　　　　　　　　　　　　　　　　　　　　　　　　单位：元

2024年		凭证号数	摘要	借方	贷方	借或贷	余额
月	日						
10	1		期初余额			借	20 000
	7	转2号	领用材料		15 000	借	5 000

表 10-9

账户名称：在途物资　　　　　　　　　　　　　　　　　　　　　　　　　　　　　　　　单位：元

2024年		凭证号数	摘　要	借　方	贷　方	借或贷	余　额
月	日						
10	1		期初余额			借	0
	8	转3号	购入材料	50 000		借	50 000

表 10-10

账户名称：其他应收款　　　　　　　　　　　　　　　　　　　　　　　　　　　　　　　单位：元

2024年		凭证号数	摘　要	借　方	贷　方	借或贷	余　额
月	日						
10	1		期初余额			借	1 400
	6	转1号	报销差旅费		350	借	1 050
	6	现收2号	收回现金		50	借	1 000

表 10-11

账户名称：应付账款　　　　　　　　　　　　　　　　　　　　　　　　　　　　　　　　单位：元

2024年		凭证号数	摘　要	借　方	贷　方	借或贷	余　额
月	日						
10	1		期初余额			贷	44 100
	8	转3号	购入材料应付		56 500	贷	100 600

表 10-12

账户名称：应交税费　　　　　　　　　　　　　　　　　　　　　　　　　　　　　　　　单位：元

2024年		凭证号数	摘　要	借　方	贷　方	借或贷	余　额
月	日						
10	1		期初余额			贷	2 000
	2	现收1号	应交增值税		455	贷	2 455
	8	转3号	应交增值税	6 500		借	4 045
	9	转4号	应交增值税		3 250	借	795

表 10-13

账户名称：主营业务收入　　　　　　　　　　　　　　　　　　　　　　　　　　　　　　单位：元

2024年		凭证号数	摘　要	借　方	贷　方	借或贷	余　额
月	日						
10	2	现收1号	销售产品甲		3 500	贷	3 500
	9	转4号	销售产品乙		25 000	贷	28 500

表 10-14

账户名称：生产成本　　　　　　　　　　　　　　　　　　　　　　　　　　　　单位：元

2024年		凭证号数	摘　要	借　方	贷　方	借或贷	余　额
月	日						
10	7	转2号	领用材料	15 000		借	15 000

表 10-15

账户名称：管理费用　　　　　　　　　　　　　　　　　　　　　　　　　　　　单位：元

2024年		凭证号数	摘　要	借　方	贷　方	借或贷	余　额
月	日						
10	6	转1号	报销差旅费	350		借	350
	6	银付2号	支付煤气费	540		借	890

5. 根据记账凭证同时登记明细分类账。由于明细分类账的内容与总分类账基本相同，只是有的账页按品种及规格设立，同时登记数量和金额，账页比较多，内容也比较繁，本章暂不重复（具体格式参见表 7-9、表 7-10、表 7-11）。

6. 编制总分类账本期发生额及期末余额试算平衡表，核对账户的余额是否平衡，见表 10-16。

表 10-16　　　　　　　　　　　　　　　　　　　　　　　　　　　　　　　　单位：元

账户名称	期初余额		本期发生额		期末余额	
	借方	贷方	借方	贷方	借方	贷方
库存现金	1 200		14 005	3 955	11 250	
银行存款	25 000		9 455	10 540	23 915	
应收账款	38 500		28 250	5 500	61 250	
原材料	20 000			15 000	5 000	
在途物资			50 000		50 000	
库存商品	60 000				60 000	
其他应收款	1 400			400	1 000	
固定资产	100 000				100 000	
主营业务收入				28 500		28 500
生产成本			15 000		15 000	
管理费用			890		890	
短期借款		10 000				10 000
应付账款		44 100		56 500		100 600
应交税费		2 000	6 500	3 705	795	
累计折旧		20 000				20 000
实收资本		150 000				150 000
盈余公积		16 000				16 000
利润分配		4 000				4 000
合　计	246 100	246 100	124 100	124 100	329 100	329 100

7. 月底，根据上、中、下三旬总分类账和明细分类账的汇总，作财务成果的核算后编制会计报表。

第三节　汇总记账凭证核算程序

一、汇总记账凭证核算程序的核算要求

汇总记账凭证核算程序的基本特点是先根据记账凭证编制汇总记账凭证，然后据以登记总分类账。汇总记账凭证核算程序所设置的账簿与记账凭证账务处理程序相同。但为了简化总分类账的登记工作，先根据记账凭证编制汇总记账凭证，然后再根据汇总记账凭证登记总分类账。汇总记账凭证一般分为收款、付款和转账凭证三种，每隔 5 天或 10 天定期编制，每月汇总编制一张，月终结出合计数，据以登记总分类账。

现金、银行存款的汇总收款凭证应根据现金、银行存款的收款凭证分别以现金、银行存款账户的借方设置，并按相应的贷方账户汇总。现金、银行存款的汇总付款凭证应根据现金、银行存款的付款凭证分别以现金、银行存款账户的贷方设置，并按相关的借方账户汇总。汇总转账凭证一般应按有关账户的贷方分别设置，按相关的借方账户汇总。所以汇总转账凭证只能是一贷一借或一贷多借。如转账凭证不多，可直接根据转账凭证登记总分类账。

汇总记账凭证的格式见表 10－17 至表 10－19。（均根据上例数据填列）。

表 10－17　　　　　　　　　　汇总收款凭证　　　　　　　　　　汇收第 × 号
借方科目：银行存款　　　　　　2024 年 10 月

贷方科目	金　　额				总账页数	
	（1）	（2）	（3）	合　计	借　方	贷　方
应收账款	5 500					
库存现金	3 955	×	×	×	×	×
合　计	9 455					

附注：（1）——上旬，记账凭证共 × 张；（2）——中旬，记账凭证共 × 张；
　　　（3）——下旬，记账凭证共 × 张。

表 10－18　　　　　　　　　　汇总付款凭证　　　　　　　　　　汇付第 × 号
贷方科目：银行存款　　　　　　2024 年 10 月

贷方科目	金　　额				总账页数	
	（1）	（2）	（3）	合　计	借　方	贷　方
库存现金	10 000					
管理费用	540	×	×	×	×	×
合　计	10 540					

附注：（1）——上旬，记账凭证共 × 张；（2）——中旬，记账凭证共 × 张；
　　　（3）——下旬，记账凭证共 × 张。

表 10-19　　　　　　　　　　汇总转账凭证

贷方科目：其他应收款　　　　　　　2024 年 10 月　　　　　　　　汇转第 × 号

借方科目	金　额				总账页数	
	(1)	(2)	(3)	合　计	借　方	贷　方
管理费用	350					
		×	×	×	×	×
合　计	350					

附注：(1)——上旬，记账凭证共 × 张；(2)——中旬，记账凭证共 × 张；
　　　(3)——下旬，记账凭证共 × 张。

这种处理程序的优点是可以反映账户之间的对应关系、简化总分类账的登记工作和简便记账凭证的整理归类，但增加了一道填制汇总记账凭证的工作，工作量较大，一般适用于规模较大，业务较多的企业。

二、汇总记账凭证核算程序的核算步骤

汇总记账凭证核算程序见图 10-3。

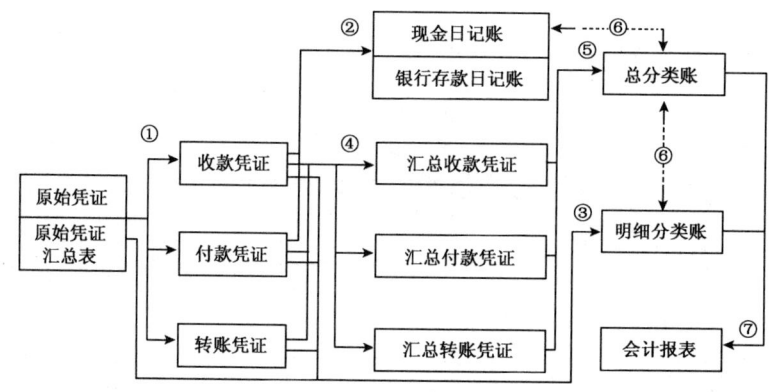

图 10-3　汇总记账核算程序图

图中：
①根据原始凭证或原始凭证汇总表填制收款凭证、付款凭证和转账凭证；
②根据收款凭证和付款凭证逐笔登记现金日记账和银行存款日记账；
③根据收款凭证、付款凭证、转账凭证或原始凭证，或原始凭证汇总表，逐笔登记各明细分类账；
④根据收款凭证、付款凭证和转账凭证，定期编制汇总收款凭证、汇总付款凭证和汇总转账凭证；
⑤月终，根据汇总收款凭证、汇总付款凭证和汇总转账凭证登记总分类账；
⑥月终，现金日记账的余额和银行存款日记账的余额，及各明细分类账的余额合计数，与总分类账有关账户的余额核对相符；
⑦月终，根据总分类账、明细分类账编制会计报表。

第四节 科目汇总表核算程序

一、科目汇总表核算程序的核算要求

科目汇总表的基本特点是定期编制科目汇总表，然后据以登记总分类账。科目汇总表核算程序与汇总记账凭证核算程序相似。在科目汇总表核算程序下，先要根据记账凭证填制科目汇总表，然后据以登记总分类账。科目汇总表定期汇总每一账户的借方、贷方发生额，并汇总在同一张汇总表内，不考虑账户的对应关系。排列顺序应按总分类账上科目排列的顺序来定。汇总的时间一般不超过10天，以便于试算平衡。科目汇总表的格式及其过账的方法见表10-20、表10-21（均根据上例数据填列）。

采用这种核算程序的优点是手续简便，而且便于试算平衡，为很多企业所使用，但不易反映账户的对应关系。

表10-20　　　　　　　　　科 目 汇 总 表　　　　　　　　科汇第×号
2024年10月1日至10日　　　　　　　　　　　　　　　　　　单位：元

会计科目	总账页数	本期发生额		记账凭证起止号数
		借　方	贷　方	
库存现金		14 005	3 955	
银行存款		9 455	10 540	
应收账款		28 250	5 500	
⋮	（略）			（略）
应付账款			56 500	
应交税费		6 500	3 705	
⋮				
合　计		124 100	124 100	

表10-21　　　　　　　　总 分 类 账 会计科目：银行存款　　　　　　第26号
单位：元

2024年		凭证号数	摘　要	借　方	贷　方	贷或借	余　额
月	日						
10	1		月初余额			借	25 000
	10	科汇×		9 455	10 540	借	23 915
			⋮	⋮	⋮		
	31		本月发生额及余额	×	×		×

二、科目汇总表核算程序的核算步骤

科目汇总表核算程序的核算步骤如图10-4所示。

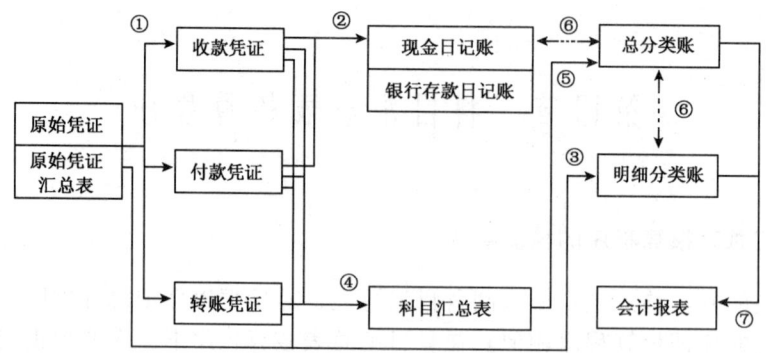

图 10-4 科目汇总表核算程序图

图中：
①根据原始凭证或原始凭证汇总表编制收款凭证、付款凭证和转账凭证；
②根据收、付款凭证登记现金、银行存款日记账；
③根据原始凭证或原始凭证汇总表、记账凭证登记各种明细分类账；
④根据记账凭证，每日或定期编制科目汇总表；
⑤根据科目汇总表，每日或定期登记总分类账；
⑥月终，现金、银行存款日记账和明细分类账分别与总分类账核对；
⑦月终，根据总分类账和明细分类账编制会计报表。

第五节 多栏式日记账核算程序

一、多栏式日记账核算程序的核算要求

多栏式日记账核算程序的基本特点是设置多栏式现金日记账和银行存款日记账，根据多栏式现金日记账和银行存款日记账登记总分类账。除此以外，均与前几种账务处理程序相同。月终，企业可根据多栏式现金日记账和银行存款日记账的收、付发生额和各对应科目的发生额直接登记总分类账，转账凭证科目表仍维持不变。多栏式日记账的格式及其过账方法见表 10-22、表 10-23。

表 10-22　　　　　　　　现金收入日记账　　　　　　　　单位：元

2024 年		凭证号数	摘　要	贷方科目				收入	支出	余额
月	日			其他应收款	银行存款	主营业务收入	应交税费			
10	1		期初余额							1 200
	2		银行提现		10 000			10 000		
	2		产品销售收入			3 500	455	3 955		
	2		解入银行						3 955	
	6		收回差旅费余额	50				50		11 250
			合　计	50	10 000	3 500	455	14 005	3 955	11 250

表 10-23　　　　　　　　　　现金支出日记账　　　　　　　　　　单位：元

2024 年		凭证号数	摘　要	借方科目				合　计
月	日			管理费用	应付职工薪酬	银行存款	……	
10	2	现付1号	解入银行			3 955		3 955
		合　　计				3 955		3 955

采用这种核算程序的优点是手续简便，效率较高，能反映账户的对应关系。但会计科目太多时则难以适应，因此，它不适用于业务过于繁杂的单位。

二、多栏式核算程序的核算步骤

多栏式核算程序的核算步骤如图 10-5 所示。

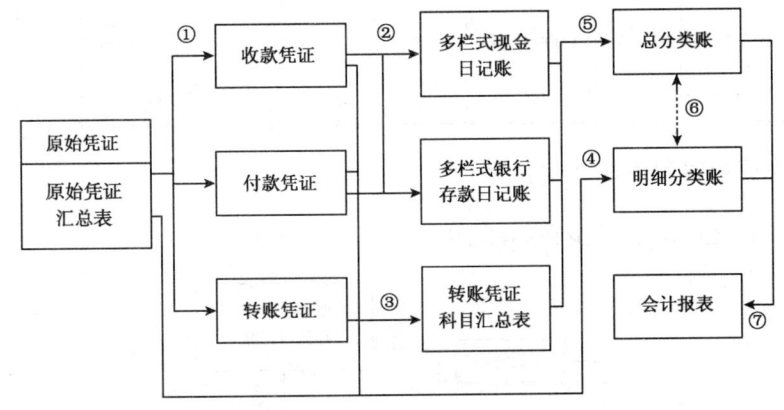

图 10-5　多栏式日记账核算图

图中：
①根据原始凭证或原始凭证汇总表填制记账凭证；
②根据收、付款凭证登记多栏式现金和银行存款日记账；
③根据转账凭证填制转账凭证科目汇总表；
④根据记账凭证、原始凭证或原始凭证汇总表登记各明细分类账；
⑤月终，根据多栏式日记账和转账凭证科目汇总表（或转账凭证）登记总分类账；
⑥月终，明细分类账与总分类账核对相符；
⑦根据总分类账和明细分类账编制会计报表。

第六节　日记总账核算程序

一、日记总账核算程序的核算要求

日记总账核算程序的基本特点是设置日记总账，所有账务都必须在日记总账中进行登记,既要顺序登记,又要分科目进行总分类核算,所以既是日记账,又是总分类账。收款业务和付款业务可以根据收款凭证和付款凭证逐日或逐月汇总登记。对于转账业务应该根据转账凭证,逐日、逐笔登记。每月登记完毕后,结算出各栏的合计数和各科目的借贷方余额并核对相符。这个处理程序把所有科目都集中在一张账页内,实际上并不切合实际。现将日记总账的格式列示见表10-24。

表10-24　　　　　　　　　　日记总账（简表）　　　　　　　　　　单位:元

年		凭证号数	摘要	发生额	银行存款		应收账款		材料采购		原材料		应交税费		×××	
月	日				借方	贷方	借方	贷方	借方	贷方	借方	贷方	借方	贷方	借方	贷方
（略）		（略）	月初余额		10 000		5 000				20 000					
			购入材料	2 260		2 260			2 000					260		
			收回销货款	5 000	5 000			5 000								
			赊销原料款	3 390			3 390					3 000		390		
			本月发生额	10 650	5 000	2 260	3 390	5 000	2 000			3 000	260	390		
			月末余额		12 740		3 390		2 000		17 000			130		

二、日记总账核算程序的核算步骤

日记总账核算程序的核算步骤如图10-6所示。

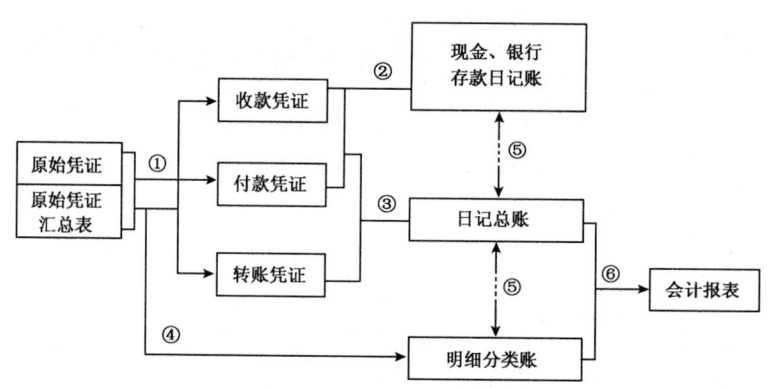

图10-6　日记总账核算程序图

图中:
①根据原始凭证或原始凭证汇总表填制记账凭证;
②根据收、付款凭证登记现金和银行存款日记账;
③根据收、付款凭证和转账凭证登记多栏式日记总账;
④根据记账凭证、原始凭证或原始凭证汇总表登记各明细分类账;
⑤月终,现金、银行存款日记账、明细分类账和日记总账核对相符;
⑥根据日记总账和明细分类账登记会计报表。

 知识点小结

1. 当前常用的会计账务处理程序主要有：记账凭证账务核算程序；汇总记账凭证核算程序；科目汇总表核算程序；多栏式日记账核算程序；日记账核算程序等。

2. 记账凭证核算程序是指直接根据各种记账凭证逐笔登记总分类账的一种账务处理程序。记账凭证账务处理程序是最基本的一种账务处理程序，也是其他账务处理程序的基础。

记账凭证核算程序的主要特点是：直接根据记账凭证逐笔登记总分类账。

记账凭证核算程序有六个工作步骤。

3. 汇总记账凭证核算程序，是根据审核无误的记账凭证定期编制汇总记账凭证，然后根据汇总记账凭证登记总分类账的一种账务处理程序。

汇总记账凭证核算程序的主要特点是：先根据记账凭证定期编制汇总记账凭证，然后根据汇总记账凭证登记总分类账。

汇总记账凭证核算程序有七个工作步骤。

4. 科目汇总表核算程序是根据审核无误的记账凭证定期编制科目汇总表，然后根据科目汇总表登记总分类账的一种账务处理程序。

科目汇总表核算程序的主要特点是：先根据记账凭证定期编制科目汇总表，然后根据科目汇总表登记总分类账。

科目汇总表核算程序有七个工作步骤。

5. 多栏式日记账核算程序的基本特点是设置多栏式现金日记账和银行存款日记账，根据多栏式现金日记账和银行存款日记账登记总分类账。

多栏式日记账核算程序有七个工作步骤。

6. 日记账核算程序的基本特点是设置日记账总账，所有账务都必须在日记账中进行登记，既要按顺序登记，又要分科目进行总分类核算，所以既是日记账，又是总分类账。

日记账核算程序有六个工作步骤。

 复习思考题

1. 合理组织会计核算程序的意义是什么？
2. 我国企业的会计核算程序有哪几种？
3. 汇总记账凭证核算程序与科目汇总表核算程序的基本特点和核算要求有什么区别？
4. 多栏式日记账核算程序的基本特点是什么？有何优缺点？
5. 日记总账核算程序的基本特点是什么？有何缺点？